Du hast Daddy doch lieb?

Ich bin nie am Grab meines Vaters gewesen. Natürlich weiß ich, wo es ist, denn nach seinem Tod erhielt ich einen Anruf und wurde zur Beerdigung eingeladen. Aber ich beschloss, diese Einladung zu ignorieren. Ich hatte kein Bedürfnis, Abschied zu nehmen, denn das hatte ich bereits vor langer Zeit getan.

In den Jahren seit seinem Tod habe ich versucht, sämtliche Erinnerungen aus meinem Gedächtnis zu löschen. Aber noch werde ich von den Gedanken an ihn heimgesucht, ebenso wie von dem Bild des zarten blonden Mädchens mit den grünen Augen, das ich einst gewesen bin.

Ich sehe die Kleine vor mir, wie sie damals, als sie gerade sprechen konnte, an ihrem großen, gut aussehenden dunkelhaarigen Vater hing.

Wenn er abends von der Arbeit als Schreiner nach Hause kam, trat er mit diesem breiten Lächeln durch die Tür, von dem sie dachte, es sei nur für sie bestimmt. Freudig streckte sie ihm die Arme entgegen, und noch bevor ihre Patschhände die Bonbons oder die Schokolade zu fassen bekamen, die stets für sie in seiner Jackentasche versteckt waren, verlangte sie nach seiner Aufmerksamkeit. »Arm, Daddy, Arm«, drängte sie.

Über ihre Beharrlichkeit lachend, hob er sie schwungvoll hoch und wirbelte sie durch die Luft. Noch immer habe ich den Klang seiner Stimme im Ohr: »Du bist mein kleines Mädchen, nicht wahr, Sally?« Sie schlang die Arme um seinen Nacken und mochte es, von ihm gehalten zu werden.

Wie gern schnupperte sie seinen Duft, eine Mischung aus frisch gefällten Bäumen, Holzpolitur, Zigaretten und Rasierwasser, die seiner Haut, seinem Haar und seiner Kleidung anhaftete. Sie spürte seine raue Wange an ihrer und schmiegte sich an seine Brust.

»Hast du deinen Daddy lieb?«, fragte er dann und erhielt stets ein heftiges Nicken als Antwort. »Sag es!«, verlangte er, und sie sprach jene Worte aus, die er hören wollte.

»Ich hab dich lieb, Daddy.«

Das war, bevor ich anfing, mich vor ihm zu fürchten.

Kapitel 1

Die ersten sieben Jahre meines Lebens verbrachte ich in einem kleinen Ort im Norden Englands, wo die Kinder vom Frühling bis in den späten Herbst hinein draußen auf der Straße spielen und die Frauen vor den Geschäften stehen oder sich über den Gartenzaun lehnen und miteinander plaudern. Wenn der Oktober mit seinem feinen Nieselregen in den November überging und aus tiefgrauen Wolken Hagel oder Graupel niederprasselte, flohen wir Kinder auf der Suche nach Wärme in unsere Häuser. In den langen Monaten bis zum nächsten Frühling waren die Straßen öde und verwaist. Die Dunkelheit wurde lediglich unterbrochen vom flackernden Licht der Fernseher, das durch die Fenster der dämmrigen Zimmer fiel, sodass die kahlen Äste der Bäume sichtbar wurden.

Am frühen Abend verkündete das Geräusch zuknallender Autotüren die Ankunft der Männer, die von der Arbeit nach Hause zurückkehrten. Ihre zerbeulten alten Autos säumten die Straße, denn abgesehen von dem täglich einmal verkehrenden Bus und dem Fahrrad waren das die einzigen Beförderungsmittel in dieser ländlichen Region.

Das Haus, in dem ich geboren wurde, war ein Reihenhaus mit drei Schlafzimmern und lag am Ortsrand in einer Siedlung mit Sozialwohnungen. Meine Eltern waren zehn Jahre vor meiner Geburt dort eingezogen, und meine Mutter erzählte mir, dass es damals nach frischer Farbe und feuchtem Zement gerochen habe. Die kleinen Gärten, halbiert durch einen kurzen Betonweg, bestanden aus frisch aufgeschüttetem Ackerboden: Weder war dort

Gras gesät, noch waren Sträucher oder Blumen gepflanzt worden.

Für viele der jungen Paare, die einen Schlüssel zu einer der Haustüren erhielten, war es das erste gemeinsame Zuhause. Sie hatten bisher bei den Eltern oder Schwiegereltern gewohnt und darauf gewartet, eine Sozialwohnung zu bekommen. Eines hatten all diese jungen Familien, die in diese Neubausiedlung zogen, gemeinsam, und das war Optimismus.

Als ich alt genug war, um den Unterschied zwischen unserem Haus und den anderen in der Siedlung zu erkennen, hatten die Jahre der Vernachlässigung bereits ihren Tribut gefordert. An den Fenster- und Türrahmen blätterte die Farbe ab, und während die Gärten unserer Nachbarn liebevoll gepflegt wurden, war unserer überwuchert mit struppigem Gras und vertrockneten Sträuchern. Der Wind trug Samen in den Garten, die sogar Wurzeln schlugen, aber schließlich verdorrten.

Abgesehen von den Phasen, in denen meine Mutter über schier unbegrenzte Energie zu verfügen schien, hingen unsere Gardinen vergilbt vor den Fenstern, während hinten im Garten Wäsche im Wind flatterte, die meine Mutter manchmal tagelang draußen auf der durchhängenden Leine ließ.

Als meine Eltern in das Haus einzogen, war mein großer Bruder Pete erst ein paar Monate alt, aber als ich groß genug war, um ihn bewusst wahrzunehmen, war er bereits ein wütender Teenager, der unser Zuhause mied und, wie es schien, auch mich.

Die Familie meines Vaters, die aus seinen drei Brüdern, deren Frauen und Kindern, seiner unverheirateten Schwester sowie meinen Großeltern bestand, lebte ebenfalls in dem Ort, und als ich klein war, hatte ich jede Menge Cousins und Cousinen unterschiedlichen Alters zum Spielen. Meine Mutter hatte nur eine Schwester, die 160 Kilometer von uns entfernt wohnte. An meine Großeltern mütterlicherseits kann ich mich nicht erinnern. Sie waren bereits mittleren Alters, als sie ihre beiden Töchter bekamen, und starben, als ich noch ein Baby war.

Jeden Sonntag traf sich unsere ganze Familie in der Kirche, die Männer in dunklen Anzügen und die Frauen in dazu passenden einfarbigen Jackenkleidern aus Perlon und mit einer bunten Mischung von Hüten auf den Köpfen. Die Kinder trugen ihre Sonntagssachen. Die kleinen Jungs erschienen in kurzen Hosen, gestärkten weißen Hemden, ihren Schulkrawatten und Blazern sowie mit ordentlich aus dem Gesicht gekämmten Haaren. Die Mädchen waren mit Rock, Bluse und Pullover herausgeputzt. Ich kann mich noch daran erinnern, dass ich je nach Jahreszeit entweder einen karierten oder einen pinkfarbenen Baumwollrock anhatte und dazu weiße Spitzensöckchen und schwarze Lackschuhe. Pete trug eine lange graue Flanellhose und ein dunkelblaues Jackett.

Wenn meine Mutter in einem langen Flatterkleid aus bunter indischer Baumwolle in der Kirche erschien, unterschied sie sich von den anderen Frauen. Mit ihrem schimmernden, schulterlangen blonden Haar, das sie nicht unter einem Hut verbarg, dem Porzellanteint und dem schlanken Körper war sie in meinen Augen die hübscheste Mutter von allen. Ich mochte es, wenn sie neben mir saß und meine kleine Hand in ihrer hielt. Andererseits empfand ich so etwas wie Scham, wenn sie nicht mit uns in die Kirche kam. »Zu müde«, lautete eine ihrer Entschuldigungen oder sie fühle sich nicht wohl. Wenn wir ohne sie das Haus verließen, konnte ich dem angespannten Gesicht meines Vaters die nur mit Mühe unterdrückte Wut ansehen.

»Was glaubst du eigentlich, was es für einen Eindruck macht, wenn du nicht mitkommst?«, pflegte er sie zu fragen.

Aber sie zuckte dann nur mit den Schultern und erwiderte, dass es ihr egal sei. »Euren Sonntagsbraten bekommt ihr von deiner Mutter«, sagte sie gedankenverloren zu ihm. »Sie bekocht euch gern.«

Mein Vater stampfte dann aus dem Haus, und Pete und ich folgten ihm beklommen.

Wenn uns die versammelte Familie mal wieder ohne unsere Mutter kommen sah, stieß mein strenger Großvater einen Seufzer aus, und meine Großmutter, die mit meinen Tanten, Onkeln, Cousins und Cousinen ungeduldig auf den Kirchenstufen auf uns gewartet hatte, schüttelte missbilligend den Kopf.

Bevor wir die Kirche betraten, um unsere Plätze einzunehmen, legte sie mir kurz die Hand auf die Schulter. Mit dieser Geste wollte sie mir versichern, dass sie nicht böse auf mich war.

Ich war noch zu klein, um die Texte der Kirchenlieder lesen zu können, kannte aber die Verse der bekanntesten Choräle auswendig und sang begeistert mit. Ich fühlte mich wohl in der Kirche mit ihren hohen Gewölbebögen und den bunten Glasfenstern, und ich mochte die reinen Klänge der Orgel und des Chors, aber die Predigt langweilte mich stets. Sie ergab für mich keinen Sinn und schien endlos zu dauern. Ich versuchte, nicht herumzuzappeln, aber das Stillsitzen fiel mir schwer. Pete langweilte sich offenbar ebenfalls und wollte mich zum Kichern bringen, indem er lustige Grimassen schnitt. Wenn mein Vater das mitbekam, warf er Pete einen strengen Blick zu. Dann schlug mein Bruder die Augen nieder und lehnte sich in der Kirchenbank schweigend zurück.

»Ihr kommt zum Mittagessen besser mit zu mir«, sagte meine Großmutter jedes Mal, wenn meine Mutter nicht zum Gottesdienst erschienen war. Ihr ungeschminkter Mund verzog sich missbilligend, weil ihre Schwiegertochter die hausfraulichen Pflichten vernachlässigte. Dann schnaubte sie laut und fügte hinzu: »Ich bezweifle, dass Laura gekocht hat.«

Das hatte sie in der Tat nicht, und da die Männer in unserem Ort es schon als Leistung ansahen, wenn sie sich selbst Tee kochten, würde mein Vater uns wohl kaum etwas zum Mittagessen zubereiten.

Das Sonntagsessen meiner Großmutter variierte nur selten.

»Männer brauchen bei jedem Wetter einen anständigen Braten«, behauptete sie stets.

Unabhängig von der Jahreszeit, stellte sie also ein großes Stück Roastbeef vor meinen Großvater, damit er es tranchierte. Der Tisch war gedeckt mit Schüsseln voller Zwiebelsoße, Röstkartoffeln, verschiedener Gemüsesorten und einer Platte mit goldgelbem Yorkshire-Pudding. Die Teller wurden vollgeladen, man wurde angehalten nachzunehmen, und als Nachtisch reichte meine Großmutter große Stücke Apfelkuchen oder mit Streuseln überbackene Früchte und Vanillesoße herum.

Ich war gern im Haus meiner Großmutter, wo die köstlichen Düfte aus der blitzsauberen Küche einem das Wasser im Mund zusammenlaufen ließen. Bei ihr wurde immer viel Aufhebens um mich gemacht. Nur die verächtlichen Bemerkungen über meine Mutter hörte ich nicht gern.

»Sie fühlt sich also wieder mal unwohl«, hörte ich meine Tante zu meinem Vater sagen, bevor meine Großmutter sie ermahnen konnte, nicht in meiner Gegenwart darüber zu sprechen.

Es folgte ein tadelndes Schnauben, bis meine Großmutter ihre Gedanken nicht länger für sich behalten konnte. »Ich würde gern wissen, was Laura in ihrem Leben falsch gemacht hat, dass sie sich so sehr selbst bedauern muss.« Dann wandte sie sich ihrem Sohn zu und fuhr fort: »Du hast einen guten Job – bei den vielen neuen Häusern, die in der Gegend gebaut werden, gibt es für einen Schreiner immer Arbeit. Ihr wohnt in einem schönen Haus und habt zwei entzückende Kinder. Es mangelt ihr an nichts, oder? Was ihr fehlt, ist ein bisschen Strenge. Du bist zu gutmütig, David. Und sie ist für Pete und Sally ein schlechtes Vorbild.«

Die schweren Depressionen, unter denen meine Mutter litt, stießen auf wenig Verständnis. Manisch-depressiv, wie man es zu der Zeit meistens nannte, war keine anerkannte Krankheit, und wenn meine Mutter ihre »schlechten Tage« hatte, konnte sie bei den weiblichen Verwandten meines Vaters nicht mit Anteilnahme rechnen. Die Emanzipation der Frauen mag ja in den 60er-Jahren begonnen haben, aber an die Türen des Arbeiterstädtchens im

Norden Englands hatte sie noch nicht geklopft. Wie zuvor ihre Mütter, so übten auch diese Frauen keinen Beruf aus. Stattdessen sahen sie ihre Rolle im Leben darauf beschränkt, das Haus sauber zu halten, leckeres Essen zu kochen und die Kinder auf dieselbe Weise zu erziehen, wie sie erzogen worden waren. Die Unfähigkeit meiner Mutter, diese Aufgaben kontinuierlich zu verrichten, war verpönt, und ihre Stimmungsschwankungen wurden als Faulheit und Undankbarkeit abgetan.

An den Sonntagen, die mein Vater als die »Tage des Herrn« bezeichnete, durften wir nicht auf der Straße oder dem Spielplatz spielen. »Das ist dem Herrn gegenüber respektlos«, konstatierte mein Vater streng. Sobald das Mittagessen beendet war, saß ich deshalb mit meinen Malbüchern im Wohnzimmer auf dem Fußboden oder sah mir einen alten Schwarz-Weiß-Film im Fernsehen an. Von Zeit zu Zeit wanderte mein Blick sehnsüchtig zum Fenster. Ich konnte andere Kinder draußen auf der Straße spielen hören und wünschte, dabei zu sein. Aber ich wusste, dass alles Bitten und Betteln nichts half, mein Vater würde es mir nicht erlauben.

Wenn wir abends heimgingen, empfing uns oft ein dunkles Haus. Meine Mutter war auf dem Sofa eingeschlafen, und das Feuer im Ofen, das mein Vater morgens angezündet hatte, war längst erloschen.

Kapitel 2

Bei uns zu Hause waren Gebrüll und Geschrei, gefolgt von dumpfem Schluchzen, an der Tagesordnung. Streitereien zwischen meinen Eltern hatten für mich den Anstrich von Normalität. Wenn mein Vater mit dem konfrontiert wurde, was er für die eingebildeten Krankheiten seiner Frau hielt, bemühte er sich nur selten, seine Ungeduld zu verbergen. Seine Stimme wurde laut und lauter, und er brüllte immer wieder: »Jetzt reiß dich zusammen, Laura!« Aber genau dazu schien meine Mutter manchmal tagelang nicht in der Lage zu sein.

Im Alter von etwa drei Jahren bekam ich mit, dass die von meiner Mutter sogenannten »dunklen Tage« sie zum Weinen brachten, aber ich fragte nie nach dem Grund für ihre Tränen. Ich weiß noch, wie sehr mich ihr Weinen und die Frustration meines Vaters ängstigten. Nachts, wenn ihre wütenden und verzweifelten Stimmen die Treppe hinauf bis in mein Zimmer getragen wurden, lag ich in meinem Bett, stopfte mir die Finger in die Ohren und betete, sie würden aufhören zu streiten.

Mit vierzehn war Pete ein schlaksiger, launischer und störrischer Teenager, mit einer hohen Quietschstimme im Wechsel mit einem tiefen Bass. Wenn das Gesicht meines Vaters vor Wut rot anlief und er losbrüllte, warf mein Bruder ihm einen zornigen Blick zu und stürmte aus dem Haus. Das Zuschlagen der Haustür war für ihn die einzige Möglichkeit zu zeigen, wie aufgebracht er war. Ich wünschte, ich hätte ihm folgen können, aber dafür war ich zu klein. Stattdessen rollte ich mich noch

13

fester zusammen und wartete verängstigt darauf, dass das Geschrei endlich verstummte.

Im Laufe der Jahre sind die Erinnerungen an meine Mutter zu einer großen Collage verschmolzen, die vor meinem geistigen Auge auftaucht, wenn ich an damals zurückdenke. Manche Bilder sind verschwommen, als wären sie mit der Zeit verblasst, andere sind immer noch deutlich und klar. Ich kann die Bilder nicht mehr in eine zeitliche Reihenfolge bringen, aber ich weiß, dass alle Erinnerungen an meine Mutter auf die Zeit zurückgehen, bevor ich sechseinhalb Jahre alt war.

Das weiß ich so genau, weil das der Zeitpunkt war, an dem sich alles änderte.

Schon als kleines Kind lernte ich, die extremen Stimmungsschwankungen meiner Mutter zu erkennen: Ein warmes Lächeln, das mich beim Aufwachen empfing, verhieß einen guten Tag.

»Aufstehen, du kleiner Faulpelz«, sagte sie und kitzelte mich am Bauch.

An ihren guten Tagen bürstete sie mein hellblondes Haar. »So wunderschöne Haare – du darfst sie niemals abschneiden«, sagte sie, während sie es mir aus dem Gesicht strich und mit einer schwarzen Samtschleife zum Zopf band.

»Es ist wie deins, nur heller«, antwortete ich, denn das Haar meiner Mutter hatte die Farbe von reifem Korn im Spätsommer.

»Mein Haar ist nicht so schön«, widersprach sie. Behutsam zog sie mich an und nahm mich zum Frühstück mit hinunter.

Ich sehe sie noch vor mir an ihren guten, hellen Tagen, in ihrem langen Baumwollhemd und der selbst gehäkelten rotschwarzen Weste. Wie sie sich in einem Anfall von Aktionismus das schulterlange Haar hinter die Ohren strich und das Haus vom Dach bis zum Keller blitzblank putzte. Ihre grünen Augen funkelten vor Lebensfreude, während sie die Betten frisch bezog, die Teppiche saugte, die Fenster putzte und die Gardinen wusch, die von den vielen Zigaretten, die sie rauchte, gelblich verfärbt waren. Überall roch es nach Bleichmittel und Politur. Verstreut herumliegende Kissen wurden ordentlich auf der Dralon-Polstergarnitur verteilt, alte Zeitschriften und Tageszeitungen aussortiert und überall aufgeräumt, bis nichts mehr herumlag.

An jenen Tagen waren wir beide allein, bis mein Bruder aus der Schule und mein Vater von der Arbeit nach Hause kamen. Sobald die Hausarbeit erledigt war, spielten wir etwas oder saßen auf dem Sofa, ich im Arm meiner Mutter, und sie las mir vor. Noddy und sein Freund Big Ears erwachten für mich ebenso zum Leben wie Schneewittchen und die sieben Zwerge. Manchmal dachte sich meine Mutter selbst Geschichten aus, in denen ich die Heldin war. Darin begegnete ich Feen, freundlichen Drachen und lachenden Riesen, und es waren diese Geschichten, die ich am meisten liebte.

An anderen guten Tagen verbrachten wir den ganzen Nachmittag mit Malen und Zeichnen. Meine Mutter legte große Malbücher auf den Tisch und band mir zum Schutz meiner Kleidung eine Schürze um. Während ich mich darin vertiefte, leuchtende Farben auf dem Papier zu verteilen, backte sie oft Kuchen oder Plätzchen und gab mir die Rührschüssel zum Auslecken. Aus den Augenwinkeln behielt ich die ganze Zeit über den Backofen im Auge. Ich wusste, dass sie mir den ersten Keks geben würde, sobald er kalt genug war.

Es gab Zeiten, da raste meine Mutter durch verschiedene Geschäfte, um Zutaten zu kaufen, weil sie in einer Zeitschrift ein neues Rezept entdeckt hatte und erpicht darauf war, es auszuprobieren. Kaum war sie wieder zu Hause, dauerte es nicht lange, und der Tisch war bestückt mit zahlreichen Schüsseln, das Gemüse fachgerecht gewürfelt, das Fleisch aufgeschnitten und die Sahne geschlagen.

»Sally, wir müssen den Tisch ordentlich decken«, sagte sie nach ihren seltenen frenetischen Kochorgien.

Sie holte das Tafelgeschirr, ein Hochzeitsgeschenk, aus dem Schrank und spülte es. Außerdem förderte sie kleine Silbergegenstände, einen Krug, ein paar Löffel und einen Salzstreuer, zutage, und mir wurde die Aufgabe übertragen, Silberpolitur auf ein Tuch zu geben und damit die Flecken abzureiben, die sich seit der letzten Benutzung gebildet hatten. Ich mochte das Gefühl der grobkörnigen, rosafarbenen Paste an meinen Fingern, und nach der Säuberung bewunderte ich das Schimmern jedes einzelnen Stücks.

Wenn mein Vater an diesen Abenden das Haus betrat, breitete sich sogleich ein Lächeln auf seinem Gesicht aus, und er lobte, wie sauber alles sei und wie köstlich es dufte. Sogar Pete setzte sich dann an den Tisch und aß mit uns, statt wie sonst mit dem Abendbrot in seinem Zimmer zu verschwinden, weil er angeblich noch Hausaufgaben machen musste. Meine Eltern wirkten entspannt, und es schien, als wären wir eine ganz normale Familie. An den guten Tagen meiner Mutter war ich glücklich. Sie war die Mutter, die ich mir wünschte, und für kurze Zeit konnte ich mir einreden, dass dieses Intermezzo anhalten würde – was es jedoch nie tat.

Kapitel 3

In der Nähe unseres Hauses gab es einen öffentlichen Spielplatz, auf dem meine Mutter und ich oft die Vormittage verbrachten. Ich stürmte immer zuerst zur Schaukel und bettelte meine Mutter an, mich immer fester anzuschubsen. Mit ausgestreckten Beinen und den Kopf in den Nacken gelegt, quietschte ich vor Vergnügen, wenn ich mit jedem Schwung höher schaukelte. Von dort oben sah ich Nachbarinnen, die ihre Wäsche aufhängten, spielende Kinder und Teenager, die sich sonnten. Wenn meine Mutter genug davon hatte, mich anzuschubsen, wechselten wir zur Wippe, wo sie mich rauf- und runterhüpfen ließ.

An ihren schlechten Tagen, wenn meine Mutter mein Flehen ignorierte, mit mir auf den Spielplatz zu gehen, weil sie zu kraftlos war, spielte ich in unserem kleinen Garten. Ich holte den leuchtend roten Hüpfball mit den Antennengriffen heraus und hüpfte damit stundenlang den kaputten Betonweg entlang.

Ich überlegte damals oft, ob ich der Grund für die Traurigkeit meiner Mutter sei. Wie sollte ich verstehen, warum sie an manchen Tagen glücklich und an anderen so unglücklich war? Vielleicht, so dachte ich, lag es an meinem hässlichen roten Ausschlag, der kurz nach der Geburt ausgebrochen und nie wieder ganz verschwunden war. Aber ich fand nie den Mut, meine Mutter danach zu fragen.

»Du bist ein wunderschönes kleines Mädchen«, sagte sie mir an ihren guten Tagen, aber als ich eingeschult wurde, hatte ich längst aufgehört, ihr das zu glauben.

Ich kann nur ahnen, wie sich meine Mutter gefühlt haben mochte, als mich die Hebamme ihr zum ersten Mal in den Arm legte. Sie erzählte mir oft davon, wie Mütter das nun einmal tun. »Ich liebte dich von dem Moment an, als ich dich zum ersten Mal sah«, versicherte sie mir. »Du warst so ein süßes Baby, mit deinem blonden Haarflaum und deinen großen Augen.« Ich befürchtete jedoch, dass das nur die halbe Wahrheit war und sie diesen Augenblick im Nachhinein verklärte.

Vielleicht war ich für sie wirklich ein niedliches Baby, aber jedes Mal, wenn sie darüber sprach, musste ich an meinen Ausschlag denken. Er bedeckte meine Arme, kroch über meinen Hals und besprenkelte meine Brust. Ich versuchte mir vorzustellen, wie ich als Baby ausgesehen haben mochte, mit der von dem aggressiven roten Ekzem angegriffenen Haut. Seit ich denken kann, habe ich die Kommentare wohlmeinender Menschen im Ohr. Während ich neben meiner Mutter herging, meine winzige Hand von ihrer umschlossen, damit sie mich halten konnte, falls ich stolperte oder fiel, hörte ich, wie sich Freunde oder Nachbarn nach meiner Gesundheit und dem Ausschlag erkundigten. Ich blickte zu ihnen hoch und bat sie stumm, sich zu mir herunterzubeugen und mich selbst zu fragen, was sie jedoch nie taten. Sie verhielten sich so, als sei ich durch diese roten Flecken unsichtbar und taub.

»Wird das mit dem Ausschlag noch besser?«, pflegten sie zu fragen. »Hat sie Schmerzen?« Und: »Verwächst es sich, wenn sie älter wird?«

Jedes Mal, wenn uns jemand darauf ansprach, spürte ich, wie der Griff meiner Mutter um meine kleine Hand fester wurde. »Natürlich verwächst es sich«, versicherte sie stets. »Das ist nur eine Kinderkrankheit.«

Während ich heranwuchs, hielt das Interesse der Leute an meiner Krankheit an, aber weiterhin ignorierten sie mich. Wenn die Leute mich gefragt hätten, dann hätte ich ihnen gesagt, dass es wehtat und wie sehr ich diese roten Flecken und das Jucken

18

hasste. Aber da sie immer nur meine Mutter ansprachen, bekam ich nie die Gelegenheit dazu.

Jeden Tag trug meine Mutter eine Creme auf die roten Stellen auf, die meine Haut beruhigte. »Sogar als Baby hast du schön stillgehalten, wenn ich dir die Creme einmassieren musste«, erzählte mir meine Mutter. »Du hast nie geweint.«

Das konnte ich mir kaum vorstellen.

Abends wurden meine Fingernägel kurz geschnitten, und wenn sich der Ausschlag verschlimmerte und ich mir am ganzen Körper die Haut blutig gekratzt hatte, steckte meine Mutter mir die Hände in Fäustlinge und schnürte sie zu, damit ich mich nicht mehr kratzen konnte. Meine Großmutter erfand eine andere Methode, mich vom Kratzen abzuhalten. Wenn sich der Ausschlag über meine Arme ausbreitete, schnitt sie von leeren Plastikflaschen für Putzmittel den Deckel und den Boden ab, schob meine Arme in die Plastikröhren und klebte sie fest.

»Es wird nur schlimmer, wenn du kratzt. Das hier soll dir helfen«, sagte sie. Dann holte sie ein Bonbon aus ihrer Handtasche und schob es mir in den Mund. »Komm, gib deiner Oma einen Kuss«, verlangte sie.

Ich stellte mich auf die Zehenspitzen, hob die streichholzdünnen Ärmchen, die in den hässlichen Plastikröhren steckten, schlang sie um Großmutters Hals und drückte ihr zögernd einen Kuss auf die trockene, pergamentene Haut.

Wie ich mit den Plastikverpackungen aussah, hasste ich noch mehr als das Gefühl meiner unbeweglichen, sperrigen Arme. An warmen Tagen, wenn ich ein kurzärmeliges Kleid trug, wollte ich das Haus nicht verlassen und mit meiner Mutter weder einkaufen noch auf den Spielplatz gehen. Ich konnte das Mitleid im Gesicht ihrer Freundinnen und die neugierigen Blicke der anderen Kinder einfach nicht ertragen. Meine Mutter versicherte mir, dass sie mich liebe und dass mein Ausschlag überhaupt nicht so schlimm aussehe, aber nichts, was sie sagte, konnte mich trösten.

Kapitel 4

An ihren schlechten Tagen schien meine Mutter mich gar nicht zu bemerken oder überhaupt zu wissen, dass ich existierte. Wenn ich morgens aufwachte, schaute kein lächelndes Gesicht auf mich herab. Im Nachthemd kletterte ich aus dem Bett und machte mich auf die Suche nach meiner Mutter. Manchmal lag sie noch im Bett, eine zusammengekauerte Gestalt unter der Decke. An anderen Tagen lag sie mit dem Gesicht zur Wand im Wohnzimmer auf dem Sofa. Ihre Distanziertheit ängstigte mich. Leise setzte ich mich hin, beobachtete sie und wünschte, sie würde aufwachen.

Diese Tage beschleunigten offenbar das Ausbreiten meines Ausschlags, und sobald das quälende Jucken begann, konnte ich meine Finger nicht länger unter Kontrolle halten. Sie kratzten, bis die Haut in meinen Kniekehlen riss, nässte und blutete. Meine Hände verursachten immer größere Wunden. Erst wenn ich vor Schmerzen weinte, öffnete meine Mutter die Augen. Sobald sie sah, wozu ihre Vernachlässigung geführt hatte, drangen Schuldgefühle durch den dunklen Nebel ihrer Depressionen. Sie stand auf, nahm mich in die Arme und flüsterte mir tröstende Worte ins Ohr, und mein Gesicht wurde feucht von ihren Tränen.

Ihr Haar war strähnig und umrahmte das blasse, vom vielen Weinen verquollene Gesicht. Während sie mich im Arm hielt, roch ich ihren Atem, dem das süßliche Aroma überreifer Äpfel anhaftete. Ich begriff bald, dass dieser Geruch von der farblosen Flüssigkeit aus den großen braunen Flaschen herrührte, die sie vor meinem Vater und Pete versteckte.

Ich war damals zu klein, um zu verstehen, von welchen Gefühlen sie an jenen Tagen überflutet wurde, was jene Hilflosigkeit auslöste, die sie von der hübschen, lebhaften Frau in eine mir Fremde verwandelte.

Erst als ich erwachsen war und selbst manchmal einfach nur dasaß, ins Leere starrte und spürte, wie mir Tränen über die Wangen liefen, während mich unerwünschte Erinnerungen heimsuchten, begann ich zu begreifen, wie sich meine Mutter gefühlt haben musste. Wenn ich dann an sie dachte, wie sie auf dem Sofa gesessen hatte, den Kopf in die starren Finger gelegt, konnte ich nachvollziehen, welche Verzweiflung sie überkommen und ihr schier den Verstand geraubt hatte. Ich sah vor mir, wie sie ihren Rock packte und mit den Händen knetete, während ihre Augen auf etwas gerichtet waren, das nur sie sehen konnte. Wenn ich von diesen Erinnerungen eingeholt wurde und an mir hinabschaute, stellte ich fest, dass meine Hände es ihren gleichtaten.

Dann entsann ich mich an das kleine Mädchen, das ich einst war. Es beobachtete seine Mutter, die in die Dunkelheit draußen vor dem Fenster starrte. Die Mutter hatte ihm den Rücken zugewandt, das Kind sah lediglich ihren Hinterkopf und das blasse Spiegelbild ihres Gesichts in der Scheibe. Mein fünfjähriges Ich glaubte damals, dass eine böse Hexe aus dem Märchen entsprungen und meine Mutter mit einem bösen Zauber belegt habe. Angst nagte an mir, die Angst, dass ich meine Mutter vielleicht für immer verloren hatte.

An jenen Tagen stapelte sich das schmutzige Geschirr im Spülbecken, Mahlzeiten wurden ausgelassen, oder meine Mutter wärmte hastig eine Dose auf. Mein täglich notwendiges Bad und das anschließende Eincremen vergaß sie.

Kein Lachen war zu hören. Stattdessen erfüllte das Gebrüll meines Vaters das Haus, sobald er abends von der Arbeit zurückkam. »Nicht schon wieder! Reiß dich zusammen, Laura«, schrie er, wenn er sah, dass sie trübsinnig auf dem Sofa lag.

Ich war jedes Mal völlig eingeschüchtert und verhielt mich still, um seine Aufmerksamkeit nicht auf mich zu ziehen.

Es war zu dieser Zeit, als die Furcht vor meinem Vater entstand. Zunächst war es nur ein schwer zu fassendes Unbehagen, das im Laufe der Monate und Jahre Stück für Stück wuchs. Aber erst als ich schon ein Teenager war, wurde meine Liebe zu ihm endgültig zerstört.

»Komm, Sally«, sagte mein Vater, sobald ich mit dem Abendbrot fertig war, das er mir gekocht hatte. »Ich bringe dich ins Bett. Deine Mutter ist heute nicht dazu in der Lage.«

Er hob mich hoch, trug mich ins Badezimmer und setzte mich in die Wanne. Ich mochte das Gefühl des lauwarmen Wassers an meiner entzündeten Haut, und es war angenehm, wenn er mich behutsam mit dem Waschlappen einseifte. Aber ich mochte es nicht, wenn mein Vater damit zwischen meine Beine fuhr und mich seine Finger dort berührten. Mir gefiel auch nicht, was danach passierte. Er hob mich aus dem Wasser und legte mir ein weiches Handtuch um. Dann setzte er mich auf seinen Schoß und zog mich dicht an seine Brust.

Wenn ich spürte, dass etwas Hartes gegen meinen Po drückte, versuchte ich mich frei zu strampeln. Aber er hielt mich nur noch fester und flüsterte mir ein eindringliches »Nein« ins Ohr. »Halt still, und lass mich dich eincremen, Sally«, sagte er, während ich mich protestierend wand, wenn seine Hände Creme an Stellen auftrugen, bis zu denen der Ausschlag niemals vordrang.

Wenn mir dann Tränen über die Wangen liefen, wischte er sie behutsam ab. »Was ist los, Sally? Du wirst genauso schlimm wie deine Mutter. Hast du deinen Daddy denn nicht lieb?«

Aber natürlich hatte ich das – damals. Er drückte mir einen Kuss auf die Wange, schob mir eine Süßigkeit in den Mund, und er war wieder der Vater, der gut zu mir war.

Als ich älter wurde, übte mein Vater zunehmend mehr Kontrolle auf mich aus. In Gegenwart meiner Mutter und meiner Großeltern setzte er mich auf sein Knie und streichelte meine Beine. »Sie ist Daddys Mädchen. Nicht wahr, Sally?«, sagte er dann.

Ich wollte mich aus seinem Griff winden und von seinem Schoß rutschen, aber aus Angst vor seinem Unmut blieb ich sitzen.

Wenn er abends von der Arbeit nach Hause kam, schlang er immer häufiger seine Arme um mich und hielt mich fest, vor allem dann, wenn meine Mutter dem keine Aufmerksamkeit schenkte und mein Bruder nicht im Zimmer war. Dann wanderten seine Hände unter meinen Rock, und ich spürte seine große Handfläche, die meinen Po streichelte, und den Druck seiner Finger, wenn er die verborgene Stelle zwischen meinen Beinen fand. Ich wollte ihn auffordern, damit aufzuhören, aber mir fehlten die richtigen Worte, um meine Gefühle auszudrücken.

»Komm her, Sally«, sagte er, wenn ich zögerte, mich ihm zu nähern. »Was ist los mit dir? Hast du deinen Daddy nicht lieb?« Er beugte sich zu mir herab und streckte die Arme nach mir aus.

Ich sah, wie sich sein Ärger zusammenbraute, und ging widerstrebend zu ihm.

Mit der Zeit ließ seine Zärtlichkeit nach. Immer häufiger wurde er ärgerlich. »Jetzt sei nicht so ein Baby – du wirst genauso schlimm wie deine Mutter«, rief er, wenn ich ihm sagte, dass ich von seinem Knie herunterwolle. Also gab ich jeden Widerstand auf. Die Angst vor seiner Wut hielt mich auf seinem Schoß, während ich spürte, wie das harte Ding, für das ich keinen Namen hatte, gegen mein Gesäß drückte.

Kapitel 5

Irgendwann zwischen meinem dritten und vierten Geburtstag sagte mir meine Mutter, dass ich ein neues Geschwisterchen bekommen würde. Ich saß neben ihr auf dem Sofa und sah mir im Fernsehen eine meiner Lieblingssendungen, Spiele ohne Grenzen, an. Meine Mutter amüsierte sich köstlich über die Teilnehmer, die sperrige Schaumstoffteile in Form von Hamburger-Zutaten trugen und gleichzeitig versuchten, einen riesigen aufblasbaren Hindernisparcours zu überwinden. Die Aufgabe der Teilnehmer bestand darin, den jeweiligen Gegenstand einem Teammitglied zu übergeben, das am Ende des Parcours wartete. Dann ging es zurück zum Start, damit ein anderes Teammitglied losrennen und etwas überbringen konnte. Weil die Gegenstände so groß waren, gab es jede Menge Fehlstarts, Stürze und lustige Situationen, über die wir herzhaft lachten.

Während ich mich an meine Mutter schmiegte, fiel mir auf, wie dick ihr Bauch geworden war, und ich fragte sie nach dem Grund.

»Weil da drin ein Baby ist«, verriet sie mir.

An die darauffolgenden Monate kann ich mich kaum erinnern, ich weiß nur noch, dass der Bauch meiner Mutter immer dicker wurde. Dann war sie für ein paar Tage fort, und als sie zurückkehrte, war sie dünner und trug meinen kleinen Bruder Billy im Arm.

Meine Mutter war blass und müde und erzählte mir, dass sie im Krankenhaus kaum Schlaf bekommen habe. Wie so oft ignorierte sie meine Bedürfnisse, sie gab mir nichts zu essen und ließ die Hausarbeit liegen.

Nach einer Woche kam die Schwester meiner Mutter, Tante Janet, für eine Weile zu uns. Sie wusch die Berge schmutziger Kleidung und Bettwäsche, und die schmutzigen Stoffwindeln, die aus dem übervollen Windeleimer im Bad quollen, weichte sie in Bleichmittel ein. Dreimal am Tag stand eine selbst zubereitete Mahlzeit auf dem Tisch. Tante Janet übernahm am Abend auch mein Bade- und Eincremeritual, zog mir das Nachthemd an und las mir eine Gutenachtgeschichte vor.

Unsere Haustür stand immer offen für Freunde und Verwandte, die das neue Baby sehen wollten. Und jeder Besucher brachte Geschenke mit und bestaunte den winzigen Billy. Das Wohnzimmer war voll mit Kuscheltieren, selbst gestrickten Jäckchen, Mützchen und Strampelanzügen in Hellblau oder Weiß. Eine flauschige Decke, an der meine Mutter viele Stunden lang gehäkelt hatte, lag über der Wiege.

»Was sagst du zu deinem kleinen Bruder?« Das war plötzlich die einzige Frage, die man mir stellte. Ansonsten interessierte sich niemand für mich. Alle richteten ihre Aufmerksamkeit auf Billy, und meine Mutter hatte kaum noch Zeit für mich. Es war das Baby, mit dem sie kuschelte und redete, nicht mit mir.

Ich fühlte mich zurückgewiesen und einsam und betrachtete unseren winzigen glucksenden Familienzuwachs voller Feindseligkeit. Seit seinem Auftauchen kümmerte sich nur noch mein Vater um mich. »Du bist mein ganz besonderes kleines Mädchen«, sagte er immer wieder, und ich, gierig nach Zuneigung, kuschelte mich an ihn.

Meine Tante reiste schließlich wieder ab, weil sie zurück zu ihrer eigenen Familie musste, und nun waren es wieder die großen Hände meines Vaters, die mich am ganzen Körper eincremten.

»Ich will, dass Mami das macht«, protestierte ich.

»Deine Mutter hat zu viel mit dem Baby zu tun, um dich ins Bett zu bringen«, entgegnete er jedes Mal. Dann nahm er mich mit festem Griff an der Hand und führte mich aus dem Zimmer.

»Du bist doch ein braves kleines Mädchen, nicht wahr, Sally? Du würdest alles tun, worum ich dich bitte, stimmt's?« Und als ich nickte, ging er mit seinen Berührungen zur nächsten Stufe über. Vermutlich wusste er, dass meine Mutter gerade vollauf damit beschäftigt war, Billy zu füttern. Er nahm meine kleine Hand und legte sie vorn auf seine Hose. Dann drückte er meine Hand gegen den Stoff und bewegte sie hoch und runter. Aus Angst, den einzigen Menschen zu verärgern, für den ich anscheinend noch wichtig war, leistete ich keinen Widerstand und rieb über die Stelle. Durch den Stoff der Hose fühlte es sich hart an, und als ich tat wie angewiesen, spürte ich, wie etwas zuckte, als würde es zum Leben erwachen. Der heiße Atem meines Vaters drang in mein Ohr, während er meine Finger immer schneller bewegte, bis ich spürte, wie seine Knie zuckten und ein Zittern durch seinen Körper lief. Mit einem Seufzen löste er dann seine Hand und schob mich weg.

Ich mochte ihn nicht so anfassen. Das Gefühl, wie sich dieses harte Ding bewegte, und der heiße Atem meines Vaters an meiner Wange stießen mich ab.

Kapitel 6

Es war mein vierter Geburtstag. Das weiß ich deshalb so genau, weil meine Mutter es mir sagte, als sie mich morgens weckte. Nachdem sie mich nach unten gebracht hatte, zeigte sie auf eine schmale blaue Schachtel neben meinem Frühstücksteller.

»Das ist für dich, Sally«, sagte sie. »Es ist dein Geschenk.«

Ich öffnete die Schachtel und fand darin ein silbernes Armband.

»Sieh hier! Wenn du größer wirst, kannst du es erweitern«, sagte meine Mutter und zeigte mir, wie man das Armband verstellen konnte. Dann legte sie es mir um.

»Du hast noch ein Geschenk«, verriet sie mir und wies auf ein riesiges Paket in bunt gemustertem Geschenkpapier, das mit einer goldenen Schleife verschnürt war und auf dem Küchenboden stand. »Warte, ich helfe dir«, bot sie an, als ich mit der Verpackung kämpfte.

Nach einer paar Schnitten mit der Schere fiel das Papier ab und enthüllte ein Puppenhaus aus lackiertem Holz.

Vorn ließ es sich öffnen, und im Innern entdeckte ich winzige Holzmöbel und eine Puppenfamilie. Ich juchzte vor Freude. Genau so ein Haus hatte ich im Schaufenster eines Spielwarengeschäfts bestaunt und meiner Mutter gesagt, dass ich noch nie etwas Schöneres gesehen hätte. Aber ich hatte nicht im Traum damit gerechnet, jemals so etwas zu besitzen.

»Ich habe es selbst gemacht«, sagte mein Vater schroff.

»Ja, er hat Stunden damit verbracht und ganz allein in dem alten Schuppen gearbeitet«, fügte meine Mutter stolz hinzu.

Mein Vater breitete die Arme aus, und ich stürzte mich hinein, um mich umarmen zu lassen. Ich spürte seine kratzigen Bartstoppeln an meiner Wange. Er hob mich auf seinen Schoß.

»Gefallen dir deine Geschenke?«, fragte er.

Ich nickte begeistert.

»Dann gib deinem Daddy einen dicken Kuss.«

Gehorsam presste ich meine Lippen auf seine Wange.

»Pass auf, Sally, ich zeige dir etwas. Siehst du diesen winzigen Schalter?« Er legte ihn mit dem Finger um, und kleine Lampen leuchteten hinter den Fenstern auf.

Vor Begeisterung war ich sprachlos. Schließlich begann ich, vorsichtig mit dem Puppenhaus zu spielen.

»Sally«, sagte meine Mutter kurz darauf, »geh in den Garten, solange ich hier aufräume.«

Zögernd ließ ich meinen kostbaren neuen Besitz zurück und ging nach draußen, um mit dem Hüpfball zu spielen.

Später an diesem Tag führte meine Mutter mich nach oben in mein Zimmer und zeigte aufs Bett: Dort lag ein neues blassrosafarbenes Baumwollkleidchen, das mit winzigen pinkfarbenen Rosenknospen bestickt war.

»Ein neues Kleid für mein besonderes Geburtstagskind«, sagte sie. »Oma und deine Tanten, Cousins und Cousinen kommen zum Tee«, fügte sie hinzu. Sie fing an, mein Haar zu bürsten, bis es glänzte, sie wusch mein Gesicht und streifte mir dann das neue Kleid über meine Schultern. Danach stellte meine Mutter mich vor den Spiegel. »Siehst du, wie hübsch du bist?«

Ich strahlte ihr lächelndes Spiegelbild an.

Als meine Oma, die Tanten und ihre Kinder zum Tee eintrafen, brachten sie noch mehr Geschenke mit, und dieses Mal stand nicht Billy, sondern ich im Zentrum der Aufmerksamkeit. »Happy Birthday, liebe Sally, happy birthday to you«, sangen alle gemeinsam. Ich wurde gedrückt und geküsst, und dann wurden mir Pakete in den unterschiedlichsten Formen und Größen überreicht.

»Na los, Sally, du darfst sie öffnen«, forderte meine Mutter mich auf.

Als Erstes öffnete ich das Paket meiner Großmutter. Es war eine Tiny-Tears-Babypuppe, die ich mir schön länger gewünscht hatte. Oma zeigte mir, wie ich der Puppe die mit Wasser gefüllte Trinkflasche zwischen die rosigen Lippen schieben konnte und anschließend die feuchten Windeln wechseln musste. In den anderen Paketen waren Bilderbücher, noch mehr neue Anziehsachen und in dem letzten, einem Geschenk von meiner unverheirateten Tante, ein winziges Teeservice.

»Jetzt kannst du mit deinen Puppen eigene Teepartys feiern«, erklärte sie mir.

Pete kam direkt nach der Schule nach Hause, um pünktlich zum Tee da zu sein. Sobald er den Raum betrat, überreichte er mir ein mit einer Kordel verschnürtes Päckchen. »Herzlichen Glückwunsch, Sally«, sagte er und wurde rot. In dem Päckchen waren ein Spiegel und Bilder im Miniaturformat. »Für dein Puppenhaus«, erläuterte er. »Ich wusste, dass Dad dir eins baut.«

Über sein Geschenk freute ich mich am meisten, denn trotz meiner Bemühungen, seine Aufmerksamkeit zu erringen, ignorierte er mich die meiste Zeit über.

Als meine Mutter die Geburtstagstorte hereintrug, verstand ich plötzlich, warum ich morgens zum Spielen in den Garten geschickt worden war. Mit weißer Schrift stand oben auf der rosafarbenen Glasur: »Happy Birthday, Sally«, und in der Mitte brannten vier Kerzen. Für jedes Lebensjahr eine, wie man mir sagte.

»Du musst sie auspusten, Sally«, forderten mich alle wie aus einem Munde auf.

»Und dabei darfst du dir etwas wünschen«, erklärte meine Mutter.

Ich blähte meine Wangen auf, pustete mit aller Kraft und quietschte vor Begeisterung, als die Flammen flackerten und erloschen. Aber ich war so aufgeregt, dass ich ganz vergaß, mir etwas zu wünschen. Noch heute frage ich mich, ob die Dinge anders gelaufen wären, wenn ich es nicht vergessen hätte.

An diesem Abend brachte mein Vater mich ins Bett. Trotz meines Protests, dass Mami mich ins Bett bringen solle, führte er mich aus dem Zimmer. Sobald wir im Badezimmer waren, lief dasselbe Ritual ab wie immer. Zuerst badete er mich, dann setzte er mich nackt auf sein Knie. Dieses Mal jammerte ich laut, er verderbe mir meinen Geburtstag, sodass es meine Mutter ins Badezimmer lockte.

Als sie den Raum betrat, sah sie, wie mein Vater mir gerade den Pyjama über meinen kleinen zappelnden Körper zog. »Was ist los, Sally? Warum weinst du?« Da ich nicht antwortete, wandte sie sich meinem Vater zu. »Was hat sie denn? Warum ist sie so aufgebracht?«

»Ach, es ist nichts, Laura. Sie ist ausgerutscht und hingefallen. Das ist alles, nicht wahr, Sally?«

Ich versuchte, die Tränen zu stoppen, und antwortete: »Ja.« Und mit diesem einen falschen Wort hatte ich meine Einwilligung gegeben.

Meine Mutter stand einen Moment lang da und sah ihrem Mann in die Augen. Offenbar zufrieden mit der Erklärung, drehte sie sich dann um und verließ schweigend das Badezimmer.

Wenn ich alt genug gewesen wäre, um den Ausdruck in ihrem Gesicht zu deuten, was hätte ich dann gesehen? Misstrauen? Eine leise Ahnung? Oder beides, gefolgt von Resignation? Ihrem Verhalten zwei Jahre später nach zu urteilen, war es das Dritte.

Kapitel 7

Der Unfall mit der Frittierpfanne ereignete sich an einem Tag, der als guter begonnen hatte. An dem Morgen hatte meine Mutter mich angezogen, mir das Haar gebürstet, es zu Zöpfen gebunden und dann meinen Zeichenblock vor mir auf dem Küchentisch ausgebreitet.

Sie setzte Billy in seinen Laufstall und gab ihm verschiedene Stofftiere zum Spielen.

Aus einer Blechdose für Kekse holte ich meine Wachsmalstifte heraus. Mum zeichnete für mich Tiere, und ich versuchte, sie nachzuzeichnen.

»Sieh nur, Sally«, sagte sie mit diesem aufgeregten, schrillen Tonfall, der ihre Stimme häufig kurz vor Ausbruch einer »dunklen Phase« prägte, und wies auf ihre bunten Gemälde. Sie schenkte sich aus einer großen braunen Flasche einen Drink ein und fluchte, als sie feststellen musste, dass die Flasche anschließend leer war.

Später an diesem Tag gingen wir zu dritt einkaufen. Billy schlief in seinem Kinderwagen. Sie redete unaufhörlich mit mir und allen, die wir trafen. Beim Sprechen wurde ihre Stimme immer höher. Beim Metzger kauften wir Steaks, und beim Gemüsehändler holten wir Kartoffeln und Milch. Und schließlich gingen wir in ein Geschäft, in dem uns braune Flaschen über die Theke gereicht wurden. Obwohl ich erst vier war, blieb mir nicht verborgen, dass der Ladenbesitzer meine Mutter mit einem mitleidigen, an Verachtung grenzenden Blick ansah, während sie die Flaschen in die Einkaufstaschen schob und sie unten in den Kinderwagen legte.

Sobald wir zu Hause waren, gab sie Billy sein Fläschchen, schenkte mir ein Glas Orangensaft ein und trank hastig ein Glas nach dem anderen der goldfarbenen Flüssigkeit aus den braunen Flaschen. Als mein Bruder aus der Schule nach Hause kam, lallte sie bereits. Er schaute sie vorwurfsvoll und enttäuscht an, nahm seine Schulbücher aus dem Ranzen, breitete sie an einem Ende des Küchentischs aus und machte seine Hausaufgaben.

Beklommen starrte er zwischendurch auf das Glas, das meine Mutter erneut füllte. Seufzend senkte er dann den Kopf und vertiefte sich wieder in seine Bücher. Ich saß ganz ruhig da und spürte die Anspannung, die die Trinkerei meiner Mutter jedes Mal hervorrief.

Meine Mutter begann, das Essen zuzubereiten.

»Was gibt's zu essen?«, fragte Pete.

»Steak und Pommes«, antwortete meine Mutter fröhlich und stellte die Frittierpfanne auf den Herd. Mir war mittlerweile langweilig, daher ging ich zu ihr und stellte mich neben sie. Sobald das blubbernde Fett zu qualmen begann, warf sie nach und nach die Kartoffelstäbchen in die Pfanne.

»Dad wird jeden Moment hier sein«, warnte Pete sie, als sie ihr leeres Glas nahm und sich erneut der braunen Flasche zuwandte, die ein Stück von ihr entfernt auf der Arbeitsplatte stand. Als sie danach langte, blieb sie mit dem weiten Ärmel ihrer Bluse am Pfannengriff hängen. Mein älterer Bruder sah kommen, was passieren würde. Er sprang von seinem Stuhl hoch und stieß mich weg, so fest er konnte. Er war schnell genug, um zu verhindern, dass sich die ganze Pfanne mit dem siedenden Öl über mich ergoss, aber dennoch bekamen mein Kopf und meine Arme einige Spritzer ab.

Ich schrie vor Schreck und Schmerz. Pete schüttete geistesgegenwärtig kaltes Wasser über mich. Meiner Mutter entfuhr ein Schrei, und Billy brüllte los. In dem Moment trat mein Vater durch die Tür. Er erfasste sofort, was passiert war. Rasch schloss er mich in die Arme. Durch mein Wimmern hindurch hörte ich meine Mutter stammeln: »Unfall … habe sie nicht gesehen … mit dem Ärmel hängen geblieben …«

»Du hast wieder getrunken«, sagte mein Vater mit ausdrucksloser Miene und wandte sich dann meinem älteren Bruder zu. »Ich fahre mit Sally in die Notaufnahme. Bleib hier, und pass auf Billy auf – deine Mutter ist zu betrunken, als dass ich mich auf sie verlassen kann.« Dann trug er mich zum Auto und brachte mich so schnell wie möglich ins Krankenhaus.

»Sie hat einen Schock, aber das wird schon wieder«, sagte die Krankenschwester, nachdem sie einen flüchtigen Blick auf meine Verbrennungen geworfen hatte.

Bevor die Verletzungen am Kopf behandelt werden konnten, mussten mir ganze Haarbüschel abgeschnitten werden. Ich jammerte beim Anblick der langen blonden Strähnen auf dem Krankenhausboden fast genauso sehr wie wegen der Schmerzen.

»Wie hast du es denn geschafft, die Pfanne herunterzureißen, Sally?«, fragte die Schwester, als mein Schluchzen schließlich verebbte. »Deine Mami hat dir doch bestimmt gesagt, dass du sie nicht anfassen darfst.«

Ich sah sie verständnislos an, da ich es doch nicht gewesen war, die das Fett verschüttet hatte. Aber ich mochte auch nicht sagen, was wirklich passiert war.

Nach diesem Unfall war meine Mutter wochenlang bedrückt. Es gab keine Anzeichen von fieberhafter Aktivität, und die braunen Flaschen waren nirgends zu sehen. In dieser Zeit schien sie weder gute noch die von ihr sogenannten »schwarzen« Tage zu haben. Sie weinte nicht und wirkte apathisch. Es gab kein wildes Rotieren in der Küche, kein Ausprobieren neuer Rezepte, stattdessen waren die Gerichte, die sie für uns zubereitete, fade und wiederholten sich.

Bevor mein Vater von der Arbeit kam, erledigte Mum die Hausarbeit, aber sie tat es geradezu mechanisch und teilnahmslos. Es schien, als würde sie jeder Handgriff ermüden. Und zu dieser Zeit eskalierten die Streitereien zwischen meinen Eltern.

33

Kapitel 8

Es gab Zeiten, da fühlte ich mich schuldig an den Streitereien meiner Eltern. Einmal, als ich schon im Bett lag und meine Mutter meinen Vater wieder einmal anschrie, hörte ich meinen Namen fallen.

»Warum ist Daddy so wütend?«, fragte ich sie am nächsten Morgen, nachdem er die Tür hinter sich zugeschlagen hatte.

»Oh, Sally, das ist nicht deine Schuld, sondern meine«, entgegnete sie sofort und drückte mich beschwichtigend. Meine Frage hatte sie jedoch nicht beantwortet.

Es gab einen Streit, von dem ich sicher wusste, dass ich ihn verursacht hatte. Meine Mutter hatte sich vom Sofa aufgerafft, auf dem sie den ganzen Nachmittag lang gelegen hatte, und war mit dem Vorbereiten des Abendessens beschäftigt. Während ich ihr dabei zusah, knurrte mein Magen. Zum Mittagessen hatte sie mir nur einen Marmeladentoast gemacht, und ich war sehr hungrig. Ich bat sie um etwas zu essen.

»Warte, bis dein Vater zu Hause ist«, erwiderte sie ungeduldig.

Ich beobachtete, wie sie eine Auflaufform mit Lammhackfleisch und Kartoffelbrei in den Ofen schob. Auf dem Herd stand ein Topf, in dem Gemüse köchelte. Pete saß mit gesenktem Kopf in seine Hausaufgaben vertieft am Tisch und beachtete uns nicht weiter.

Mein Vater kam und kam nicht. Das Essen war seit über einer Stunde fertig, aber meine Mutter weigerte sich, meinem Bruder und mir schon etwas zu geben. »Wenigstens einmal essen wir als

34

Familie zusammen«, sagte sie ärgerlich, als wir uns beschwerten. Dass wir den ganzen Tag über so wenig gegessen hatten, weil sie es versäumt hatte, etwas zu kochen, ignorierte sie.

Ich hörte als Erste Dads Schritte auf dem Betonweg hinter dem Haus. Kurz darauf wurde die Hintertür aufgestoßen. Mein Vater trat ein und brachte einen Schwall kalter Luft mit herein.

»Hallo, Sally«, sagte er und breitete die Arme aus, damit ich mich hineinstürzen konnte. »Sieh nur, was ich für dich habe.« Er drückte mir eine Tafel Schokolade in die Hand. »Ich bezweifle, dass deine Mutter etwas Anständiges gekocht hat, also nimm das hier«, sagte er, hob mich hoch und übersäte meine Wange mit Küssen.

Ich lächelte beim Anblick der in blaugoldenes Papier verpackten Schokolade und vergaß für einen Moment, dass ich es nicht mochte, wenn er mich festhielt und liebkoste.

»Das hilft bestimmt, deine Verbrennungen zu heilen«, fügte er hinzu und warf meiner Mutter einen mürrischen Blick zu.

Gierig riss ich das Papier von der Schokolade.

»David, das Abendessen ist schon seit einer Stunde fertig«, blaffte meine Mutter ihn an. »Vermutlich ist es mittlerweile verkocht.« Als sie sah, dass ich gerade in die Schokolade beißen wollte, sagte sie: »Sally, lass das. Erst wird Abendbrot gegessen. Sonst bist du satt und isst nichts Vernünftiges mehr.« Zu meinem Entsetzen streckte sie die Hand aus und nahm mir die Schokolade weg.

Ich spürte, wie sich mein Gesicht verzog und mir Tränen in die Augen traten, und ich schrie wütend auf.

Mit einem Satz war mein Vater bei meiner Mutter, packte sie am Arm und zwang sie, die Hand mit der Schokolade zu öffnen. »Willst du meiner Tochter verbieten, etwas zu nehmen, was ich ihr gegeben habe?«, schrie er ihr ins Gesicht, aus dem jegliche Farbe gewichen war. »Als du sie vor ein paar Tagen beinahe getötet hättest, hast du dir doch auch nicht so viele Gedanken um sie gemacht.«

Das gemeinsame Abendessen konnten wir vergessen, das war mir sofort klar.

Mein Bruder knallte seine Bücher zu, schnappte sie sich und marschierte aus der Küche. »Ich habe keinen Hunger mehr«, murmelte er beim Hinausgehen, obwohl meine Eltern seinen Abgang gar nicht wahrnahmen. Sie waren zu sehr damit beschäftigt, sich wütend anzustarren.

Obwohl ich nichts Böses getan hatte, war ich es gewesen, die den Streit ausgelöst hatte, das war mir in dem Moment deutlich bewusst.

Während die beiden Menschen, die ich liebte, einander anschrien, geriet meine Welt ins Wanken. Mein Weinen ging über in abgehacktes Schluchzen, und die Tränen liefen mir über die Wangen. Mein Vater hob die Schokolade auf, die auf den Boden gefallen war, und gab sie mir zurück. Aber ich wollte sie nicht mehr.

Er kniete sich neben mich und sagte mit einer Stimme, die plötzlich ganz sanft war: »Iss sie, Sally, es ist deine Lieblingssorte. Achte nicht auf deine Mutter. Sie versucht immer alles zu verderben.«

Verwirrt blickte ich von einem Elternteil zum anderen. Ich wollte es meinem Vater recht machen, hatte jedoch Angst vor dem Unmut meiner Mutter, wenn ich die Schokolade nahm.

Als er mein Zögern bemerkte, schaute mein Vater mich finster an. »Dann isst du sie eben nicht, du verzogene kleine Zicke.« Als er sich meiner Mutter wieder zuwandte, bebte er vor Wut am ganzen Körper. »Da siehst du, was du angerichtet hast. Immer musst du alles vermiesen – du bist ein selbstsüchtiges, jämmerliches Miststück.«

Ich schluckte, und immer mehr Tränen liefen mir über die Wangen. Plötzlich musste ich dringend zur Toilette und wollte, dass meine Mutter mit mir hinging. Ich blickte hoch zu ihr und wünschte, sie würde mich auf den Arm nehmen, an einen friedlichen Ort bringen und mir sagen, dass alles in Ordnung sei. Ich zupfte an ihrem Rock. »Mami …«

»Nicht jetzt, Sally«, erwiderte sie harsch.

Der Hass in den Gesichtern der beiden Erwachsenen war zu

viel für mich, und meine Blase öffnete sich wie von selbst. Beim Anblick der gelben Pfütze, die sich zu meinen Füßen bildete, jammerte ich vor Scham und Verwirrung.

Mein Vater sah mich mit einem Blick an, der beinahe angeekelt wirkte, und wandte sich dann wieder meiner Mutter zu. »Hättest du die Güte, diese kleine Heulsuse trockenzulegen, Laura?«

Wortlos nahm meine Mutter mich an der Hand und führte mich aus dem Zimmer.

»Es tut mir leid, Mami, es tut mir so leid«, sagte ich immer wieder unter Tränen, bis sich meine Mutter hinkniete, mich in die Arme nahm und küsste.

»Es ist nicht deine Schuld, Sally«, versicherte sie, aber ihr gleichgültiger Ton trug nicht gerade dazu bei, mich zu beruhigen oder davon zu überzeugen, dass nicht ich die Ursache dieser Auseinandersetzung gewesen war.

Nachdem sie mich umgezogen und mein verweintes Gesicht gewaschen hatte, brachte sie mich zurück in die Küche. Jetzt nahm mein Vater mich in den Arm, er drückte mich und sagte, dass es ihm leidtue, mir Angst eingejagt zu haben. »Daddy liebt dich«, flüsterte er und streichelte mir über die Wange.

Aber ich wandte mich ab und verstand gar nichts mehr.

Kapitel 9

Ein paar Monate nach der Geburt meines kleinen Bruders verschlimmerten sich die Depressionen meiner Mutter zunehmend. Ständig waren ihre Augen vom vielen Weinen gerötet, und schon morgens haftete ihr dieser Geruch gegorener Äpfel an.

An den Sonntagen schnappte ich oft Bemerkungen meiner Tanten und Onkel auf, die der Meinung waren, dass sich meine Mutter gehen ließ oder »nicht alle Tassen im Schrank« hatte. Sie gaben allein ihr die Schuld an dem Unglück, das auf unserer Familie lastete. Ich wusste nur: Ich liebte meine Mutter und wollte, dass sie wieder lächelte und dass mein Vater aufhörte, böse auf sie zu sein. Ich erzählte ihnen nicht, wie mir zumute war, wenn ich Nacht für Nacht in meinem Bett lag und versuchte, das wütende und verzweifelte Geschrei auszublenden.

Der Lärm war alltäglich für mich, sodass ich trotzdem immer irgendwann einschlief. Ein Abend jedoch verlief anders. Dieses Mal brüllte mein Vater lauter als sonst, die Schreie meiner Mutter, die das Haus erfüllten, waren durchdringend bis ins Mark. Der Streit nahm kein Ende. Immer wieder hörte ich, wie meine Mutter meinen Namen schrie, mein Vater zurückbrüllte und sie ihn wiederholt als Lügner beschimpfte.

Plötzlich verstummte das Gebrüll meines Vaters, und es war nur noch das Wimmern meines kleinen Bruders zu hören, der von dem Krach aufgewacht war und vor Angst weinte. Ich hörte die Schritte meines Vaters auf der Treppe, und dann herrschte, abgesehen von dem Schluchzen des Babys, Stille.

Ich fiel in einen unruhigen Schlaf, aus dem ich jäh gerissen wurde, als mein Bruder Pete verzweifelt nach meinem Vater rief. Ich vernahm eilige Schritte, und eine Stimme, die ich nur mühsam als die meines Vaters erkannte, rief immer wieder den Namen meiner Mutter. Kurz darauf hörte ich, dass die Hintertür aufging und meine Großmutter hereinstürmte. Verwundert fragte ich mich, warum sie mitten in der Nacht hergekommen war. Irgendwie ahnte ich, dass etwas Schlimmes passiert sein musste.

Ich glitt aus dem Bett, presste als Verstärkung meine Lieblingspuppe an mich, öffnete die Zimmertür und schlüpfte hinaus. Auf Zehenspitzen schlich ich die Treppe hinunter bis zur geschlossenen Wohnzimmertür.

Ich legte die Hand auf die Türklinke, fürchtete mich aber zu sehr davor, sie herunterzudrücken. Instinktiv spürte ich, dass es in dem Zimmer etwas gab, das ich nicht sehen wollte. Ich presste mein Ohr ans Schlüsselloch und versuchte zu verstehen, was meine Oma und mein Vater sagten. Die Stimme meiner Großmutter klang schrill und ängstlich, wie ich sie nie zuvor gehört hatte. Ich erschrak fürchterlich. Ich musste wissen, was in dem Zimmer vor sich ging, daher zwang ich mich, die Klinke herunterzudrücken. Ich schob die Tür auf, schaute ins Zimmer und erstarrte bei dem Anblick, der sich mir bot.

Meine Großmutter, mit einem Ausdruck von Entsetzen im Gesicht, starrte ebenso wie mein Vater und Pete auf das Sofa. Dort lag meine Mutter und rührte sich nicht.

»Mami«, flüsterte ich, aber sie bewegte sich nicht. Ihr blondes Haar bedeckte zum Teil ihr bleiches Gesicht, aber ich konnte dennoch die Schlieren getrockneter Tränen und die verlaufene Wimperntusche erkennen.

»Sally, du darfst nicht hereinkommen. Geh wieder ins Bett«, befahl meine Großmutter, aber ich rührte mich nicht vom Fleck. »Deiner Mami geht es nicht gut«, fuhr sie fort. »Der Arzt ist schon unterwegs.«

»Mami«, jammerte ich und wünschte, sie würde die Augen öffnen und mit mir schimpfen, weil ich nicht im Bett lag, und mich dann zurück in mein Zimmer bringen – aber sie regte sich nicht. Ich betrachtete die verbissenen Gesichter der Erwachsenen, sah, wie blass mein Vater war, während Pete förmlich glühte, die Röte kroch ihm über den Hals bis ins Gesicht. Er ballte immer wieder die Fäuste und atmete stoßweise. Auch ohne Worte teilte sich mir seine Verzweiflung mit.

Bevor ich überhaupt ansatzweise begriff, was hier vorging, hörte ich die Sirene des Krankenwagens, und Blaulicht flackerte durch die Gardinen ins Zimmer. Mein Vater stürzte zur Tür und ließ zwei Männer in Uniform herein, die sofort ins Wohnzimmer liefen.

Einer beugte sich über meine Mutter, zog ihre Augenlider nach oben und legte zwei Finger an ihren Hals und dann an ihr Handgelenk. Der andere nahm zwei leere Tablettenröhrchen vom Tisch und stellte Fragen, die ich nicht verstand. Ich hörte, wie mein Vater den Sanitätern von den braunen Flaschen erzählte und dass meine Mutter unter Depressionen leide.

»Wir müssen sie ins Krankenhaus bringen, damit ihr der Magen ausgepumpt wird«, sagte der Mann, der sich über meine Mutter beugte.

Erschrocken musste ich mit ansehen, wie meine Mutter auf eine Trage gelegt, zugedeckt und hinausgetragen wurde. Ich lief zur Haustür und beobachtete, wie meine Mutter in den Krankenwagen geschoben wurde und mein Vater hineinkletterte, um mitzufahren. Die Türen gingen zu, die Sirene heulte los, und mit Blaulicht schoss der Krankenwagen davon. Trotz der nächtlichen Stunde standen überall neugierige Nachbarn auf der Straße, die Pete und mich mitleidig ansahen und tuschelten.

Als der Krankenwagen außer Sichtweite war, warf ich mich auf den Gehweg und schrie. Ich spürte, wie meine Oma die Arme um mich legte und mich hochheben wollte, aber es war Pete, der mich schließlich hineintrug und auf das Sofa bettete, auf dem kurz zuvor noch meine Mutter gelegen hatte. Beide beugten sich über mich und sprachen beruhigend auf mich ein. Meine Oma versicherte mir, dass Mami wieder gesund werden würde. Aber nichts konnte mein verzweifeltes Weinen stoppen. Erst als ich völlig erschöpft war, schlief ich in den Armen meiner Großmutter ein und wurde von ihr ins Bett getragen.

Mein Vater kehrte am nächsten Morgen zurück. Er war blass und sah müde aus.

»Eure Mutter wird wieder gesund«, verkündete er Pete und mir mit verschlossener Miene.

»Wo ist sie?«, fragte ich.

»Im Krankenhaus. Sie muss ein paar Tage dableiben, bis es ihr besser geht«, erwiderte er.

Ich glaubte meinem Vater kein Wort. Menschen, die mit dem Krankenwagen fortgebracht wurden, kehrten nicht zurück. Das wusste ich, weil ich beobachtet hatte, wie einer unserer Nachbarn, ein alter Mann, auf einer Bahre aus dem Haus getragen wurde und nie wiederkam. Stattdessen war seine Frau ein paar Tage danach in Schwarz gekleidet am Arm ihres Sohnes in ein großes Auto gestiegen. Später waren andere Leute gekommen, ebenfalls alle schwarz angezogen. Mir wurde erzählt, dass die Frau ihren Mann »verloren« habe und bei etwas gewesen sei, das man »Beerdigung« nannte.

An jenem Tag blieb meine Oma den ganzen Tag lang bei uns, während mein Vater, nachdem er ein bisschen geschlafen und etwas gegessen hatte, zurück ins Krankenhaus fuhr.

Kapitel 10

Nachdem mein Vater das Haus verlassen hatte, bombardierte ich Pete mit Fragen. Aber er behauptete, ich sei zu klein, um zu verstehen, was los sei, und weigerte sich, es mir zu erzählen.

Erst zwei Jahre später verriet er mir, was sich in jener Nacht ereignet hatte. Damals war ich wieder einmal Augenzeuge einer heftigen Auseinandersetzung zwischen meinen Eltern geworden. Als mein Vater von der Arbeit nach Hause kam, roch meine Mutter nach Alkohol und hatte kein Essen gekocht. Das schmutzige Geschirr vom Frühstück stapelte sich im Spülbecken, und Billy lag mit voller Windel weinend in seinem Bettchen.

»Was hast du den ganzen Tag über getan, Laura?«, brüllte mein Vater sie an. »Sieh dir dieses Haus an! Es ist das reinste Dreckloch! Ich arbeite und arbeite und arbeite, und wenn ich nach Hause komme, liegst du auf dem Sofa und hast nicht einmal was gekocht!«

Benebelt vom Alkohol und ihren Depressionen, sah sie ihn verständnislos an und sagte, dass der Tag einfach so vergangen sei, ohne dass sie es gemerkt habe.

Der Streit der beiden ging weiter, wobei jeder von ihnen eine andere Absicht verfolgte. Er wollte ihr verständlich machen, wie wütend er über ihre Nachlässigkeit war, und sie wollte ihn von der Tatsache ablenken, dass sie getrunken hatte.

»Du wirfst das Geld mit beiden Händen zum Fenster raus«, schrie er. »Glaubst du vielleicht, es wächst an den Bäumen? Du kaufst und kaufst und kaufst.«

»Das Leben ist teuer geworden, David«, erwiderte sie.

»Das Trinken, meinst du wohl! Glaubst du, ich wüsste nicht, wofür du das Haushaltsgeld ausgibst?«

Sie versuchte zu leugnen, aber es war schwer, sie überhaupt zu verstehen, weil sie lallte.

Jetzt richtete sich sein Ärger auf Pete. »Konntest du nicht aufräumen?«, brüllte er, als er sah, dass sich in dem abgestandenen Spülwasser Geschirr stapelte und überall Aschenbecher voller Zigarettenkippen standen. »Und was ist mit deinem kleinen Bruder und Sally? Hättest du dich nicht mal um die beiden kümmern können?«

»Ist nicht meine Aufgabe. Außerdem musste ich Hausaufgaben machen«, lautete Petes trotzige Antwort.

Weiteres Geschrei folgte, und ich starrte auf meine Füße und wartete darauf, dass es aufhörte. Schließlich, als seine Wut verraucht war, stampfte mein Vater aus dem Haus und sagte, dass er mit seinem hart verdienten Geld Essen vom Imbiss holen werde.

Nachdem er zurückgekommen war, aßen wir drei schweigend in der Küche, während meine Mutter reglos im Wohnzimmer auf dem Sofa lag und die Wand anstarrte.

Da Pete und ich wussten, dass der Waffenstillstand nur bis nach dem Essen anhalten würde, verschwanden wir in unsere Zimmer, sobald wir fertig waren. Weder meine Mutter noch mein Vater kam hoch, um nach mir zu sehen. Also ging ich selbst ins Bett und sparte mir das Zähneputzen. Schon bald setzte das Geschrei wieder ein. Ich zog mir die Decke über den Kopf und verharrte dort. Als es wieder ruhig wurde, fiel ich in einen unruhigen Schlaf, bis mich Petes Rufe weckten.

Wie er mir später erzählte, war er nach unten gegangen, um nach dem Rechten zu sehen. Er hatte noch keinen Schlaf gefunden, und ihn plagte das schlechte Gewissen, weil er sich sofort nach dem Essen in sein Zimmer verzogen hatte. Er erwartete, meine Mutter in Tränen aufgelöst anzutreffen, stattdessen fand er sie bewusstlos

43

auf dem Sofa. Er rief instinktiv nach meinem Vater, und als ihm klar wurde, dass mein Vater nicht wusste, was er tun sollte, rief er meine Großmutter an. Auf ihre Anweisung hin verständigte er den Krankenwagen. Mein Vater stand die ganze Zeit über hilflos neben ihm und rührte sich nicht.

Nach dieser ersten Einlieferung ins Krankenhaus mussten mein Vater und seine Familie der Tatsache ins Auge sehen, dass meine Mutter nicht für ihren Zustand verantwortlich war. Der Arzt hatte meinem Vater gesagt, dass sie unter klinischer Depression leide, die sich durch das Trinken verschlimmere. Die Depression sei eine Krankheit, so erklärte er, die man mit Medikamenten unter Kontrolle halten könne, sobald man herausgefunden habe, welche Medikamente bei meiner Mutter anschlügen. In der Klinik könne man ihr helfen, und es gebe keinen Grund, warum sie sich nicht wieder vollständig erholen solle.

Es wurde beschlossen, Billy vorübergehend bei meiner Oma unterzubringen, damit sie und meine Tante sich um ihn kümmern konnten. Pete und ich sollten weiterhin mit meinem Vater zu Hause schlafen, allerdings würde er mich jeden Morgen auf dem Weg zur Arbeit bei meiner Oma abliefern und abends wieder abholen.

Sechs Wochen lang blieb meine Mutter in der Klinik. Für mich, die ich in wenigen Monaten fünf Jahre alt werden würde, war das eine Ewigkeit. Ich war untröstlich, weil ich glaubte, dass meine Mutter nie wiederkommen würde.

Wenn meine Großmutter mein trauriges Gesicht sah, versuchte sie immer, mich aufzuheitern. »Deine Mutter kommt bald nach Hause«, versicherte sie mir mehrmals täglich. Und wenn ich sie anbettelte, mich zu ihr zu bringen, erklärte sie: »Sie muss sich erst ausruhen, bevor sie Besuch bekommen kann.«

Ich aber wusste, dass meine Großeltern sie bereits besucht hatten, warum also durfte ich nicht zu ihr?

Als meine Großmutter schließlich erkannte, dass ich niemals glauben würde, dass es meiner Mutter besser gehe, wenn ich sie nicht sehen durfte, stimmte sie einem Besuch zu. Sie zog mir das Kleid an, das ich zum Geburtstag bekommen hatte, und ich bestand darauf, mein silbernes Armband zu tragen. Großmutter kaufte mir auch einen kleinen Blumenstrauß, den ich meiner Mutter schenken sollte. Aufgeregt saß ich neben ihr im Bus und presste den Strauß so fest an mich, dass die grüne Flüssigkeit aus den Stängeln Flecken auf meinem Kleid hinterließ. Ich starrte die ganze Zeit über aus dem Fenster und wünschte, der Bus würde schneller fahren.

»Denk bitte daran, dass deine Mami sehr müde ist«, ermahnte Oma mich immer wieder, aber ich war zu aufgeregt, um dem Beachtung zu schenken.

Kaum hatten wir das Krankenhaus betreten, da schlug mir dieser Geruch entgegen, der hier aus allen Ecken drang: eine Mischung aus Desinfektionsmittel, Kohl, Körpergeruch und Blumen; ein Geruch, den ich seither immer mit Krankheit in Verbindung bringe. Ich wollte loslaufen und meine Mutter suchen, aber dieses riesige Gebäude mit seinen unendlichen, blanken Fluren schüchterte mich ein. Stattdessen ergriff ich die Hand meiner Großmutter und hielt sie ganz fest.

»Da wären wir. Auf dieser Station liegt deine Mutter«, sagte sie, nachdem wir bis zum Ende eines Korridors gegangen waren.

Eine Krankenschwester schloss eine Metalltür auf, und wir betraten einen anderen Bereich. Oma hielt mich fest an der Hand und führte mich einen weiteren Korridor entlang. Von dort gingen Zimmer ab, in denen Reihen weiß bezogener Betten standen. Es gab auch ein Büro, in dem mehrere Krankenschwestern saßen. Dahinter lag ein Aufenthaltsraum, der in einem tristen Kalkton gestrichen war.

Als wir den Raum betraten, entdeckte ich sofort meine Mutter. Ihr Haar war ordentlich nach hinten gekämmt, und sie trug eines ihrer Outfits, die ich besonders mochte: ein langes Baumwollhemd mit einem cremefarbenen, grobmaschigen Häkelpullover. Sie saß

45

in einem Sessel am Fenster. Ich wollte zu ihr laufen, traute mich aber plötzlich nicht.

»Komm, mein Kind«, sagte meine Großmutter und drückte aufmunternd meine Hand. »Gib deiner Mami die Blumen.«

Ich ging langsam näher und hielt meiner Mutter stumm die Blumen hin.

Sie lächelte. »Sally!«, sagte sie und nahm den Strauß entgegen.

Ich suchte in ihrem Gesicht nach der Mutter, die ich so sehr liebte. Ich wollte, dass sie mich in die Arme nahm, drückte und küsste. Ich wollte sie sagen hören, wie sehr sie mich liebe und sich darauf freue, nach Hause zu kommen. Aber sie nahm einfach nur die Blumen und legte sie auf den kleinen Tisch neben dem Sessel. Diese Frau, die mich ein wenig verdutzt betrachtete, war nicht die Mutter, die warm lächelte und laut lachte oder die sich von mir abwandte, während ihr Tränen über die Wangen liefen. Es war, als hätte eine Fremde Besitz von ihrem Körper ergriffen. Vor mir saß eine Frau leicht gebeugt in ihrem Sessel und betrachtete uns geistesabwesend. Sie sagte etwas, brach jedoch mitten im Satz ab und blickte sich verwirrt um, als frage sie sich, wer gerade gesprochen habe.

Meine Großmutter tat etwas, das mich überraschte. Sie ergriff die Hand meiner Mutter und redete mit ihr wie mit einem kleinen Kind. Sie erzählte ihr, wie sehr ich mir gewünscht hätte, sie zu sehen, und dass ich mich extra habe hübsch machen und Blumen mitbringen wollen. Sie berichtete ihr auch, wie sehr Billy gewachsen sei und dass er den ersten Zahn bekommen habe.

Eine Krankenschwester kam zu uns. »Das ist also Ihr kleines Mädchen?«, fragte sie meine mit leerem Blick vor sich hin starrende Mutter fröhlich. »Sie ist Ihnen wie aus dem Gesicht geschnitten.«

Für ein paar Sekunden kam Leben in meine Mutter. Sie sagte der Schwester, wie ich hieße und wie alt ich sei. Aber ich sah, wie sie unentwegt ihre Hände rang und an ihrem Rock zupfte und dass ihre Finger und Beine zitterten.

Die Schwester nahm die Blumen, arrangierte sie in einer Vase und stellte sie auf einen Tisch in unserer Nähe.

»Sie sind hübsch«, sagte meine Mutter und schenkte uns ein weiteres gedankenverlorenes Lächeln.

Nach etwa einer Stunde ertönte eine Glocke, und meine Groß-mutter beschloss, dass es Zeit für uns sei zu gehen. »Laura«, sagte sie mit sanfter Stimme. »Wir müssen uns jetzt verabschieden. Drück Sally noch einmal.«

Gehorsam legte meine Mutter die Arme um mich.

Ich war beinahe erleichtert, als wir gingen. Auf dem Nachhause-weg fühlte ich mich hundeelend. Was war nur aus meiner Mutter geworden? Ich wollte meine alte Mum zurückhaben.

Kapitel 11

Am darauffolgenden Sonntag brachte mich meine Großmutter vor dem Gottesdienst zur Sonntagsschule. »Da sind jede Menge anderer Kinder«, sagte sie und schob mich durch die Tür des Gemeindesaals.

Die Lehrerin wies mir einen Platz zu und erklärte, dass sie der Klasse eine Geschichte aus der Bibel vorlesen werde.

Im Laufe der folgenden Sonntage hörte ich, wie Jesus übers Wasser spaziert war, unzählige Menschen mit einem einzigen Laib Brot und ein paar Fischen gesättigt hatte, Kranke heilte und eine Sünderin bekehrte. Das Wort »Wunder« tauchte immer wieder auf, ein Wort, das sich fest in meinem Kopf verankerte.

Gebete, so wurde uns gesagt, konnten helfen, dass Wunder wahr wurden. Als ich meine Großmutter fragte, was das zu bedeuten habe, erzählte sie mir, dass Jesus die Gebete der Kinder höre. Wenn wir also wollten, dass etwas Bestimmtes eintrat, mussten wir ihn in unseren abendlichen Gebeten darum bitten, schloss ich daraus.

Mehr als alles andere wünschte ich mir, dass die Mutter, die mir so vertraut war, nach Hause zurückkehrte – und dass ich eine makellose Haut hätte. Also betete ich abends zu Jesus. »Alles, was du in deinen Gebeten sagst, steigt direkt in den Himmel hinauf«, hatte meine Großmutter mir versichert. Aber als mein Ausschlag am nächsten Tag noch da war und es keine Neuigkeiten bezüglich der Heimkehr meiner Mutter gab, fragte ich mich, ob Er mich überhaupt gehört hatte oder, schlimmer noch, sich dazu entschlossen hatte, meine Bitten zu ignorieren.

Kapitel 12

Während die Tage vergingen, plagten mich im Schlaf Albträume, und mein Ausschlag breitete sich aus. Die Wochen ohne meine Mutter kamen mir endlos vor. Ohne sie und Billy war es abends so still in unserem Haus. Auch Pete verhielt sich anders als sonst. Er ging nach der Schule zu einem Freund und kam erst lange nach dem Abendessen zurück nach Hause.

Meine Großmutter versuchte mich davon abzulenken, dass meine Mutter nicht da war, und las mir oft Geschichten vor. Aber sie konnte nicht das, was meine Mutter immer getan hatte: Geschichten erfinden, in denen ich im Mittelpunkt stand. Wenn sie mit mir auf den Spielplatz ging, so ermüdete es sie rasch, mich auf der Schaukel anzuschubsen, und sie sah sich nicht die Sendungen im Fernsehen an, die meine Mutter und ich zusammen geschaut hatten.

»Sally, sollen wir zusammen Lebkuchenmänner backen?«, fragte sie in dem Bemühen, mir eine Freude zu machen.

Aber kaum hatte sie das fertige Gebäck aus dem Ofen geholt, da kullerten mir Tränen übers Gesicht. Der Duft des Gebäcks erinnerte mich an meine Mutter, und in diesem Augenblick wurde mir umso mehr bewusst, wie sehr sie mir fehlte.

Sie zu vermissen wurde zu einer ständigen Qual. Jeden Morgen, wenn ich aufwachte, dachte ich im ersten Moment, sie würde gleich in mein Zimmer kommen, erst dann fiel mir ein, dass sie nicht da war. Es war mein Vater, der mich weckte und anzog, bevor er mich zu Großmutter brachte.

49

»Warum lässt du sie nicht hier?«, fragte meine Großmutter jeden Tag, wenn er mich dort absetzte.

»Es ist besser für sie, in ihrem eigenen Bett zu schlafen«, lautete seine prompte Antwort.

Jeden Abend badete er mich und cremte mich anschließend ein, während ich nur mit einem Handtuch bekleidet auf seinem Knie saß. Dann sagte er mir, dass er mich viel mehr lieb habe, als Mami es tue. Und ich, verwirrt durch die lange Abwesenheit meiner Mutter, begann ihm zu glauben. Schließlich war er bei mir – im Gegensatz zu ihr.

»Dich habe ich am allerliebsten«, wiederholte er immer wieder.

Ich war so verstört durch das, was in unserer Familie passierte, dass ich mich einfach danach sehnte, im Arm gehalten zu werden und liebevolle Worte zu hören. Daher schloss ich die Augen und schmiegte mich schläfrig an ihn, während er meinen Rücken und meine Schultern streichelte.

Aber ich mochte nicht das, was danach folgte, wenn seine Hand über meinen Bauch bis zwischen meine Beine wanderte. Mein Körper versteifte sich, aber er flüsterte beruhigende, tröstende Laute in mein Ohr, bis ich mich ein bisschen entspannte und wieder an ihn lehnte.

Als meine Mutter seit etwa einer Woche im Krankenhaus war, küsste er mich nicht auf die Wange, sondern auf den Mund. Seine lange, schleimige Zunge schob sich zwischen meine Zähne, und ich fuhr angeekelt zusammen, als ich spürte, wie sein Speichel auf mein Kinn tropfte.

»Das tun Daddys mit besonderen kleinen Mädchen, die sie lieb haben«, sagte er, packte meine Finger und drückte sie nach unten, wo sie etwas unangenehm Warmes berührten.

Ohne hinzugucken, wusste ich, dass es dieses harte Ding war und dass er es aus seiner Hose geholt hatte.

Er schob meine Finger rauf und runter. Ich kniff die Augen zu, weil ich nicht nach unten blicken und es sehen wollte.

»Braves Mädchen«, sagte er immer wieder, während sich seine Arme immer fester um mich schlossen. »Mein braves, ganz besonderes Mädchen.«

Diese Worte waren Balsam für meine Seele, und so tat ich, was er von mir verlangte, ohne zu protestieren. Er zeigte mir, was er wollte, indem er seine Hände um meine legte und meine Finger fest um dieses Ding presste. Zum ersten Mal stöhnte er laut, und da ich dachte, es geschehe aus Schmerz, erschrak ich und versuchte instinktiv, meine Hand wegzuziehen.

»Nein«, sagte er, packte sie so fest, dass es wehtat, und bewegte meine Finger noch schneller rauf und runter. Wieder stöhnte er laut, und dann bedeckte etwas Feuchtes, Klebriges meine Hand. Er drückte mich kurz an sich, nahm meine Hände und rieb sie mit einem Waschlappen ab. »Du bist mein besonderes kleines Mädchen«, sagte er. Dann zog er mir das Nachthemd über und brachte mich ins Bett.

Eine Art Urinstinkt sagte mir, dass das, was er mit mir tat, falsch war. Aber ich war zu klein, um es zu hinterfragen oder mich dagegen aufzulehnen. Es wurde ein abendliches Baderitual, das er mir in kleinen Schritten als etwas Normales präsentierte. Da weder Pete noch meine Mutter im Haus waren, brauchte er keine Angst zu haben, ertappt zu werden. Und wenn er dann die liebevollen Worte sprach, nach denen ich mich so sehnte, antwortete ich das, was er von mir erwartete: »Ich hab dich auch lieb, Daddy.«

51

Kapitel 13

Es war August, als meine Mutter endlich aus dem Krankenhaus zurückkam. An dem Samstagmorgen, an dem sie eintreffen sollte, war ich schon bei Sonnenaufgang aufgewacht. Ich spürte die Aufregung in meinem Bauch: Heute war der Tag, dem ich so lange entgegengefiebert hatte. Ich lag im Bett und stellte mir vor, wie anders unser häusliches Leben aussehen würde, wenn meine Mutter wieder hier war. Sie würde mich baden und ins Bett bringen. Sie würde mit mir spielen, mir vorlesen und wunderschöne Geschichten erzählen.

Ein paar Tage zuvor hatte meine Großmutter mir berichtet, dass Mami gesund sei und nach Haus kommen werde. Sie half mir dabei, eine große Willkommenskarte vorzubereiten. Mit meinen Buntstiften malte ich eine große gelbe Sonne über einem kastenförmigen Haus. Es hatte Fenster und eine Tür, und daneben stand eine Familie aus Strichmännchen mit Kreisen als Köpfen. Alle bekamen einen roten lächelnden Mund.

Meine Oma zeichnete große Buchstaben, die zusammen den Satz: »Willkommen zu Hause, Mami«, ergaben, und ich malte die Buchstaben aus und klebte dann noch ausgeschnittene Sternchen und Glitzer auf. Die Karte bekam den Ehrenplatz mitten auf dem Tisch, direkt neben den Blumen, die Großmutter aus ihrem Garten mitgebracht hatte.

Das Haus war makellos sauber. Dafür hatte meine Tante gesorgt, während Oma den Kühlschrank mit Lebensmitteln füllte. Ich wartete an diesem Morgen, bis ich Geräusche hörte, die mir sagten, dass Pete und mein Vater aufgestanden waren, und schlich die Treppe hinunter. Noch bevor wir mit dem Frühstück fertig waren, traf meine Großmutter mit einem glucksenden Billy und all den Utensilien ein, die man für ein Baby braucht. Sie hatte noch mehr Lebensmittel dabei und eine große Auflaufform mit ihrem Hähnchenragout.

»Es muss nur aufgewärmt werden«, sagte sie und stellte die Form auf den Herd. »An ihrem ersten Tag zu Hause wird sie wohl kaum kochen wollen.«

Etwas später an diesem Vormittag fuhr mein Vater los, um Mum abzuholen. Zum ersten Mal seit Langem blieb Pete zwar zu Hause, aber er wartete ungeduldig mit unserer Großmutter und mir in der Küche. Ich konnte meine Aufregung kaum in Schach halten, und jedes Mal, wenn ich draußen ein Auto hörte, lief ich ans Fenster und sah hinaus.

»Er ist doch erst ein paar Minuten weg, ein bisschen wird es schon noch dauern«, ermahnte mich meine Großmutter, aber ich konnte einfach nicht still sitzen.

Als ich endlich den Wagen meines Vaters vorfahren hörte, stürmte ich zur Haustür, riss sie auf und lief hinaus. »Mami, Mami!«, rief ich und rannte zu ihr. Sie sah genauso aus wie vor ihrem Krankenhausaufenthalt. Das Haar fiel ihr offen über die Schultern, und sie trug die Sachen, die ich so mochte, dieselben, die sie auch angehabt hatte, als ich sie im Krankenhaus besuchte.

»Komm in meinen Arm, Sally«, sagte sie, beugte sich herunter und umarmte mich.

Im Haus ging sie sofort zu meinem älteren Bruder. Ich beobachtete, wie er die Arme um sie legte und sie ganz fest drückte.

Meine Großmutter erhob sich von ihrem Stuhl. »Gut, dass du wieder hier bist, wo du hingehörst, Laura.«

Ich sah, wie sich bei diesen Worten die Augen meiner Mutter mit Tränen füllten. Sie ging zum Laufstall und beugte sich zu Billy hinab, um ihm eine zärtliche Begrüßung zuzuflüstern. Aber statt

53

ihr sein strahlendes Lächeln zu schenken, schaute er sie erstaunt an und wandte sich ab. Ein Ausdruck der Bestürzung breitete sich im Gesicht meiner Mutter aus, weil Billy sie offenbar nicht erkannte. Als sie ihn hochhob, begann er zu weinen und streckte seine Ärmchen in Richtung meiner Großmutter.

»Er wird sich schnell wieder an dich gewöhnen«, versicherte Oma. »Sechs Wochen sind für ein Baby eine lange Zeit. Hab ein bisschen Geduld mit ihm.«

Dann gab es Tee. Meine Oma hatte nicht nur unser Abendessen zubereitet, sondern auch selbst gebackene Scones und einen Schokoladenkuchen mitgebracht, den sie nun auf den Tisch stellte. Ich hörte meine Mutter sagen, wie schön es sei, wieder zu Hause zu sein, und wie sehr sie uns alle vermisst habe. Meine Großmutter konnte jedoch nicht ihre Sorge verbergen, als sie die vielen Pillendöschen sah, die Mum aus ihrer Tasche holte und oben auf den Kühlschrank stellte.

»Kleine Hände kommen hier nicht dran«, sagte meine Mutter und fügte hinzu, dass sie nicht vergessen dürfe, die Medikamente einzunehmen, und sie deshalb gut sichtbar aufstellen müsse.

Kapitel 14

Schon bald beschlich mich der Eindruck, dass das Krankenhaus mir eine andere Mutter zurückgeschickt hatte. Die Tränen und die bedrückte Miene mochten zwar verschwunden sein, aber die lachende Frau mit den funkelnden grünen Augen ebenfalls. Das war nicht die Mutter, die mir schmerzlich gefehlt hatte, die Mutter, die mir durchs Haar fuhr und mich im Arm hielt und an ihren warmen Körper zog, wenn ich Angst hatte oder aufgeregt war. Die Mutter, die meine kleinen Verletzungen verarztete und über mein Geplapper lachte, die mir Lebkuchenmänner backte und mir spannende Geschichten erzählte, schien verschwunden zu sein.

Mehr als alles andere beunruhigte sie offenbar Billys Gleichgültigkeit ihr gegenüber. Sein Lächeln schenkte er unserer Großmutter und eigentlich jedem, der unser Haus betrat. Unsere Mutter ignorierte er jedoch in den ersten Tagen nach ihrer Rückkehr. In dem Bemühen, ihn für sich zu gewinnen, spielte Mum den ganzen Vormittag über mit ihm. Mich schickte sie in den Garten, damit ich mich mit meinem Hüpfball vergnügte.

»Er muss mich neu kennenlernen«, erklärte sie mir, wenn ich jammerte, weil ich mich langweilte, hungrig oder durstig war. »Er bestraft mich dafür, dass ich ihn verlassen habe – er ist zu klein, um das zu verstehen«, fügte sie hinzu.

Aber das war ich auch, worauf sie jedoch keine Rücksicht zu nehmen schien. Wenn ich sie anbettelte, mit mir auf den Spielplatz zu gehen, sagte sie, sie sei zu müde. Wenn ich sie bat, mit mir zusammen einen Einkaufsbummel zu machen, antwortete sie, dass Oma und Pete alles besorgten, was wir bräuchten. Ich ahnte natürlich nicht, dass meine Mutter weder irgendwelchen Nachbarn begegnen noch sich der Versuchung aussetzen wollte, jene braunen Flaschen zu kaufen. Da ich ihre Motive nicht verstand, fühlte ich mich durch ihr scheinbares Desinteresse abgewiesen.

Weiterhin kamen Aufläufe und Pasteten aus der Küche meiner Großmutter bei uns auf den Tisch. »Das Kochen ist noch zu viel für sie«, sagte Oma jedes Mal, wenn sie wieder etwas vorbeibrachte.

Gegen Ende jenes Sommers, in dem ich eingeschult werden sollte, wurde Mums Abneigung, das Haus zu verlassen, für mich offensichtlicher. So erzählte sie mir, dass Großmutter mich abholen und mit mir eine Schuluniform kaufen werde. Ich war enttäuscht. Ich hatte gedacht, dass Oma auf Billy aufpassen würde, während ich meine Mutter an diesem besonderen Tag ganz für mich allein hätte.

Ich hatte mir vorgestellt, dass wir auf dem Weg zum Laden beim Spielplatz vorbeigingen. Ich hatte gehofft, dass ihre Aufmerksamkeit wenigstens einen Nachmittag lang allein mir gelten würde.

Als meine Großmutter mich abholte, schmollte ich, und sie verstand sofort, dass ich lieber mit meiner Mutter gehen würde. »Sie braucht noch ein bisschen Zeit, um wieder richtig gesund zu werden, Sally«, sagte sie, als ich mich darüber beschwerte, dass Mum nie etwas mit mir unternehmen wolle.

In dem Geschäft setzte Großmutter ihre Brille auf, um die Liste durchzugehen, die wir von der Schule bekommen hatten. Sie suchte ein dunkelblaues Trägerkleid aus, zwei weiße Baumwollblusen und ein Paar schwarze Schnürschuhe. Ich lehnte alles ab und sagte trotzig, dass ich die neuen Sachen nicht möge, sie seien kratzig und hart.

Meine Großmutter ließ sich davon nicht beeindrucken. »Die Sachen werden weicher, wenn du sie ein paar Mal getragen hast«, erwiderte sie, nahm die Tüten an sich und führte mich aus dem Laden.

In der darauffolgenden Woche kam ich in die Schule. An meinem ersten Tag zog meine Mutter mir die neuen Sachen an und holte einen braunen Lederranzen hervor, von dem sie sagte, dass jedes Schulkind so etwas brauche. Während sie mein Haar bürstete, lehnte ich mich an sie und genoss das Gefühl, wie die Borsten über meinen Kopf strichen. Dann band sie mir einen Pferdeschwanz und stellte mich vor den Spiegel. »Na, siehst du nicht schick aus?«, fragte sie.

Erst als ich den letzten Bissen meines Frühstücks heruntergeschluckt hatte, teilte sie mir mit, dass Pete mich zur Schule bringen werde. »Ich kann Billy nicht allein lassen«, lautete ihre Entschuldigung, und sie fügte hinzu, dass Petes Schule direkt neben meiner liege und es von daher sinnvoll sei, dass er mich mitnehme.

Meine Tränen nützten genauso wenig wie mein Jammern, dass ich nicht von ihr wegwolle. Mein großer Bruder schob mich durch die Haustür, und wir machten uns auf den Weg. Mit den Händen in den Hosentaschen latschte Pete los und weigerte sich, langsamer zu gehen. Ich musste immer wieder ein paar Schritte rennen, um mitzukommen.

»Sei nicht so eine Heulsuse. Du blamierst mich«, sagte er ungeduldig, als ich wieder in Tränen auszubrechen drohte. »Ich verstehe sowieso nicht, warum ich dich hinbringen muss. Das ist ihr Job«, fügte er hinzu.

»Es geht ihr nicht gut«, antwortete ich entrüstet, obwohl ich kurz zuvor dasselbe gedacht hatte.

»Es geht ihr nie gut, stimmt's?«

Hinter seinen Worten spürte ich einen Hauch Angst durchschimmern. Schließlich war sie auch seine Mutter, und er brauchte sie ebenfalls.

Den restlichen Weg legten wir schweigend zurück. Als wir nach etwa zehn Minuten an der Schule ankamen, sah ich besorgte Eltern und Kinder, die Tränen in den Augen hatten. Die Lehrerin der ersten Klasse hatte alle Hände voll zu tun, uns alle zusammenzuhalten. Ich entdeckte ein paar bekannte Gesichter, aber die meisten waren mir fremd, und ich stand schüchtern am Rand der Gruppe.

Die Lehrerin rettete mich, indem sie sagte, wir sollten ihr nun alle in den Klassenraum folgen.

In der Pause wurde ich mit Fragen bestürmt.

»Wie heißt du?«, wollte ein kleiner Junge von mir wissen, und ich sagte es ihm. Seine nächste Frage überrumpelte mich.

»Warum hat dich deine Mami nicht gebracht? Das tun Mamis doch immer.«

Während ich überlegte, wie ich seine Frage beantworten sollte, spürte ich das gefürchtete Jucken, und meine Finger begannen wie von selbst zu kratzen.

Ein anderer Junge beobachtete mich dabei und zeigte auf meinen Ausschlag, der von dem Blusenärmel nicht völlig verdeckt wurde. »Was ist das?«, fragte er mit angeekeltem Blick.

Verlegen versuchte ich, den Ärmel weiter hinunterzuziehen, damit man den Ausschlag nicht sah.

»Igitt«, sagte ein anderer, und ich schämte mich fürchterlich.

»Du redest komisch«, sagte ein Dritter.

»Rede ich nicht«, entgegnete ich.

»Tust du doch«, verspottete mich ein Vierter. »Du hörst dich an wie ein Baby.«

»Lede ich nicht«, äffte mich ein anderer nach – ich konnte kein R aussprechen.

Am Ende dieses Tages wusste ich, dass die Schule kein Ort war, der mir gefiel. Ich fühlte mich schon jetzt als Außenseiterin. Außerdem nagte die Angst an mir, dass meine Mutter wieder fortgehen könnte, während ich nicht bei ihr war. Obwohl sie jeden Tag zu Hause blieb und mich nach dem Unterricht erwartete, wollte diese Angst einfach nicht verschwinden.

Kapitel 15

Nachdem ich ein paar Monate lang zur Schule gegangen war, hatten wir unsere erste Unterrichtsstunde über das Lesen der Uhr. »Wer kann mir sagen, auf welche Zahlen die Zeiger der Uhr gerichtet sind?«, fragte die Lehrerin und deutete auf eine große Pappuhr, die auf ihrem Pult stand.

Meine Hand schoss nach oben. Das war etwas, das ich wusste, weil meine Großmutter mir beigebracht hatte, bis zwölf zu zählen und die Uhr zu lesen. Jetzt wird mich die Lehrerin loben, dachte ich, was für mich zunehmend wichtig wurde.

Aber noch bevor mich die Lehrerin aufrufen konnte, hörte ich Kichern, Geräusche des Ekels und das entsetzte Geschrei des kleinen Mädchens auf dem Platz neben mir: »Miss, Sally tropft überall Blut hin!«

Als ich auf meinen Arm schaute, sah ich, dass Blut durch meinen Ärmel sickerte und winzige Tropfen auf den Tisch gefallen waren. Vor Scham wurde ich rot.

Die Lehrerin kam aufgebracht zu mir. Meine Klassenkameraden sahen mit großen Augen zu, wie sie meinen Ärmel hochrollte und den blutig gekratzten Ausschlag enthüllte. »Komm mit. Das muss sich jemand ansehen.«

Mit gesenktem Kopf folgte ich ihr ins Büro der Schulleiterin. Während wir den Flur entlanggingen, versuchte ich, mich auf das rhythmische Klackern ihrer Schuhe auf dem Holzboden zu konzentrieren, der abgenutzt war von den Tausenden kleiner Füße, die im Laufe der Zeit darübergelaufen waren.

Die Schulleiterin betrachtete meinen Arm und wies die Lehrerin an, zu ihrer Klasse zurückzukehren. Mich, so fügte sie hinzu, werde sie in ein paar Minuten nachbringen. Dann trug sie eine Salbe auf und legte mir einen festen Verband an. »Und kratz nicht wieder«, warnte sie mich streng.

Es war demütigend. Tränen liefen mir über die Wangen, und aus meiner Nase kam eine Schnodderblase. »Putz dir die Nase, Kind, und hör auf zu heulen«, sagte die Schulleiterin und reichte mir ein Papiertaschentuch. Dann brachte sie mich zurück ins Klassenzimmer.

Als ich eintrat, sahen mich mehr als zwanzig Augenpaare neugierig an. Während ich zu meinem Platz ging, hörte ich, wie jemand sagte: »Ich will mich nicht anstecken, Miss. Sie soll sich woanders hinsetzen.« Das kam von meiner Tischnachbarin.

»Ich will auch nicht neben ihr sitzen«, sagte das Mädchen, das auf der anderen Seite neben mir saß.

»Ich auch nicht«, meldete sich die Nächste, bis sich schließlich die ganze Klasse lautstark weigerte.

Die Lehrerin versuchte zu erklären, dass es nicht ansteckend sei, aber die Kinder glaubten ihr offenbar nicht. Am Ende kam sie gegen die Entschlossenheit der Fünfjährigen nicht an und setzte mich an einen freien Tisch in ihrer Nähe.

Seit diesem Tag war ich wirklich eine Außenseiterin in der Klasse. Von da an wollte niemand mehr etwas mit mir zu tun haben.

Kapitel 16

Wenn ich auf dem Schulhof an den anderen Kindern vorbei-ging, die in Gruppen zusammenstanden, kicherten sie. Ich hörte, wie ihr Anführer sie leise anfeuerte, und hinter mir erscholl der Ruf, der mich überallhin zu verfolgen schien:»Schmutzige, picke-lige, schorfige Sally.« Ich war auf mich allein gestellt und versuchte, die kränkenden Worte auszublenden. Wenn ich die Schulmensa betrat, rutschten die Kinder auf ihren Bänken hin und her, damit ich keine Chance hatte, mich neben sie zu setzen.

»Igitt, seht euch das an. Da vergeht einem der Appetit«, sagte ein Mädchen, als sich der Ausschlag bis zu meinem Hals ausge-dehnt hatte.

»Bleib bloß weg! Ich will mich nicht anstecken!«, rief ein anderes Mädchen.

Eine meiner Cousinen, die ein paar Jahre älter war als ich, ver-suchte, mich zu beschützen.»Lasst sie in Ruhe. Sie kann nichts für den Ausschlag«, sagte sie zu der Gruppe, die mich verspottete, aber die Kinder lachten nur und liefen weg.

Meine Lehrerin bemühte sich einzuschreiten, wenn meine Klas-senkameraden mich ärgerten. Sie erklärte ihnen, was ein Ausschlag war, und ermahnte sie, dass sie nie wieder hören wolle, dass sie sich über mich lustig machten. Für eine Weile verstummte der Spott.

Aber eines der Mädchen hatte die Unterhaltung einiger Eltern belauscht und wusste, warum meine Mutter im Krankenhaus gewesen war. Von da an konnte nichts mehr die Kinder davon abhalten, über mich zu reden.

61

»Meine Mum hat gehört, dass deine Mutter verrückt ist«, sagte ein kleiner Junge bösartig. »Das hat sie meinem Dad erzählt. Und er hat gesagt, sie war immer betrunken – er kennt den Mann in dem Schnapsladen.«

»Ja«, sagte ein anderer, um nicht von den anderen ausgestochen zu werden, »und meine Mum sagt, bei euch zu Hause ist es schmutzig.«

Die Kränkungen prasselten auf mich nieder, und ich hielt mir die Ohren zu.

»Wie war es in der Schule«, fragte meine Mutter, wenn ich nach Hause kam.

Da ich nicht wollte, dass das seltene Lächeln in ihrem Gesicht sofort wieder verschwand, erzählte ich nur, was ich an diesem Tag gelernt hatte. Der hohle Klang meiner Worte schien ihr nicht aufzufallen. Und sie fragte mich nie, ob ich neue Freunde gefunden hätte.

Kapitel 17

Die Angst, dass meine Mutter wieder fortgehen könnte, brachte mich dazu, sie durch das ganze Haus zu verfolgen und ständig ihre Aufmerksamkeit einzufordern. Ich spürte, dass ihr das auf die Nerven ging, aber angesichts meiner Unsicherheit konnte ich einfach nicht anders.

Wenn ich sah, wie sie Billy ständig auf den Arm nahm und hätschelte, beschlich mich eine dumpfe, quälende Eifersucht. Ich kam zu dem Schluss, dass er allein der Grund war, warum meine Mutter keine Zeit mit mir verbrachte. Es ärgerte mich, dass jeder Besucher als Erstes zu ihm ging und ihn liebkoste, und es war mir zuwider, dass alle ständig sagten, wie süß er sei.

»Seine Haut ist wie Samt und Seide«, bekam ich ständig zu hören.

»Sieh sich einer diese Haare an«, schwärmten die Besucherinnen und wuschelten Billy durchs Haar.

Im Unterschied zu meinen glatten, strähnig herunterhängenden Haaren hatte Billy fast weißblonde Löckchen.

»Mit diesen blauen Augen und dem sinnlich geschwungenen Mund sieht er aus wie ein kleiner Engel«, sagte meine Großmutter immer wieder.

Für mich war er beileibe kein Engel, vor allem wenn er seine Spielsachen aus dem Laufstall warf und ich sie aufheben sollte oder wenn er unsere Mahlzeiten unterbrach, weil er sein Essen überall verteilte. Bei den seltenen Gelegenheiten, wenn meine Mutter Zeit hatte, mir etwas vorzulesen oder sich eine spannende Geschichte

63

für mich auszudenken, forderte er grundsätzlich ihre Aufmerksamkeit. Dann eilte sie sogleich zu ihm, und die Geschichte blieb unfertig. Ich warf Billy wütende Blicke zu und wünschte, meine Mutter hätte ihn nie mit nach Hause gebracht.

»Komm, Sally«, sagte meine Mutter eines Tages, als sie meine verdrossene Miene bemerkte. »Du kannst mir heute helfen.«

Sie legte ein Handtuch auf den Boden und stellte die blaue Babybadewanne darauf. Nachdem sie warmes Wasser hineingeschüttet und die Temperatur mit dem Ellenbogen getestet hatte, gab sie noch ein paar Tropfen Babybadeöl hinein. Dann zog sie Billy den Strampelanzug und die Windel aus und setzte ihn ins Wasser. Baden war etwas, das Billy offensichtlich mochte. Bis über beide Ohren strahlend, gluckste er vor Freude und klatschte mit seinen Patschhänden auf die Wasseroberfläche. Er schlug so heftig, dass kleine Wellen über den Badewannenrand schwappten.

Meine Mutter reichte mir einen Waschlappen. »So musst du ihn waschen.« Dann zeigte sie mir, wie ich mit dem weichen Lappen behutsam über seine Schultern und seinen Rücken fahren sollte.

Billy sah mir ins Gesicht und lachte, dabei entdeckte ich, dass er die ersten beiden Zähnchen bekommen hatte.

Meine Mutter deutete auf ein paar kleine Beulen an seinem Zahnfleisch.

»Da werden bald die nächsten Zähne durchbrechen«, sagte sie.

Das tat bestimmt weh, und ich fragte sie, ob er deshalb nachts oft weine.

Als sie das bestätigte, empfand ich zum ersten Mal so etwas wie Mitgefühl für meinen kleinen Bruder.

»Du und Pete, ihr habt viel geweint, als die ersten Zähne kamen«, erzählte sie mir.

Aber irgendwie konnte ich mir nicht vorstellen, dass Pete jemals so klein gewesen war wie Billy.

Als wir mit dem Baden fertig waren, hob sie Billy aus dem Wasser und legte ihn auf eine gepolsterte Plastikmatte. »Trockne du ihn ab«, forderte sie mich auf und reichte mir ein Handtuch. Behutsam rieb ich ihm damit über den Bauch und die Arme. Die ganze Zeit über lächelte er mich so glücklich an und zeigte diese winzigen Zähne, dass ich meine Eifersucht ganz vergaß.

»Sieh dir diesen Babyspeck an«, rief meine Mutter lachend und berührte die feisten rosafarbenen Röllchen an Armen und Beinen. »Den hattest du in dem Alter auch.«

Dann drückte Mum ihm einen Furzkuss auf den kleinen Speckbauch. Billy quietschte vor Vergnügen und strampelte mit Armen und Beinen. Als ich diesen nackten rosigen Babykörper vor mir sah, den Duft von sauberer Babyhaut und Puder atmete, war ich plötzlich entzückt. Billy schaute mir in die Augen, eine fleischige Hand mit tiefen Grübchen langte nach meiner und ergriff vertrauensvoll meinen Finger. Bei dieser Berührung schwanden sämtliche Überreste meiner Abneigung, stattdessen spürte ich ein warmes Gefühl in mir aufsteigen, und zum ersten Mal war ich stolz, einen kleinen Bruder zu haben.

»Darf ich ihn auf den Arm nehmen?«, fragte ich, nachdem meine Mutter ihm eine Stoffwindel angezogen und den frischen gelben Strampelanzug zugeknöpft hatte.

Lächelnd nickte sie. »Komm, wir gehen ins Wohnzimmer.«

Wir ließen uns auf dem Sofa nieder, und meine Mutter setzte mir Billy auf den Schoß und legte den Arm um mich. Beschützend schlang ich die Arme um Billy.

Seine blauen Augen sahen mich an, und er schenkte mir ein weiteres strahlendes Lächeln, das ich wie von selbst erwiderte.

Mit meinen fünf Jahren fehlten mir die Worte, um zu erklären, was ich fühlte, auf jeden Fall mochte ich es, den kleinen Körper zu spüren. Von da an hatte ich stets ein Lächeln für ihn übrig und bot meiner Mutter oft an, ihn zu füttern, zu wickeln und zu baden. Jetzt war ich es, die ihm sein Spielzeug reichte und zum Laufstall eilte, wenn er schrie, die gurrende Laute von sich gab und ihn liebkoste.

Kapitel 18

Ich glaube, dass meine Mutter verzweifelt versuchte, ihre latente Traurigkeit zu verbergen. Sie lächelte immer, wenn ich nachmittags von meinen Erfolgen in der Schule berichtete, kochte leckere Mahlzeiten und vermied es sogar, sich mit meinem Vater zu streiten.

»Es geht ihr besser«, sagte mein Bruder.

»Es läuft wirklich gut!«, versicherte meine Großmutter jedem in der Familie, der sich danach erkundigte.

»Ich hab dich lieb, Sally«, sagte mein Vater und streichelte mir über den Oberschenkel.

Als ich den säuerlichen Duft gegorener Äpfel zum ersten Mal wieder roch, ein Geruch, den auch Zahnpasta nicht zu überdecken vermochte, wusste ich, dass sich die kurze Phase glücklicher Tage dem Ende neigte. Mit dem Geruch kehrten auch die Depressionen meiner Mutter mit einer solchen Macht zurück, dass selbst die Medikamente nicht dagegen ankamen. Wieder versank meine Mutter in ihrem Schmerz, und mein Vater, der außer sich war wegen der, wie er es nannte, »selbstsüchtigen Neurose«, flüchtete in den Pub und kam oft erst am späten Abend zurück.

Mein Bruder vertilgte schweigend seine Mahlzeiten in der Küche und verschwand dann auf sein Zimmer. Der Klang lauter Rockmusik drang unter seiner Tür hindurch. Wieder aßen wir sonntags bei meiner Großmutter, und wieder versuchten Pete und ich, die Kommentare über das Versagen unserer Mutter zu überhören.

An einem ihrer dunklen Tage hatte ich einen weiteren Unfall. Sie hatte sich eine dieser braunen Flaschen genommen, um sich etwas einzuschenken, und musste feststellen, dass sie leer war. An diesem Tag war ihr Verlangen nach einem Drink stärker als ihre mütterliche Fürsorge. Sie sagte mir, sie gehe kurz zu einer Nachbarin und sei gleich zurück. Dann verschwand sie, in Wahrheit in Richtung der Spirituosenhandlung, und ließ meinen kleinen Bruder in meiner Obhut zurück. Billy hatte friedlich geschlafen, wurde aber durch das Zuknallen der Haustür geweckt.

Er riss die Augen auf und begann zu schreien. Ich versuchte mich zu erinnern, welche Tipps meine Mutter mir gegeben hatte, um ihn abzulenken, wenn er quengelte. Ich rief ihn bei seinem Namen, schnitt Grimassen, streichelte ihm über den heißen kleinen Kopf und hielt ihm Stofftiere hin, aber nichts funktionierte. Mit hochrotem Gesicht und weit aufgerissenem Mund schrie er so laut, dass ich fast taub wurde.

Vor Verzweiflung rannte ich aus dem Haus, um meine Mutter zu suchen. Sie war ja nicht weit weg, sie hatte doch nur zur Nachbarin gehen wollen.

Billys Geschrei hatte mich in Panik versetzt, und so hatte ich vergessen, Schuhe anzuziehen. Ich übersah die zerbrochene Flasche im Rinnstein, und als ich die Straße überqueren wollte, trat ich in die Scherben. Ich spürte einen stechenden Schmerz, und jetzt war ich es, die laut schrie. Nachbarn zu beiden Seiten der Straße hörten den Tumult und kamen aus ihren Häusern gelaufen.

»Sally, was tust du denn draußen auf der Straße – und warum hast du keine Schuhe an?«, fragte eine der Nachbarinnen und beugte sich zu mir herab.

»Wo ist deine Mutter?«, fragte eine andere, und als sie auf ihr Rufen in Richtung unseres Hauses keine Antwort erhielt, trug sie mich in unser Wohnzimmer.

Als sie den schreienden Billy in seinem Laufstall sah, sog sie hörbar die Luft ein. »Hat sie die beiden etwa allein gelassen?«,

67

wandte sie sich an die andere Nachbarin, die uns gefolgt war. Die zuckte nur mit den Schultern.

Ich weinte und wurde auf das Sofa gebettet, und die Frau untersuchte meine Verletzung. »Der Schnitt ist tief, das muss genäht werden«, verkündete sie und versuchte, die Blutung zu stoppen.

Eine der Frauen lief zum Haus einer anderen Nachbarin, deren Mann Nachtschicht hatte und jetzt schlief. Er wurde rasch geweckt und ich in sein Auto gepackt. Eine der Frauen blieb bei uns, um auf Billy aufzupassen und meiner Mutter bei ihrer Rückkehr mitzuteilen, was passiert war. Die andere fuhr mit mir ins Krankenhaus, und erneut landete ich in der Notaufnahme.

»Du wirst hier noch Stammgast, Sally«, begrüßte mich die Krankenschwester und machte ein paar Einträge in meine Akte.

Ich weiß noch, wie sie mit der Nachbarin Blicke wechselte, während der Arzt meine Verletzung versorgte. Zunächst bekam ich drei Spritzen in den Po, und vor Schreck schrie ich laut.

»Die erste Injektion ist gegen Schmerzen, die zweite soll eine Infektion verhindern, und die dritte ist eine Impfung gegen Tetanus«, erklärte der Arzt der Nachbarin. »Die nächsten Tage darfst du weder in die Schule noch draußen spielen, junge Dame«, sagte er freundlich und streichelte mir über den Kopf. Dann informierte er die Nachbarin darüber, wann ich zum Fädenziehen wiederkommen müsse, und reichte ihr eine große Schachtel mit Tabletten.

An diesem Tag gab es keine Möglichkeit für meine Mutter, ihr Verhalten zu vertuschen. Meine Großmutter wurde angerufen, und sie erfuhr nicht nur von meiner Verletzung, sondern auch, dass Mum Billy und mich allein gelassen hatte.

An jenem Abend stritten meine Eltern heftig. Mein Vater brüllte so laut herum, dass sein Gesicht dunkelrot anlief. »Du bist zu nichts zu gebrauchen«, beschimpfte er meine Mutter. »Eine Säuferin, als Mutter eine glatte Versagerin.«

Meine Großmutter, die bei uns geblieben war, um Abendessen zu kochen und mich ins Bett zu bringen, versuchte, ihn zu beschwichtigen. Sie sagte, dass er uns Kindern Angst einjage, aber er war so wütend, dass er sie ignorierte. Ich bekam Panik, dass meine Mutter uns wieder verlassen musste, und trotz der Schmerzen humpelte ich zu ihr und schlang meine Arme um sie.

Sein Gesicht war nur Zentimeter von ihrem entfernt. Er packte sie an den Armen und schüttelte sie. »Entweder du reißt dich zusammen, Laura, oder du verlässt dieses Haus. Und glaub ja nicht, dass du deine Kinder dann jemals wiedersiehst.«

Kapitel 19

Nach diesem »Unfall«, wie sie es nannte, holte meine Mutter mich immer von der Schule ab. Anfangs gingen wir direkt nach Hause, aber nach wenigen Wochen begann sie, an dem Spirituosenladen einen Zwischenstopp einzulegen.

»Das darfst du deinem Vater nicht verraten, okay, Sally?«, bat sie mich.

Noch immer erschrocken über die Drohung meines Vaters, meine Mutter aus dem Haus zu werfen, bewahrte ich Stillschweigen, auch dann, als meine Oma oder mein Vater versuchten, mich auszufragen.

Mum glaubte vielleicht, die anderen täuschen zu können, aber ich spürte, wie alle um sie herum den Verdacht hegten, dass sie heimlich trank. Ich sah, wie mein Vater die Küchenschränke durchwühlte, hinter Vorhänge und Sessel schaute und einmal sogar mein Puppenhaus durchsuchte.

Ich verriet ihm nie, wo meine Mutter ihre Flaschen versteckte. Sie machte sich nicht einmal die Mühe, es vor mir zu verbergen, wenn sie den Inhalt der braunen Flaschen in die leeren Behälter für Babynahrung füllte. Die leeren Flaschen packte sie in braune Papiertüten und versteckte sie unter der Decke in Billys Kinderwagen. Wenn wir spazieren gingen, warf sie die Flaschen unterwegs weg, aber erst nachdem sie sich umgeschaut und vergewissert hatte, dass niemand in der Nähe war.

Jeden Tag nach Schulschluss stürmte ich zum Tor, jedes Mal mit der Angst im Nacken, sie könnte nicht da sein. Zwei Monate später zeigte sich, dass meine Angst begründet war. Mum stand nicht da. Ich wartete und wartete, und als ich schließlich meine Oma auf mich zukommen sah, wusste ich, dass Mum wieder fortgegangen war.

Mir wurde gesagt, dass Mum sehr müde sei und für ein paar Tage im Krankenhaus bleiben müsse, um sich auszuruhen. Später fand ich heraus, dass ihr Hang zum Trinken in Kombination mit ihren Medikamenten eine gefährliche Mischung ergeben hatte, die sie fast das Leben kostete. Dieselbe Nachbarin, die mich auf der Straße gefunden hatte, war durch Billys Schreien alarmiert worden und hatte an unsere Haustür geklopft. Als niemand reagierte, ging sie hinein und fand meine Mutter bewusstlos auf dem Fußboden, neben sich eine leere Flasche Schnaps. Wieder brauste ein Krankenwagen durch unsere Straße und hielt vor unserem Haus. Aber dieses Mal wurde meine Mutter am helllichten Tag aus dem Haus getragen. Die versammelte Nachbarschaft sah zu und tuschelte.

»Sie liebt dieses Zeug mehr als uns«, sagte mein Bruder wütend, als er davon erfuhr.

»Ja, sie liebt den Alkohol mehr als dich, aber mir bist du das Allerliebste, Sally«, flüsterte mein Vater mir ins Ohr, wann immer wir allein waren.

Kapitel 20

Wir haben nie erfahren, wer von unseren Nachbarn den Vorfall mit meiner Mutter dem Sozialamt gemeldet hat, aber irgendjemand hatte es getan, denn dieses Mal führte ihr Rückfall dazu, dass eines Tages eine Sozialarbeiterin bei uns vor der Tür stand. Meine Großmutter informierte uns darüber, dass diese Dame vorbeikommen und sich mit Pete und mir unterhalten wolle. Mein Vater musste ebenfalls dabei sein.

»Sie stellt euch nur ein paar Fragen«, fuhr Oma fort. Dann sagte sie mir, dass ich keine Angst zu haben brauche und ehrlich antworten solle.

An diesem Nachmittag blieben wir nicht wie sonst bei ihr, sondern sie ging mit Billy und mir zu uns nach Hause. Sie setzte ihn in seinen Laufstall, und damit er möglichst ruhig blieb, drapierte Oma alle möglichen Spielsachen um ihn herum. Sie putzte in aller Eile das Haus, arrangierte die Kissen auf dem Sofa und blickte immer wieder auf ihre Uhr. Ich saß am Tisch und sah mir ein Bilderbuch an – Oma hatte gesagt, es würde zu viel Unordnung schaffen, wenn ich mit Buntstiften oder dem Farbkasten malte.

Pete war ermahnt worden, sich von seiner besten Seite zu zeigen. Er hatte gerade mit seinen Hausaufgaben begonnen, da klopfte jemand an die Tür. Mein Vater ging öffnen und kehrte mit einer Frau zurück, die in etwa so alt war wie meine Mutter. Sie hatte eine ungesunde, blassgelbe Gesichtshaut und trug die feinen Haare zu einem dunkelbraunen Bob geschnitten, dessen Pony ihr ins Gesicht fiel. Durch ihre randlose Brille musterte sie uns mit ernster Miene und ließ dann den Blick durch den Raum schweifen, dann setzte sie sich zu uns an den Tisch. Sie öffnete ihre Aktentasche und holte eine Mappe sowie einen Stift heraus. Meine Großmutter sprach als Erste. Sie sagte, dass sie und ihre unverheiratete Tochter sich um Billy kümmerten, solange meine Mutter im Krankenhaus war.

»Sally bleibt also hier?«, fragte die Frau nach.

»Nein. Mein Sohn bringt sie morgens zu mir und holt sie auf dem Nachhauseweg von der Arbeit ab«, antwortete Oma.

Es wurde rasch deutlich, dass sich die Frau vor allem mit mir unterhalten wollte. Mein Vater wandte ein, dass ich zu klein sei, um zu verstehen, was vor sich gehe.

»Mag sein«, entgegnete sie, »dennoch muss ich Sally ein paar Fragen stellen.«

Zuerst fragte sie mich nach Dingen, die Erwachsene immer von kleinen Kindern wissen wollen – wie alt ich sei und welches meine Lieblingsfächer in der Schule seien. Nachdem sie offenbar den Eindruck gewonnen hatte, dass ich ihr ungezwungen antwortete, wurden die Fragen eindringlicher. »Was unternimmt deine Mutter mit dir nach der Schule?«, erkundigte sie sich.

Ich erzählte von den Büchern, die sie mir vorlas, den Bildern, die sie malte, und den Geschichten, die sie sich für mich ausdachte.

Dann sprach die Frau meine beiden Unfälle an. »Wie ist das mit der Pfanne passiert, Sally?«, fragte sie zuerst.

Verunsichert blickte ich zu meinem Vater.

»Sie ist beim Herumtoben gegen den Griff gestoßen. Nicht wahr, Sally?«, sagte er, und ich nickte eifrig.

»Lassen Sie Sally bitte selbst antworten«, ermahnte ihn die Sozialarbeiterin streng und wandte sich dann wieder mir zu. »Ist es wirklich so passiert, Sally?«

»Ja«, sagte ich leise.

Pete schwieg, aber mir entging nicht der Blick, den er meinem Vater zuwarf.

Die folgenden Fragen waren noch schwieriger. Die Frau wollte wissen, warum ich auf nackten Füßen aus dem Haus gelaufen sei und wo sich meine Mutter zu dem Zeitpunkt befunden habe.

Wieder blickte ich zu meinem Vater, aber dieses Mal kam von ihm keine Hilfe. Ich schaute zu Boden und murmelte, dass ich es nicht wisse.

»Es war mein Fehler«, mischte sich Pete unerwarteterweise ein. »Mum war nur kurz über die Straße gegangen, und ich sollte auf die beiden aufpassen. Aber ich bin nach oben in mein Zimmer verschwunden, um etwas zu holen. In dem Moment ist Sally nach draußen gelaufen.«

Die Sozialarbeiterin sah ihn prüfend an, aber Pete hielt dem Blick mit einer Miene stand, als könne er kein Wässerchen trüben.

»Ich bezweifle, dass sich Sally gut an diese Ereignisse erinnern kann. Vor allem der Unfall mit der Pfanne liegt schon eine Weile zurück«, schaltete sich mein Vater ein, bevor ich gefragt werden konnte, ob Pete die Wahrheit sagte.

Die Sozialarbeiterin notierte etwas in ihre Mappe, dann stellte sie mir weitere Fragen.

Ob ich gern zur Schule ginge? Ich antwortete mit Ja. Sie musterte mich skeptisch und erkundigte sich, ob ich dort viele Freunde gefunden hätte. Unsicher, welche Antwort sie von mir erwartete, sah ich sie hilflos an und bestätigte damit ihre Vermutung, dass ich mich schwertat, Kontakte zu knüpfen.

Ich wurde unruhig. Irgendwie spürte ich, dass meine Antworten auf ihre Fragen enorm wichtig waren. Aber es waren so viele, und ich fürchtete, etwas Falsches zu sagen. Ich wollte, dass sie endlich verschwand.

»Sie ist müde«, stellte mein Vater fest. »Ich denke, das sollte vorerst genügen.«

Die Sozialarbeiterin lächelte mich an, sagte, dass ich eine große Hilfe gewesen sei, sammelte ihre Sachen ein und verabschiedete sich.

Später, nachdem Pete zu einem Freund gegangen war, ging ich auf mein Zimmer und spielte mit dem Puppenhaus. Meine Zimmertür stand offen, und ich hörte unten laute Stimmen. Großmutter und mein Vater hatten offenbar einen heftigen Streit. Ich schlich zum Treppenabsatz und setzte mich auf die oberste Stufe, um zu lauschen.

»Warum hast du die Kinder dazu gebracht zu lügen?«, fragte sie ihn, und bevor er Gelegenheit hatte, es abzustreiten, antwortete sie für ihn: »Wir wissen beide, was passiert ist. Sie war wieder betrunken, stimmt's?«

»Du weißt genau, was passiert, wenn wir dieser Frau die Wahrheit sagen!«, konterte er. »Dann wird man Laura für unfähig halten, ihre Kinder zu versorgen, und sie nehmen uns Sally und Billy weg.«

Ich hörte meine Großmutter murmeln, dass es vielleicht besser sei, sie nicht in unsere Nähe zu lassen, und mit »sie« war zweifellos Mum gemeint. »Das war das letzte Mal, dass du etwas vertuschst, David«, fügte meine Großmutter hinzu. Dann ging sie und nahm den schlafenden Billy mit.

»Was hat die Frau gewollt?«, fragte ich meinen Dad, als er mich ins Bett brachte.

»Sie will dich und Billy von zu Hause wegholen«, antwortete er. »Dann würdest du keinen von uns je wiedersehen. Das würde dir doch nicht gefallen, Sally, oder?«

Niedergeschlagen schüttelte ich den Kopf.

»Falls diese Frau in deine Schule kommt, um dich allein zu befragen, dann sagst du ihr, dass du nur etwas sagst, wenn ich oder deine Oma dabei sind. Hast du mich verstanden?«

Verängstigt und den Tränen nahe, runzelte ich die Stirn. Als er das sah, nahm er mich in die Arme. »Daddy lässt nicht zu, dass dir etwas Schlimmes passiert.«

Entsetzt von den Bildern, die er vor meinem geistigen Auge heraufbeschworen hatte, brachte ich kein Wort hervor.

»Ich lasse das nicht zu, Sally. Niemals«, versicherte er. »Du bist mein besonderes kleines Mädchen, und ich hab dich lieb. Und du hast deinen Daddy auch lieb, nicht wahr?«

»Ja«, flüsterte ich.

»Es ist Zeit für dein Bad«, sagte er, und das Ritual begann.

Kurz darauf umschloss seine Hand meine Finger und presste sie vorn auf seine Hose. »Beweg sie rauf und runter«, flüsterte er, umfasste mit festem Griff mein Handgelenk und zwang meine Finger, das harte Ding zu reiben.

Ich wollte von seinem Knie herunterklettern und mich aus seiner Umklammerung winden, aber die Gewissheit, dass er allein mich davor bewahren konnte, für immer fortgebracht zu werden, hielt mich dort fest und ließ mich diese Sache tun, die ich nicht tun wollte.

Kapitel 21

Als Pete und ich am nächsten Morgen zur Schule gingen, wurde mir klar, wie sehr ihm der Rückfall unserer Mutter zu schaffen machte.

»Falls es jemals wieder passiert, wird diese Sozialarbeiterin sofort bei uns auf der Matte stehen. Die haben wir nicht zum letzten Mal gesehen«, sagte er verdrossen. »Wenn Mum nicht aufpasst, werden sie uns alle wegholen. Einem Jungen aus meiner Klasse ist das passiert. Die Leute vom Sozialamt haben gesagt, seine Eltern sind ungeeignet, ein Kind aufzuziehen, aber dort, wo sie ihn hingebracht haben, findet er es schrecklich.« Er sah zu mir herunter. »Das ist nicht fair, oder? Seine Eltern sind schuld, aber er muss dafür bezahlen.«

Dass er mir von seinen Ängsten erzählte, ließ meine umso realer werden. Während der nächsten Tage hielt ich die Augen offen und musterte jeden Erwachsenen, dem ich begegnete, misstrauisch. Ich befürchtete, dass diese Frau mit ihrer Mappe jeden Moment vor mir auftauchen könnte. In meinen Träumen zerrte sie mich aus dem Bett, und erst wenn ich schreiend aufwachte und mein Vater zu mir kam und mich zur Beruhigung streichelte, wurde mir klar, dass ich nur geträumt hatte.

Eine Woche später kam meine Mutter nach Hause. Sie versprach mir, mich nie wieder allein zu lassen, aber ich glaubte ihr nicht. Vor lauter Sorge, dass Pete recht behalten könnte, beobachtete ich sie fortan verstohlen und hielt Ausschau nach den kleinsten Anzeichen für einen Rückfall.

Und nachts schlugen sich meine Ängste als Albträume nieder. Ich wälzte mich unruhig herum und machte ins Bett. Meine Mutter versicherte mir stets, dass ich nichts dafürkönne, aber das sah ich anders, ich schämte mich furchtbar.

Eines Nachts hörte sie mich leise weinen und kam zu mir. »Was ist los, Sally?«, wollte sie wissen.

»Pete hat gesagt, dass wir abgeholt werden, wenn du noch einmal ins Krankenhaus musst«, stieß ich hervor. »Aber ich will nicht ins Heim. Dann seh ich euch nie wieder.« Kaum hatte ich meine Ängste ausgesprochen, da begannen die Tränen erneut zu fließen, und ich schluchzte haltlos.

Mum schaute mich einen Moment lang erschrocken an. »Oh, Sally, wer hat dir denn diesen Unsinn erzählt? Niemand wird dich wegholen. Es geht mir besser, und ich werde dich nie wieder allein lassen. Dafür liebe ich dich doch viel zu sehr.«

Ich wollte ihr gern glauben, aber ich hatte noch die Worte meines Vaters im Ohr, dass ihr der Alkohol wichtiger sei als ich und dass nur er mich wirklich lieb habe.

78

Kapitel 22

Als uns in der Schule mitgeteilt wurde, dass wir Schwimmunterricht bekommen sollten, herrschte große Aufregung. Natürlich wollten alle schwimmen lernen. Jungen und Mädchen würden an unterschiedlichen Wochentagen unterrichtet, und ich kam in die Gruppe der unter Achtjährigen.

In Zweierreihen marschierten wir bald die paar hundert Meter bis zum Schwimmbad. Mit dem strengen Geruch von Chlor und Desinfektionsmitteln in der Nase liefen wir in die Sammelumkleide für Mädchen. Die anderen konnten es kaum erwarten, ihre Kleidung aus- und die Badeanzüge anzuziehen. Sie stülpten sich Badehauben aus Gummi über die Haare, und vor Aufregung kreischend, stürmten alle zum Becken. Ich hörte ihr Gejohle, als sie sich in das Fußbad stellten, das Pilzinfektionen verhindern sollte. Unterdessen drückte ich mich in eine Ecke der Umkleide, meinen Sportbeutel mit dem neuen Badeanzug presste ich an mich und hoffte, mich hier verstecken zu können, ohne dass jemandem meine Abwesenheit auffiel.

Die Schulkleidung verbarg den größten Teil meines Ausschlags an den Armen und der Brust. Meine Mutter hatte vergessen, mir am Vorabend Fäustlinge anzuziehen, und in der Nacht hatte ich mich an vielen Stellen blutig gekratzt. In meinen Kniekehlen, den Beugen meiner Ellenbogen, an meinen Schultern und den Oberschenkeln hatte ich nässende Wunden und Schorf.

Mit meinen sechs Jahren war ich zwar noch zu jung für echte Eitelkeit, aber alt genug, um Spott zu verstehen. Ich konnte mir die höhnischen Bemerkungen und Sticheleien meiner Klassenkameraden nur zu gut vorstellen, wenn sie meinen bemitleidenswerten Körper sahen.

Mein Ausschlag war in letzter Zeit schlimmer geworden, und es gab Tage, an denen meine Mutter so sehr mit Billy oder mit sich selbst beschäftigt war, dass sie mich ins Bett schickte, ohne mich gebadet und eingecremt zu haben.

Als unsere Lehrerin durchzählte, fiel ihr auf, dass jemand fehlte, und sie kam mich suchen. »Warum versteckst du dich hier, Sally? Du solltest längst deinen Badeanzug anhaben«, fuhr sie mich ungeduldig an. »Komm schon, ich helfe dir beim Umziehen, und dann ab ins Wasser mit dir. Heb die Arme hoch.«

Zögernd folgte ich ihrer Aufforderung.

Ich hörte, wie sie die Luft einsog, als sie mir das Kleid über den Kopf zog, und wäre am liebsten im Erdboden versunken.

»Oh, Sally«, sagte sie. »Du armes kleines Ding. Warum hast du denn nichts gesagt?«

Sie war so freundlich, dass ich auf der Stelle in Tränen ausbrach. Wortlos legte sie mir ein Handtuch um und brachte mich zu der Frau, die für Erste Hilfe im Schwimmbad zuständig war.

Ich hörte, wie sie einander die Worte »Mutter« und »vernachlässigt« zuflüsterten. Die Frau strich etwas Kühles auf meine Wunden und sprach dabei beruhigend auf mich ein. Schließlich durfte ich mich wieder anziehen. Ich sah dem Schwimmunterricht von der Tribüne aus zu und war froh, nicht mitmachen zu müssen.

An diesem Tag brachte mich die Lehrerin nach Hause. Sie schickte mich hinaus und redete mit meiner Mutter unter vier Augen. Ich weiß nicht genau, was sie ihr sagte, aber ich hörte, wie meine Mutter anfing zu weinen. Und als wir wieder allein waren, versicherte sie mir immer wieder, wie leid es ihr tue und dass sie nicht gemerkt habe, wie schlimm mein Ausschlag geworden sei.

An jenem Abend, nachdem mich meine Mutter gebadet und eingecremt hatte, zog sie mir die Baumwollhandschuhe an und

80

band sie zu. Als ich so verschnürt im Bett lag, dachte ich an den nächsten Tag und daran, dass ich meinen Klassenkameraden gegenübertreten musste. Obwohl sie nicht dabei gewesen waren, als mir die Lehrerin das Kleid auszog, wussten vermutlich alle Bescheid. Und mir war ja bekannt, was sie dachten – dass ich schmutzig und dass meine Mutter verrückt sei. Unzählige Male hatten sie es mir schon ins Gesicht gesagt.

Seit ich so verhöhnt wurde, hatte ich angefangen, heimlich Seife zu essen. Sobald im Bad nur noch ein kleines Stück übrig war, versteckte ich es in meinem Zimmer und aß davon, wenn ich unbeobachtet war. Wenn Seife mich von außen reinigte, so müsste sie mich doch auch von innen säubern können, dachte ich.

Stattdessen wurde mir schlecht davon.

Kapitel 23

Mehr als ein Jahr nach ihrer ersten Einlieferung ins Krankenhaus und mehrere Monate nach ihrem Rückfall wurde meine Mutter krank. Sie wehrte sich gegen den Vorwurf, wieder zu trinken, und versicherte, dass es etwas anderes sei.

»Behauptest du«, lautete die ungläubige Antwort meines Vaters. Wenn sie darüber klagte, dass es ihr nicht gut gehe, ignorierte er das. Und vonseiten der Verwandtschaft meines Vaters erntete sie lediglich enttäuschte und verärgerte Blicke.

Manchmal, wenn ich bei meiner Großmutter war und vom Garten unerwartet ins Wohnzimmer kam, verstummten die Erwachsenen abrupt. Ich wusste, dass sie über etwas gesprochen hatten, das ihrer Meinung nach nicht für Kinderohren geeignet war. Das weckte natürlich meine Neugier, und ich schlich oft durchs Haus und lauschte an verschlossenen Türen. Ich hörte, wie mein Vater sagte, dass er genug durchgemacht habe und nicht bereit sei, noch mehr hinzunehmen. Meine Großmutter und meine Tante stimmten ihm daraufhin zu. Zu lange hatten sie die Depressionen und die Trinkerei meiner Mutter mit ansehen müssen. Ihr aktuelles Verhalten hielten sie für eine neue Variante desselben Problems.

Mein Vater hatte in dem Spirituosenladen nachgefragt, ob meine Mutter dort etwas gekauft habe, aber man sagte ihm, meine Mutter sei seit Wochen nicht dort gewesen. Also mutmaßte er, dass irgendeine Freundin ihr den Alkohol besorgte. Aber erst als die Sommerferien anfingen, wurde uns allen allmählich bewusst, dass meine Mutter unter einer anderen Krankheit litt.

Anfangs klagte sie über Müdigkeit und dass ihr das Essen nicht bekomme.

»Es ist nur eine Magenverstimmung, Sally, kein Grund zur Sorge«, beruhigte sie mich, als ich am ersten Ferientag zu Hause war und sah, wie sie sich schwach auf dem Sofa zurücklehnte. Sie bat mich, auf Billy aufzupassen, und döste den Rest des Vormittags.

An den folgenden Tagen hörte ich sie mehrmals im Badezimmer würgen. Sie war blass mit einem gelblichen Stich und hatte lilafarbene Schatten unter den Augen. Ich beobachtete, wie sie kraftlos durchs Haus schlich, und wenn wir einkaufen gingen, schleppte sie sich mühsam voran, statt ihr übliches flottes Tempo an den Tag zu legen. Ihre vormals schlanke Statur wurde hager, und wenn ich mich an sie schmiegen wollte, schob sie mich weg und klagte über Schmerzen.

Mein Vater weigerte sich nach wie vor, ihr das Unwohlsein abzukaufen, und beschuldigte sie des Trinkens. »Ich habe dir gesagt, was passiert, wenn ich dich erwische, Laura«, drohte er ihr.

Und meine Mutter brachte offenbar nicht die Kraft auf, mit ihm zu streiten.

»Was ist jetzt wieder mit dir los?«, schrie er sie an, als sie sagte, sie fühle sich zu krank zum Kochen und von dem Geruch des Essens werde ihr übel. Er schnupperte an ihrem Atem, der jedoch nicht nach verräterischem Alkohol roch, sondern nach Erbrochenem. Er stürmte durchs Haus und riss auf der Suche nach Schnapsflaschen sämtliche Schranktüren auf.

Anschließend befragte er Pete und mich. Von mir wollte er wissen, ob Mum unterwegs am Schnapsladen haltgemacht habe, und als ich verneinte, sah er mich ungläubig an.

»Geh bitte und hol für dich und die Kinder etwas vom Imbiss«, bat meine Mutter ihn.

»Ich werde meine Mutter bitten müssen, uns etwas Anständiges zu kochen, da du ja nicht dazu in der Lage bist«, blaffte er sie an. »Wir können uns nicht aus der Pommesbude ernähren.«

Es war meine Großmutter, die sich an meinen Vater wandte, weil sie den Eindruck hatte, dass meine Mutter dieses Mal wirklich krank war.

»Bring sie zum Arzt«, willigte mein Vater ein, nachdem Oma ihm ihre Vermutung mitgeteilt hatte. »Lass das abklären, vielleicht kehrt dann wieder Normalität in dieses Haus ein.«

Meine Großmutter vereinbarte einen Termin in einer Praxis und ging kurz darauf mit meiner Mutter hin.

Pete bekam die Aufgabe, währenddessen auf Billy und mich aufzupassen. Missmutig saß er herum, bis die beiden endlich zurückkamen.

»Haben sie herausgefunden, was mit dir los ist?«, fragte mein Vater.

Wir erfuhren, dass meine Mutter schon in den nächsten Tagen ins Krankenhaus musste. »Es ist nur ein kleiner Eingriff. Die Ärzte wollen sehen, was nicht in Ordnung ist«, erklärte sie uns Kindern.

»Machen sie dich da wieder gesund, Mami?«, fragte ich niedergeschlagen. Unwillkürlich musste ich daran denken, was mir während ihrer Abwesenheit blühte.

»Natürlich«, versicherte sie mir und strubbelte mir durchs Haar. »Das haben die Ärzte doch bisher immer geschafft, nicht wahr?«

Als sie mich später ins Bett brachte, sagte sie mir, dass ich vorübergehend bei ihrer Schwester, meiner Tante Janet, wohnen würde. »Nur für ein paar Wochen«, versprach sie. »Bis es mir besser geht.«

Nur ich wurde weggeschickt. Billy sollte zu Großmutter, und Pete blieb zusammen mit Dad zu Hause.

»Das werden schöne Ferien für dich werden«, sagte Mum.

Aber das bezweifelte ich.

Am nächsten Tag half sie mir packen. Drei Baumwollkleider, Unterwäsche, Schuhe, ein Badeanzug und mehrere Pullover kamen in den Koffer, dazu noch zwei von den warmen Trägerkleidern. Auf mich wirkte das, als würde ich nicht nur für ein paar Wochen, sondern für Monate verreisen.

»Bei dem verrückten Wetter weiß man nie, was man alles braucht, Sally«, sagte sie, als sie meinen besorgten Blick angesichts der vielen Kleidungsstücke bemerkte.

Ich suchte ein paar Bücher aus und legte sie zusammen mit meiner Tiny-Tears-Puppe, die ich Bella genannt hatte, oben auf den Koffer. »Ich möchte bei dir bleiben, Mami«, sagte ich.

»Das geht nicht. Aber du wirst bei Tante Janet viel Spaß haben, Liebling.«

Irgendetwas an ihrer Äußerung legte mir nahe, mich nicht länger dagegen zu sträuben, dass sie mich wegschickte.

Als sie mich an diesem Abend ins Bett brachte, sagte sie, sie habe eine ganz besondere Geschichte für mich aufgeschrieben, die ich mitnehmen solle auf diese Reise. Während sie mir die Geschichte vorlas, merkte ich, dass die Heldin, ein hübsches kleines Mädchen mit langem, blondem Haar und grünen Augen, verdächtig viel Ähnlichkeit mit mir hatte.

In der Geschichte erzählte die Mutter dem kleinen Mädchen, dass es einen besonderen Ort gebe, an dem es glücklich sein werde, und zwar ein wunderschönes Haus. Dort wohnte eine glückliche Familie, deren Mitglieder sich alle umeinander kümmerten. Zuerst musste das kleine Mädchen dieses Haus jedoch finden, denn es lag versteckt in einem verwunschenen Wald. Ich fragte, warum die Mutter das Mädchen nicht dorthin bringen könne, und erhielt die Antwort, dass sich das kleine Mädchen allein auf diese Reise begeben müsse.

»Aber«, fügte Mum hinzu, »die Mutter kann das kleine Mädchen sehen. Sie wacht die ganze Zeit über ihm, um sicherzugehen, dass ihm nichts Böses widerfährt.«

Am nächsten Morgen begab sich das Mädchen in den Wald, in dem Eichhörnchen, Füchse und Hasen friedlich zusammenlebten. Sie nahmen das Mädchen unter ihre Obhut, führten es durch den Wald und halfen ihm, sich vor dem Drachen zu verstecken, der ebenfalls in diesem Wald lebte. Als die Nacht hereinbrach, warfen die Bäume ihre Blätter ab, um ein weiches Bett zu schaffen, auf dem das Mädchen schlafen konnte, und sie breiteten ihre Zweige schützend über dem Kind aus. Als das Mädchen aufwachte, brachten ihm die Eichhörnchen Nüsse und Beeren zu essen, und der Fuchs reichte der Kleinen Blätter voller glitzerndem Morgentau, damit sie ihren Durst stillen konnte. Dann begab sich das Mädchen weiter auf die Suche nach dem Haus. Es rief nach seiner Mutter, denn es war sicher, dass sie ihm den Weg zeigen könne.

Doch statt ihrer Mutter erschien ein putzmunterer Hase.

»Folge mir«, sagte er, »und ich werde dich ans Ziel bringen.«

Den ganzen langen Tag über hoppelte der Hase vor dem Mädchen her und blieb nur stehen, wenn sie auf wilde Erdbeeren stießen. Nachdem sich das kleine Mädchen satt gegessen hatte, gingen sie weiter, bis sie schließlich eine Lichtung erreichten, in der ein von der Sonne angestrahltes Schloss stand.

»Dies ist der Ort, den du gesucht hast«, sagte der Hase. »Die Menschen, die hier leben, erwarten dich.«

Das kleine Mädchen fragte, ob der Hase sie begleiten werde, aber er antwortete, dass seine Arbeit nun getan sei und er zurück in den verwunschenen Wald müsse.

»Und was passierte dann?«, fragte ich meine Mutter gespannt und mit weit aufgerissenen Augen.

»Das Mädchen lebte bei diesen Menschen glücklich bis ans Ende ihrer Tage«, antwortete sie.

»Und wo war ihre Mami?«, fragte ich.

»Die musste an einem verzauberten Ort bleiben. Sie hatte über die Reise des kleinen Mädchens gewacht und wusste, dass ihre Tochter nun in Sicherheit war. Und sie war glücklich, dass für das Mädchen so gut gesorgt werden würde«, sagte sie mit sanfter Stimme.

»Konnte das Mädchen sie sehen?«, wollte ich wissen.

»Nein, aber es wusste, dass seine Mutter auf es aufpasste. Ich hab dich lieb, Sally«, fügte sie hinzu. »Das darfst du nie vergessen.«

86

»Ich hab dich auch lieb, Mami.« Ich schlang meine Arme um ihren Nacken, und dann schlüpfte ich unter die Decke.

Während ich einschlief, spürte ich, wie meine Mutter die Decke bis zu meinen Schultern hochzog und mir zärtlich übers Haar strich.

Im Laufe der Jahre, die seither vergangen sind, ist dies meine strahlendste Erinnerung an sie, die nie verblasst. Als ich noch ein Kind war, konnte ich den Wald mit dem sicheren Schloss jederzeit vor meinem geistigen Auge heraufbeschwören. In meiner Erinnerung ist meine Mutter für immer jung geblieben. Ich sehe ihr liebevolles Gesicht im Schein der Nachttischlampe neben meinem Bett vor mir, und ich höre, wie sie mir mit sanfter Stimme die Geschichte von dem kleinen Mädchen erzählt.

Am nächsten Morgen kamen meine Tante und mein Onkel, um mich abzuholen. Meine Tante Janet, die zwei Jahre älter war als meine Mutter, hatte zwar dieselbe Haarfarbe wie Mum, aber nicht deren schlanke Statur. Mein Onkel Roy, ein Lehrer, war ein ruhiger Mann mit rotblondem Haar, der sehr durchschnittlich aussah bis zu dem Moment, wenn er anfing zu lächeln. Dann bildeten sich um seine Augen herum unzählige Lachfältchen, und sein Gesicht bekam etwas Jungenhaftes.

Meine Mutter hatte eine Kleinigkeit zu essen vorbereitet, aber kaum waren wir damit fertig, drängten mein Onkel und meine Tante zum Aufbruch. Ich denke oft an diesen Tag zurück und glaube im Nachhinein, dass sie mit dieser hastigen Abreise einen rührseligen Abschied vermeiden wollten.

Bevor wir gingen, überreichte meine Mutter ihrer Schwester einen Strauß Gladiolen. »Das waren schon immer meine Lieblingsblumen«, sagte sie. »So viele Blüten an einem einzigen Stiel! Wenn die einen verwelkt sind, blühen die anderen auf.«

Dann umarmten sich die beiden. Ich sah, dass die Augen meiner Tante feucht schimmerten, und fragte mich, warum die Blumen sie traurig stimmten.

Meine Mutter beugte sich zu mir herunter und küsste mich. »Sei ein liebes Mädchen«, sagte sie, nahm mich in die Arme und schmiegte ihren Kopf kurz an meinen.

Mein Koffer wurde in den Kofferraum des Wagens gepackt, und ich setzte mich auf den Rücksitz. Als wir losfuhren, sah ich durch das Rückfenster zu meiner Mutter hinaus. Ich winkte, bis wir um die Ecke gebogen waren und sie außer Sichtweite war.

Das war das letzte Mal, dass ich meine Mutter gesehen habe.

Zwei Tage später kam sie ins Krankenhaus und wurde operiert. Der Chirurg stellte fest, dass der Krebs bereits weit fortgeschritten war, sich vom Magen aus über ihre Bauchspeicheldrüse ausgedehnt hatte und inoperabel war. Sie wurde nach Hause geschickt, um auf den Tod zu warten. Aber sie hatte ihr Schicksal bereits gekannt, als sie mich wegschickte.

Kapitel 24

Drei Stunden nachdem wir bei uns losgefahren waren, trafen wir vor Tante Janets Haus ein, einem alten, zweigeschossigen Natursteinhaus in einem idyllischen Dorf in den Midlands. Vor dem Haus war ein Garten, und auf dem akkurat gemähten Rasen luden gepolsterte Holzbänke zum Sitzen ein. Als mein Onkel das Gartentor aufstieß, damit wir eintreten konnten, stieg mir der Duft von Geißblatt und Jasmin in die Nase. Ein Stück weiter den Weg zum Haus entlang lag der schwere Duft pinkfarbener Rosen in der Luft. Ich sah blühende Sträucher und Blumenbeete, ein Meer aus Farben. An einem alten Apfelbaum hing ein Vogelhäuschen, und in einem kleinen Teich schwamm gemächlich ein Schwarm Goldfische. Neben dem Hintereingang zur Küche standen Töpfe mit Lavendel und Pflanzen, von denen man mir sagte, dass es Küchenkräuter seien. Es war der schönste Garten, den ich je gesehen hatte.

Während meine Tante mich nach oben führte, sagte sie, dass ich ein eigenes Zimmer haben würde. Es lag neben dem meiner dreizehnjährigen Cousine Emily.

»Den können wir später auspacken«, sagte sie und stellte den Koffer aufs Bett.

Verzückt betrachtete ich die Blümchentapete. Auf dem Bett lag eine pinkfarbene Tagesdecke, und darauf saß ein großes, kugeliges Stofftier in knalligem Pink und Lila. So etwas hatte ich noch nie gesehen. Das Gesicht mit den langen Wimpern war aufgestickt, und auf dem Kopf hatte das Tier eine Beatlesfrisur aus Filz.

89

»Das ist dein Willkommensgeschenk«, verriet mir meine Tante. Als ich das Stofftier hochhob und an mich presste, war meine Tiny-Tears-Puppe im Nu vergessen.

Nachdem meine Tante mich wieder nach unten gebracht hatte, blickte ich mich staunend um. Das hier hatte nicht die geringste Ähnlichkeit mit meinem vertrauten Zuhause mit all dem Durcheinander und den abgenutzten Möbeln. Es war auch ganz anders als das Haus meiner Großmutter mit den kleinen, muffigen Zimmern und dem gesammelten Schnickschnack, den sie auf Tagesreisen in Seebäder gekauft und liebevoll auf Häkeldeckchen arrangiert hatte. Im Haus meiner Tante und meines Onkels war alles hell und sauber, wie auf den Bildern in einer Zeitschrift.

An jeder Seite des langen, hellbraunen Sofas standen kleine Tische. Mitten im Raum befand sich ein niedriger Wohnzimmertisch, auf dessen Rauchglasplatte ein paar Zeitschriften lagen. Drucke von Landschaftsbildern hingen an den Wänden, blühende Pflanzen schmückten die Fensterbänke, und Familienfotos in silbernen Rahmen standen auf dem Kaminsims und der schmalen Anrichte aus hellem Holz.

Meine Tante holte eine hohe, gelbweiße Vase aus dem Schrank und stellte die Gladiolen hinein, die sie von meiner Mutter bekommen hatte. Währenddessen bereitete mein Onkel eine Kanne Tee zu, schnitt große Scheiben von einem Früchtekuchen ab und goss mir ein Glas frischen Orangensaft ein. Ich sah ihm interessiert dabei zu. So viel Häuslichkeit hatte ich bei meinem Vater nie erlebt.

Meine Cousine Emily kam ins Zimmer und grinste mich an. Sie trug Jeans und T-Shirt, hatte dunkles Haar und leicht gebräunte Haut. Sie erzählte ihren Eltern, wie viel Spaß sie bei ihrer Freundin gehabt habe, während die beiden unterwegs gewesen waren, um mich abzuholen. Und sobald wir mit dem Tee fertig waren, zeigte sie mir das Haus und den Garten.

»Milly«, so erzählte sie mir, »hat eine kleine Schwester in deinem Alter. Morgen nehme ich dich mit zu den beiden.« Wie ich später erfuhr, war Milly ihre beste Freundin. Emily erzählte mir dann, dass sie ein paar Bücher herausgesucht habe, die in meinem Alter ihre liebste Lektüre gewesen seien. »Ich habe sie schon in dein Zimmer gestellt«, fügte sie hinzu.

Emily war so nett zu mir, dass sich meine Nervosität förmlich in Luft auflöste und ich zu glauben begann, dass mir dieser Aufenthalt am Ende doch gefallen würde.

»Sally, was ist dein Lieblingsgericht?«, fragte mich meine Tante ein paar Stunden später. »Ich bereite gerade das Abendessen zu.«

»Käsetoast«, lautete meine prompte Antwort.

Sie sagte mir, dass sie zwar etwas Gesünderes im Sinn gehabt habe, aber da es mein erster Abend bei ihnen sei, gehe das mit dem Käsetoast in Ordnung. »Vorausgesetzt, du isst zum Nachtisch Obst.«

An diesem Abend überwachte Tante Janet mein Bad und sah sich danach meinen Ausschlag kritisch an. »Weißt du, Sally, es gibt mittlerweile ein paar neue Cremes«, sagte sie dann, während sie die Cremetube studierte, die meine Mutter für mich eingepackt hatte. »Die könnten besser helfen als diese hier.«

Am nächsten Tag nahm sie mich mit in das Krankenhaus, in dem sie als Krankenschwester arbeitete. Ein Arzt begutachtete meinen Ausschlag und verschrieb mir eine neue Creme. Diese trug meine Tante jeden Abend vorsichtig auf. Morgens zum Frühstück bekam ich frisches Obst, und meine Tante sagte mir, dass ich mehr Gemüse und Obst essen müsse – dann werde auch mein Ausschlag abklingen.

Später ging sie mit mir einkaufen, und ich bekam neue Schuhe und ein Kleid. »Verfrühte Geburtstagsgeschenke«, erläuterte sie, als ich mich, mit vor Freude glühenden Wangen, stammelnd bei ihr bedankte.

Zu Hause wartete die nächste Überraschung auf mich: Ein funkelndes schwarzes Fahrrad stand da. Mein Onkel hatte es an diesem Nachmittag besorgt, während wir einkaufen waren.

»Ich dachte, das könnte dir gefallen. Es hat Stützräder. Aber sobald du fahren kannst, werde ich sie abnehmen. Deine Tante und Emily machen jedes Wochenende Radtouren, und ich bin sicher, dass du sie gern begleiten würdest.«

Es war Emily, die mir das Radfahren beibrachte, und nach wenigen Tagen konnte ich es. Sobald die Stützräder abmontiert waren, radelte ich triumphierend die Straße vor dem Haus rauf und runter.

An diesem Wochenende machten wir eine Radtour übers Land. Emilys Freundin Milly und ihre kleine Schwester Charlene, die alle nur Charlie nannten, fuhren ebenfalls mit. Meine Beine trampelten, so schnell ich konnte, und wenn ich doch einmal zurückfiel, warteten die anderen immer auf mich.

Als ich langsam müde und hungrig wurde, schlug meine Tante vor, irgendwo haltzumachen und etwas zu essen. Wir schoben unsere Räder einen Pfad hinunter zum Flussufer. Überall saßen Ausflügler in Grüppchen unter Bäumen und picknickten. Autos parkten auf dem Kiesweg, und noch mehr Radfahrer trafen ein.

»Picknickzeit«, sagte Tante Janet, aber ich sah keinen Proviant.

In dem Moment kam mein Onkel mit dem Wagen angefahren und hob einen großen Weidenkorb aus dem Kofferraum. Die größeren Mädchen und meine Tante holten noch Decken und Kissen aus dem Kofferraum. Sie öffneten Flaschen mit gekühlter Limonade und richteten Käse, hart gekochte Eier, Hähnchenschenkel und Äpfel auf Papptellern an.

»Das habe ich vorbereitet, während ihr euch abgestrampelt habt«, verriet mir mein Onkel.

»Das macht er jedes Mal, wenn wir einen Ausflug mit dem Rad unternehmen«, sagte Emily grinsend.

An jenem Tag begann ich zu erahnen, wie normale Familien lebten. Ich beobachtete, wie mein Onkel sich mit seiner Tochter unterhielt und mit Milly und Charlie scherzte, und ich wusste, dass er seine Tochter nie dazu gebracht hatte, dieses harte Ding anzufassen. Ich sah, wie er seiner Frau beim Aus- und Einpacken des Picknickkorbs half und wie entspannt die drei Mädchen in seiner Gegenwart waren.

Als ich daran denken musste, wie es bei mir zu Hause zuging, traten mir Tränen in die Augen, und ich hatte plötzlich einen Kloß im Hals: wie ungeduldig mein Vater mit meiner Mutter war, ihre Tränen, sein mangelndes Mitgefühl und wie ich ihn anfassen musste, wenn wir allein waren.

Ich wünschte, meine Mutter könnte herkommen und wir würden alle glücklich zusammenleben. Sie fehlte mir so sehr. Was ich jedoch nicht vermisste, waren die Streitereien und die Anspannung, die unser Zuhause verpesteten.

Kapitel 25

Als sie sah, dass mein Ausschlag gut auf die neue Creme ansprach, beschloss meine Tante, als Nächstes meine Sprachstörung anzugehen. Sie vereinbarte mit mir einen Termin bei einer Logopädin und erklärte mir, dass ich einen Sprachfehler habe, der jedoch behoben werden könne. Anfangs konnte ich nur sagen: »Liesige Laben lannten über den Lasen.« Aber auch das verbesserte sich im Laufe der Wochen.

Die Tage verflogen nur so, und mit jedem fühlte ich mich wohler in meinem vorübergehenden Zuhause. Ich fügte mich wie von selbst in diese familiäre Routine ein. An den Wochentagen arbeitete meine Tante mit mir an meinem Sprachfehler, wir lasen zusammen, mit Emily besuchte ich Freunde oder erkundete die Gegend. Abends aßen wir alle gemeinsam, und anschließend durften Emily und ich eine Stunde lang Fernsehen gucken oder noch etwas spielen. Jedes Wochenende, an dem meine Tante nicht arbeiten musste, plante sie irgendetwas für die ganze Familie.

An einem Samstag wollte sie mit uns in das berühmte Bullring Einkaufszentrum von Birmingham. Nach dem Frühstück brachen wir auf und fuhren über eine Autobahn, die sich an der Ortszufahrt von Birmingham mit drei anderen überschnitt. Gestützt von riesigen Betonpfeilern, kreuzten sich weit über dem Erdboden unzählige Fahrbahnen. »Man nennt das den Spaghetti-Knoten«, erklärte meine Tante, als ich den Hals reckte, um besser sehen zu können. »Dieses Autobahnkreuz wurde gerade erst für den Verkehr freigegeben. Wir sind fast da.«

Nachdem wir den Wagen auf einem der unzähligen Parkplätze des Zentrums abgestellt hatten, betraten wir das große graue Gebäude, an dessen Wand das großflächige Gemälde eines Bullen uns zeigte, dass wir hier richtig waren. Drinnen blickte ich nach oben zu den hell erleuchteten Stockwerken mit Restaurants und Geschäften, die man über etwas erreichen konnte, das ich nie zuvor gesehen hatte: Kästen aus Glas und Stahl, die von selbst hinauf- und hinunterfuhren.

»Das sind Aufzüge«, erklärte meine Cousine belustigt, die mein verblüfftes Gesicht bemerkt hatte.

Ein wenig ängstlich betrat ich einen Aufzug, und gemeinsam fuhren wir vier hinauf. Ich war so begeistert davon, nach unten schauen und alles um mich herum sehen zu können, dass ich am liebsten immer höher gefahren wäre. Schließlich stiegen wir aus, bummelten an den Schaufenstern entlang und bestaunten die Auslagen. Später gingen wir ins Kino, um uns Robin Hood, den neuesten Walt-Disney-Film, anzusehen. Anschließend setzten wir uns in ein Café, aßen Eis aus hohen Gläsern und tranken dazu Limonade. Dann wurde es allmählich Zeit, wieder nach Hause zu fahren.

An diesem Abend holte meine Tante Briefpapier und einen Umschlag hervor und legte beides auf den Tisch.

»Ich werde dir helfen, einen Brief an deine Mutter zu schreiben«, sagte sie.

Letzten Endes schrieb sie den Text, und ich malte Bilder dazu. Wir erzählten meiner Mutter von den Fahrradtouren und was ich alles im Bullring gesehen hatte. Dann malte ich noch ganz viele Küsse in Form von roten Lippen.

Ich erhielt einen Antwortbrief von meiner Mutter, in dem sie schrieb, dass sie mich vermisse, sich jedoch darüber freue, wie viel Spaß ich hätte. Unter den Brief malte sie Bilder von Feen und einem blonden Mädchen in einer Waldlandschaft.

Allmählich näherte sich der Sommer dem Ende, und ich wusste, dass bald das neue Schuljahr anfing. »Wann fahre ich wieder nach Hause?«, fragte ich meine Tante.

»Sally«, begann sie, »du wirst noch ein wenig länger hierbleiben müssen. Deine Mutter braucht immer noch Ruhe. Ich habe mich darum gekümmert, dass du hier auf eine gute Schule gehen kannst.«

Bevor ich etwas erwidern konnte, teilte sie mir mit, dass wir nun einkaufen gehen würden. Ich brauchte neue Schulkleidung. Dafür mussten wir nach Birmingham fahren, und bei dem Gedanken an die Aufzüge im Bullring vergaß ich sofort, was ich hatte fragen wollen.

Wir kauften einen dunkelgrauen Trägerrock, weiße Baumwollblusen, einen grauen Blazer, einen Wollpullover, die vorgeschriebene Unterwäsche, Sportkleidung und ein Paar Schnürschuhe.

»Du siehst so hübsch und vernünftig aus«, sagte meine Tante.

Das Mädchen, das mir aus dem Spiegel entgegenblickte, schien ein völlig anderes zu sein als jenes, das vor gut einem Monat in den Midlands eingetroffen war. Mein Ausschlag war nahezu abgeheilt, das Haar trug ich zu einem Zopf geflochten, und mein leicht gebräuntes Gesicht strotzte vor Gesundheit.

Meine Tante ging mit mir mittagessen und bestellte für mich einen Hamburger und einen Milchshake. Beim Essen brachte ich den Mut auf, ihr jene Frage zu stellen, die an mir nagte.

»Wie lange muss ich noch bei euch bleiben?«, platzte ich heraus. Obwohl ich bei meiner Tante und ihrer Familie glücklich war, vermisste ich meine Mutter schrecklich, vor allem in dem Moment, als wir die Schuluniform gekauft hatten.

»Bis sich deine Mutter besser fühlt«, antwortete sie und fragte mich, was ich als Nachtisch haben wolle.

Mich beschlich der Verdacht, dass sie versuchte, mich abzulenken. Ich war zwar noch keine sieben Jahre alt, dennoch spürte ich ihr Widerstreben, mir weitere Fragen zu beantworten.

Ein paar Tage später brachte meine Tante mich zu meiner neuen Schule. Im Unterschied zu meinem Bruder, der mich am Schultor allein gelassen hatte, hielt sie meine Hand und stellte mich meiner Klassenlehrerin vor.

Ich wurde zwischen Charlie und ein rothaariges Mädchen gesetzt, dessen sommersprossiges Gesicht zu strahlen begann, als sie mich erblickte. »Meine große Schwester geht in dieselbe Klasse wie deine Cousine«, teilte sie mir mit.

Zum ersten Mal hatte ich jemanden, der in den Pausen auf dem Schulhof neben mir stand und mich zu sich nach Hause einlud. »Nächste Woche habe ich Geburtstag«, sagte meine Sitznachbarin. »Du kommst doch zu meiner Party, nicht wahr? Ich würde mich sehr freuen.«

Plötzlich war ich keine Außenseiterin mehr. Die Mädchen sagten, dass mein Haar hübsch sei, und hielten während der Pause das Seil für mich, damit ich darüberhüpfen konnte. Nach einer Unterrichtsstunde, in der wir Bilder malen sollten, erklärten Charlie und meine neue Freundin Katy, dass mein Bild das schönste sei. Und gegen Ende des Schultags war das mulmige Gefühl in meinem Bauch verschwunden, das ich wegen des ersten Tags in der neuen Schule gehabt hatte.

Niemand redete hinter meinem Rücken über mich oder hänselte mich wegen meines Aussehens. Meine Haut und meine Aussprache hatten sich derart verbessert, dass ich zwischen den anderen Kindern nicht auffiel. Aber als ich aus dem Schultor trat und meine Tante dort auf mich warten sah, wurde mir wieder bewusst, wie sehr mir meine Mutter fehlte.

Kapitel 26

Als sich der goldene Herbst mit seinen sonnigen Tagen langsam dem Ende neigte und graue Wolken am Himmel aufzogen, brachen die Vögel auf in wärmere Regionen, und der frühe Morgenfrost ließ das Gras weiß und starr werden. Mit großen Schritten näherte sich Weihnachten, aber noch immer war keine Rede davon, wann ich nach Hause gebracht wurde. Jedes Mal, wenn ich fragte, wie es meiner Mutter gehe und wann ich sie besuchen könne, wurde mir gesagt, dass sie sich ausruhen müsse, und dann geschickt das Thema gewechselt.

Jede Woche schrieb ich meiner Mutter lange Briefe, in denen ich ihr von meinen Freunden erzählte und was ich in der Schule gelernt hatte. Im Gegenzug erhielt ich Antwortbriefe, die mir jedoch immer kürzer erschienen. Sie enthielten kaum noch Bilder, und die Schrift wirkte krakelig.

Als unsere Klasse gerade für das jährliche Krippenspiel probte, kam die Schulleiterin in unseren Klassenraum und winkte mich zu sich. Sie sagte, dass mich meine Tante abholen werde und ich meine Sachen packen solle. Mit dem ungetrübten Instinkt eines Kindes wusste ich sofort, dass etwas mit meiner Mutter passiert war.

Meine Tante traf ein, und ich bemerkte, dass ihr Gesicht blass und abgespannt wirkte. Sie fuhr mit mir zurück zu ihrem Haus. Während der ganzen Fahrt wollte ich sie mit Fragen bestürmen, aber die Angst vor ihren Antworten ließ mich schweigen.

Erst als wir bei ihr zu Hause auf dem Sofa saßen, nahm sie meine Hand und stellte sich der herzzerreißenden Aufgabe, einem verängstigten Kind, das noch nicht einmal sieben Jahre alt war, zu sagen, dass seine geliebte Mutter tot war.

»Tot« war ein Wort, das ich einfach nicht verstehen wollte. »Fortgegangen« hingegen war etwas, womit ich umgehen konnte, deshalb klammerte ich mich an diese Formulierung, die meine Tante benutzt hatte.

»Aber wo ist sie?«, fragte ich immer wieder.

»Sie ist im Himmel«, wiederholte meine Tante geduldig.

»Wann kommt sie zurück?«, wollte ich wissen.

Meine Tante musste mir nun erklären, dass meine Mutter nie wieder zurückkehren würde. Bei jedem Wort, das sie zögernd von sich gab, spürte ich das Hämmern in meinem Kopf und das laute Pochen meines Herzens. Allmählich begann ich zu begreifen.

Als würde es mir Trost spenden, fiel mir die Geschichte ein, die meine Mutter mir am Abend vor meiner Abreise erzählt hatte. »Kann sie mich immer noch sehen?«, fragte ich eindringlich. »Vom Himmel aus? Kann sie mich von dort sehen?«

Einen kurzen Moment lang wirkte meine Tante verwirrt, dann schloss sie mich fest in die Arme. »Ja, Liebling, natürlich kann sie das. Sie wird von dort aus für immer über dich wachen.« Sie erzählte mir, wie sehr meine Mutter mich geliebt habe, auch wenn sie jetzt fortgegangen sei, und dass sie wolle, dass ich glücklich sei.

Sie verschwieg, dass meine Mutter monatelang Qualen gelitten hatte. Sie erzählte mir auch nicht, dass meine Mutter am Ende nur noch 25 Kilo gewogen und ihr sogar die Bettdecke auf ihrem Körper unerträgliche Schmerzen bereitet hatte. Der Krebs hatte ihren ausgezehrten Körper geradezu zerfressen. Auch dass meine Mutter Gott angefleht hatte, sie sterben zu lassen, trotz des Morphiums, unterschlug meine Tante bei ihrer Erzählung.

Es war mein Bruder, der mir all das verriet, allerdings erst viele Jahre später. Er war bei ihr gewesen, so oft es ging, hatte die Schule geschwänzt, um bei ihr zu Hause bleiben zu können. Und als sie schließlich im Krankenhaus im Sterben lag, hatte er ihre knochige

Hand gehalten und Wasser auf ihre rissigen Lippen geträufelt, weil sie zu schwach geworden war, um aus einem Glas zu trinken.

Von Pete erfuhr ich auch: Meiner Mutter war klar gewesen, dass sie sterben würde, als sie mich zu meiner Tante schickte. Sie hatte ihm gesagt, dass ich eine Bezugsperson bräuchte und ihre Schwester mir ein Zuhause bieten könne, in dem ich gut aufgehoben und liebevoll versorgt werden würde. Damals, nach Mums Tod, wusste ich das alles jedoch nicht. Ich wusste nur, dass ich ein trauriges kleines Mädchen war, das seine Mutter nie wiedersehen würde.

Meine Tante erzählte mir, mein Vater würde darauf bestehen, dass ich wieder nach Hause zurückkehrte. Mir stand mein Zuhause ohne meine Mutter vor Augen, und ich erschrak. Ein dichter Nebel des Elends senkte sich über mich. Als meine Tante mit mir über meinen nahen Abschied reden und mich umarmen wollte, wandte ich mich ab.

In jener Nacht fand ich keinen Schlaf. Ich hörte, wie Emily ins Bett ging und später meine Tante und mein Onkel. Meine Tür wurde geöffnet, und meine Tante fragte, ob ich noch wach sei.

Ich hielt den Atem an und tat so, als würde ich schlafen, weil ich nicht mit ihr sprechen wollte.

In der Dunkelheit lauschte ich auf das Knacken des alten Hauses, es war so, als würde es am Ende des Tages ebenfalls zur Ruhe kommen. Aber mein Kopf weigerte sich abzuschalten. Der Ort, der einst mein Zuhause gewesen war, schien weit weg zu sein. Schließlich geriet ich in jenes Zwischenstadium von Schlafen und Wachen, und unser Haus tauchte vor meinem geistigen Auge auf. Ich sah mich eintreten. Meine Mutter war irgendwo hier drinnen. Aber statt die Küchentür zu öffnen, stieg ich die Treppe nach oben. Ich spähte in mein Zimmer, es wirkte kalt und verlassen. Ich ging an Petes Zimmertür mit dem »Eintritt verboten«-Schild vorbei, hinter der sich sein Teenager-Chaos verbarg.

Und schließlich, wie ich es so oft getan hatte, wenn meine Mutter einer ihrer »schlechten Tage« plagte, spähte ich auf der

Suche nach ihr ins Elternschlafzimmer. Auf dem Bett lag die Tagesdecke, die meine Mutter selbst gehäkelt hatte. Über der Stuhllehne hing ein achtlos hingeworfener, seidiger Schal, aber niemand war im Raum.

Ich fand sie unten. Ihre grünen Augen funkelten, und auf ihren Lippen lag ein Lächeln. Aber als ich auf sie zuging, verblasste ihr Bild und wurde ersetzt durch das meines Vaters. Groß und gut aussehend breitete er die Arme aus, damit ich hineinstürmte. Es war seine Stimme, die ich durch meinen Kopf hallen hörte.

»Sally, hast du deinen Daddy denn nicht lieb? Ich habe dich nämlich lieb.«

Erschrocken riss ich die Augen auf.

Ich wollte nicht zurück nach Hause.

»Kann ich nicht hier bei dir bleiben, Tante Janet?«, bettelte ich am nächsten Morgen.

»Nein, Sally. Dein Vater vermisst dich.«

Wenn ich ihr doch damals nur von meinem Vater und den Dingen, zu denen er mich zwang, erzählt hätte – wie anders wäre mein Leben verlaufen. Ich wäre in einem liebevollen Zuhause aufgewachsen, wo seine Misshandlungen lediglich eine hässliche Erinnerung gewesen wären, eine, die ich irgendwann in den Tiefen meines Gedächtnisses vergraben hätte.

Da ich gewusst hätte, wie ein harmonisches Eheleben aussah, hätte ich als Erwachsene keine Probleme gehabt, eine glückliche, ausgewogene Beziehung zu führen. Aber mein Schweigen während der folgenden Tage sorgte dafür, dass mein Schicksal ein anderes sein würde.

Wenige Tage später brachten mich meine Tante und mein Onkel zurück zu meinem Elternhaus, das ohne meine Mutter nicht länger mein Zuhause war.

Kapitel 27

Zu Hause traf ich auf einen kühl und distanziert wirkenden Vater und einen älteren Bruder, der in den Monaten meiner Abwesenheit grimmig und unnahbar geworden war. Billy, immer noch ein kleiner Kerl, der gerade einmal krabbeln konnte, saß still da und betrachtete uns verdutzt mit seinen großen Augen. Er war zu klein, um zu verstehen, was passiert war, allerdings spürte er offenbar, dass etwas nicht stimmte. In den ersten Tagen nach meiner Rückkehr starrte er mich an, als wisse er nicht mehr, wer ich sei. Er spielte nicht mehr mit seinen Spielsachen, sondern warf sie stattdessen ständig durch den Raum. Vor Verwirrung quengelig, schrie dieser einst zufriedene Junge jetzt bei jeder Gelegenheit.

Als ich ihn in den Arm nehmen wollte, bemerkte ich, dass sein Körper vom vielen Schreien verschwitzt und heiß war. Auf der Suche nach Trost barg ich meinen Kopf in seinem feuchten Haar. Aber es waren nicht meine dünnen Kinderarme, nach denen es ihn verlangte; er verzog das Gesicht und schrie und schrie. Man konnte kaum glauben, dass ein derart kleines Kind dazu in der Lage war.

Aber ich vermisste unsere Mutter zweifellos noch mehr als er, schließlich hatte ich eine bewusste Erinnerung an sie. Jedes Mal, wenn mein Vater mir den Rücken zukehrte, suchte ich das Haus nach Spuren von ihr ab. Ich stand in dem Schlafzimmer, das sie mit meinem Vater geteilt hatte, und entsann mich der vielen Male, wenn ich sie hier auf dem Bett gefunden hatte, die Decke bis über den Kopf gezogen. Die Kissen auf ihrer Seite waren entfernt worden, und seine lagen in der Mitte des Bettes, das nicht länger die gehäkelte Tagesdecke zierte, an der sie so lange gearbeitet hatte. Sie war durch eine triste braune Decke ersetzt worden.

Ich wollte etwas berühren, das ihr gehört hatte, aber als ich den Kleiderschrank öffnete, musste ich feststellen, dass ihre langen, wallenden Röcke und leuchtend bunten Oberteile und Schals alle verschwunden waren. Nur die Hemden, Jacken und Anzüge meines Vaters hingen dort.

Auf der Frisierkommode lagen weder Schmuck noch Make-up. Nicht einmal ihre Haarbürste mit dem silbernen Griff war noch da.

Im Wohnzimmer verrieten helle Stellen an den Wänden, wo Fotos abgenommen worden waren, und auf dem Kaminsims stand nicht mehr das Hochzeitsfoto meiner Eltern, sondern eine viereckige Holzuhr. Wo waren das Sammelalbum, in der sie die Geschichten aufbewahrte, die sie nur für mich geschrieben hatte, ihre Aquarellbilder, die in der Küche gehangen hatten, die Bilder, die sie an den Kühlschrank geheftet hatte? Es gab im ganzen Haus keinerlei Hinweise mehr auf sie.

Anfangs weigerte ich mich zu glauben, dass meine Mutter niemals zurückkehren würde, und ich hasste sämtliche Veränderungen im Haus, die ihre bloße Existenz zu verleugnen schienen.

»Wohin ist sie denn gegangen?«, fragte ich Pete einmal, als er ausnahmsweise zu Hause war.

Überraschenderweise setzte er sich neben mich auf das Sofa und legte den Arm um meine Schultern. »Sie ist tot, Sally. Du weißt doch, was das bedeutet, oder? Es gab eine Beerdigung. Sie wurde begraben, und sie wird niemals zurückkommen.« Plötzlich übermannte ihn die Trauer. Seine Brust hob und senkte sich, und Tränen liefen ihm die Wangen hinunter. Er schluchzte tief und laut und barg das Gesicht in den Händen.

Als er schließlich den Kopf hob, sah ich, dass er nicht länger ein missmutiger Teenager war, sondern ein unglücklicher, verloren wirkender Junge mit rot geweinten Augen.

»Aber wo sind all ihre Sachen?«, jammerte ich.

Bevor er mir antwortete, rieb er sich mit dem Ärmel seines Pullovers durchs Gesicht. »Unser verfluchter Vater hat alles verschwinden lassen«, sagte er verbittert. »Angeblich konnte er die Sachen nicht mehr sehen. Ihre Kleidung hat er zum Roten Kreuz gebracht. Womöglich begegnet mir irgendwann eine andere Frau in ihren Sachen.« Niedergeschlagen und beinahe ungläubig schüttelte er den Kopf. »Er hat alles von ihr weggeschafft, damit sogar ihr Duft aus diesem Haus verschwindet. Erinnerst du dich an ihren Duft? Wie sie gerochen hat, bevor sie krank wurde? Ich habe versucht, etwas zu finden, das so riecht wie sie, damit ich das nie vergesse. Eines Tages bin ich in ihren Kleiderschrank gestiegen und habe die Tür hinter mir zugezogen. Obwohl ihre Sachen alle weg waren, konnte ich noch einen Hauch ihres Duftes schnuppern. Ich werde sie nie vergessen, und du darfst das auch nicht, Sally. Aber er will ja nicht einmal über sie reden. Als hätte es sie nie gegeben. Ich hasse ihn!« Wieder liefen ihm Tränen über die Wangen. Schweigend wischte er sich mit dem Handrücken über die Augen, aber die Tränen wollten nicht versiegen, und versunken in seinem Kummer, schien er vergessen zu haben, dass ich auch noch da war.

Ich war es, die meinen großen Bruder tröstete und im Arm hielt, und im Zustand dieser gemeinsamen Trauer fühlte ich mich ihm zum ersten Mal wirklich nah.

Kapitel 28

Am nächsten Tag ging ich wieder in meine alte Schule. Die anderen Kinder musterten mich neugierig aus den Augenwinkeln, ließen mich ansonsten aber links liegen. Ich war nicht nur ein Schulhalbjahr lang weg gewesen, sie hatten auch vom Tod meiner Mutter gehört und wussten womöglich nicht, wie sie mit mir umgehen sollten. Vielleicht versuchten sie sich vorzustellen, wie es sein mochte, keine Mutter mehr zu haben. Vielleicht war ihnen dabei unbehaglich zumute. Zu jung, um Mitleid empfinden zu können, verspürten diese Kinder stattdessen eine vage Furcht. Vermutlich hatte man sie angewiesen, mich nicht zu hänseln oder zu schikanieren, also guckten sie stattdessen weg, wenn ich an ihnen vorbeiging, und ignorierten mich.

In den Pausen stand fast immer die Lehrerin neben mir. Als sie merkte, dass mich die anderen Kinder ungeachtet aller Ermahnungen nicht zum Mitspielen einluden, versuchte sie, mich in ein Gespräch zu verwickeln, wahrscheinlich damit ich mich nicht so allein fühlte.

Jeden Morgen beim Aufwachen wartete ich darauf, die Stimme meiner Mutter zu hören, die mir sagte, dass es Zeit sei, aufzustehen. Aber nach wenigen Sekunden holte mich die Gewissheit ein, dass ich sie nie mehr hören würde. Ich zog mich allein an und ging runter in die Küche, wo Pete jetzt immer das Frühstück für mich zubereitete. Jeden Morgen gingen mein Bruder und ich gemeinsam zur Schule, aber wir wechselten nur wenige Worte, und bei jedem Schritt und Tritt musste ich an meine Mutter denken.

Mein Vater hatte sich ebenfalls verändert. Er war kalt zu mir, und wenn ich über meine Mutter sprach, wurde er wütend. Er sagte mir, dass ich damit aufhören solle. »Es war Gottes Wille, sie zu sich zu holen«, behauptete er selbstgerecht.

Vergebens suchte ich nach dem Vater, der mich sein besonderes kleines Mädchen genannt hatte. Ich hatte nicht nur meine Mutter verloren, sondern auch den Vater, der stets behauptet hatte, mich lieb zu haben. In Anwesenheit meiner Großeltern oder von Besuchern schien er der alte zu sein, aber sobald sie verschwanden, spielte er nicht länger die Rolle des liebenden Vaters.

Jetzt war ich es, die ihn umgarnte. Ich wollte ihn sagen hören, dass er mich immer noch liebe, wollte, dass er die Leere füllte, die meine Mutter hinterlassen hatte. Ich war ein Kind und unfähig, sein Spiel zu durchschauen. Dieses Spiel, bei dem er mir suggerierte, dass ich ihn brauchte. Tag für Tag nährte er meine Unsicherheit, indem er mir seine Zuneigung entzog und mich an der Liebe meiner Mutter zweifeln ließ.

»Deine Mutter hat getrunken, um vor uns allen fliehen zu können«, erzählte er mir, als ich ihn fragte, warum sie gestorben sei. »Das beweist, wie wenig sie dich geliebt hat, nicht wahr? Denn wenn sie dich geliebt hätte, dann wäre das alles nicht passiert, und du hättest immer noch eine Mami.«

Er erzählte mir noch etwas anderes, das mir große Angst einjagte. Er sagte, die Sozialarbeiterin wolle Billy und mich in ein Heim stecken. Deshalb müsse ich mich gut benehmen und glücklich wirken, wenn sie vorbeikomme. »Und wessen Schuld ist das alles?«, fragte er. »Natürlich die deiner Mutter. Wenn sie nicht die ganze Zeit geheult und getrunken hätte, dann wäre sie nicht ins Krankenhaus gekommen, und diese Sozialarbeiter wären nie bei uns aufgetaucht. Daran solltest du immer denken, Sally.«

Damit war das Thema für ihn erledigt, und für lange Zeit glaubte ich ihm. Vielleicht hat er ja recht, dachte ich. Und kurz darauf legte er zum ersten Mal seit meiner Rückkehr die Arme um mich und zog mich an sich. Ich verdrängte die entsetzlichen Dinge, die er mich hatte tun lassen, bevor ich zu Tante Janet zog, und schmiegte mich an ihn. Anscheinend war er alles, was mir in dieser traurigen Welt noch geblieben war. Meine Großmutter gab ihr Bestes, aber sie konnte die Lücke nicht schließen, die meine Mutter hinterlassen hatte.

Wenige Wochen nach meiner Rückkehr begann meine Großmutter, freitagabends auf uns aufzupassen. »Dein Vater arbeitet so hart«, verkündete sie stolz, »er muss auch mal ausgehen.«

Zunächst sollte sie erst kommen, wenn ich schon im Bett lag.

»Zeit für dein Bad, Sally«, sagte mein Vater an jenem Freitag.

Und obwohl es früher als sonst war, ging ich gehorsam nach oben. Mit fast sieben Jahren fand ich mich alt genug, allein zu baden. Ich saß in der Wanne, da kam er plötzlich ins Badezimmer.

»Du wirst langsam erwachsen, Sally«, sagte er, »bald bist du eine richtige kleine Dame.«

Ich war in dem Alter, in dem man sich schämt, nackt gesehen zu werden, und versuchte, meine intimsten Körperteile mit dem Waschlappen zu bedecken.

Er lachte über meine Bemühungen und riss mir den Waschlappen aus der Hand. »Was ist los, Sally? Du hast deinen Daddy doch lieb, oder nicht?«

»Ja«, flüsterte ich.

»Und du willst, dass ich dich auch lieb habe?«

»Ja«, flüsterte ich wieder, unfähig, ihn anzusehen.

Er beugte sich herab und fuhr mit dem Finger über meinen Körper. »Du wirst ein braves Mädchen sein und tun, was ich dir sage, nicht wahr?«

Zum dritten Mal flüsterte ich: »Ja.«

Er hob mich aus dem Wasser und stellte mich auf die Badematte. Bei der Erinnerung an das, was früher passiert war, spannte sich jeder Muskel in meinem Körper an. Er strich mit den Händen über meinen feuchten Körper. »Steh still«, verlangte er, als ich nach dem Handtuch griff. Seine Hand fuhr mein Bein hinauf – und verharrte. In dem Moment drang das Geräusch der sich öffnenden Hintertür nach oben, und meine Großmutter rief nach ihm.

Er nahm die Hand von meinem Körper und legte mir rasch ein Handtuch um die Schultern. Dann sagte er, ich solle mein Nachthemd anziehen und ins Bett gehen. »Ich werde später nach dir sehen«, fügte er hinzu und beugte seinen Kopf herab, um mich auf die Wange zu küssen.

Meine Großmutter kam nach oben und las mir noch eine Gutenachtgeschichte vor. Das große Stofftier mit der Beatlesfrisur fest an mich gepresst, schlief ich ein.

Das Geräusch von Großmutters Stimme, als sie sich von meinem Vater verabschiedete, weckte mich auf. Ich hörte ihn unten herumlaufen und dann das Knarren der Treppenstufen, als er nach oben kam. Als seine Schritte vor meiner Zimmertür verstummten, kroch mir eine Gänsehaut über den Rücken. Vor Furcht sträubten sich mir die Nackenhaare, und mein Magen zog sich zusammen. Ich kniff die Augen fest zu. Wenn ich schlief, würde er doch bestimmt wieder gehen? Er tat es nicht.

»Sally, bist du wach?«, fragte er mit einer Stimme, die seltsam fremd klang, irgendwie schwer und lallend.

Ohne auf eine Antwort zu warten, hob er die Bettdecke und legte sich neben mich. Das Bett gab unter seinem Gewicht nach. »Du wirst ein braves Mädchen sein, nicht wahr, Sally?«, sagte er.

Bevor ich wegrutschen konnte, drehte er mich auf den Bauch, und meine Protestschreie wurden von dem Kissen erstickt, auf das mein Gesicht gedrückt wurde. Er schob mein Nachthemd hoch und streichelte meinen nackten Körper, wie er es früher schon getan hatte. Ein Finger glitt zwischen meine Beine und streichelte die zarte Stelle. Dann rieb sich das harte Ding an mir. Ich versuchte zu schreien, flehte: »Nein, tu das nicht!« und »Bitte hör auf, Daddy!« Aber die Hand in meinem Nacken drückte mein Gesicht noch tiefer in das Kissen und brachte mich so zum Schweigen.

»Lieg still!«, befahl er. »Ich werde dir nicht wehtun.« Sein Knie drängte meine Beine auseinander, eine Hand fuhr unter meinen Bauch und hob ihn an, sodass mein Hinterteil in der Luft war. Dann schob er das harte Ding zwischen meine gespreizten Beine. Er bewegte sich vor und zurück, rieb rauf und runter, und dabei achtete er tunlichst darauf, nicht in mich einzudringen. Ich versuchte zu strampeln und um mich zu schlagen, aber er war zu stark.

Plötzlich erzitterte sein Körper über mir, und ich spürte etwas Feuchtes, Klebriges über meine Beine und den Bauch spritzen. Er stöhnte zufrieden. Dann legte er sich neben mich auf den Rücken und drehte mich um, sodass ich ihn ansehen konnte. Ich öffnete den Mund, um zu schreien, aber er verschloss ihn mit der Hand.

»Ich dachte, du wolltest ein braves kleines Mädchen sein?«, murmelte er, aber ich konnte ihm nicht antworten. »Ich tue diese Dinge, weil ich dich lieb habe. So ist es, wenn man sich lieb hat«, flüsterte er mir ins Ohr.

Ich war starr vor Angst. Er sah mir das offenbar an, denn er versuchte, mich zu besänftigen und mir einzureden, dass diese Dinge völlig normal seien. »Daddys tun das mit ihren kleinen Mädchen«, erklärte er mir. »Jedes kleine Mädchen tut das. Es bedeutet, dass du mich lieb hast und mein ganz besonderes kleines Mädchen bist. Du willst doch, dass ich dich lieb habe, oder?«

Ich war zu erschrocken und zu jung, um ihm zu widersprechen oder ihn gar zu fragen, warum ich mit niemandem darüber reden durfte, wenn es doch alle kleinen Mädchen taten. Seine warme Stimme und seine Worte verwirrten mich. Also schwieg ich.

»Gute Nacht, Sally. Schlaf jetzt«, sagte er und küsste mich auf die Wange. Dann stieg er aus meinem Bett und ging.

Ich lauschte, um sicher zu sein, dass er nicht wiederkam. Erst als ich sein zufriedenes Schnarchen hörte, rührte ich mich, ich kroch unter die Decke und zog sie mir über den Kopf, so wie meine Mutter es auch immer getan hatte.

Dann weinte ich leise, ich weinte um meine verlorene Kindheit.

Kapitel 29

Nacht für Nacht lag ich in meinem Bett und fürchtete, mein Vater könnte zu mir kommen. Ich fand keinen Schlaf, denn sobald ich die Augen schloss, liefen hinter meinen geschlossenen Lidern furchtbare Bilder ab. Ich sah vor mir, wozu er mich gezwungen hatte. Die Geräusche, die er dabei gemacht hatte, hallten in meinen Ohren, und sein Geruch schien an meinem Bettzeug zu haften. Ich versuchte, das Bild meiner Mutter heraufzubeschwören, um diese Gedanken zu verdrängen. Aber wie sehr ich mich auch bemühte, es gelang mir nicht. Wo ihr Bild in meinem Kopf gewesen war, herrschte Leere. Wieder und wieder flüsterte ich ihren Namen, bis der Klang zu einem bedeutungslosen Geräusch verkümmerte. Ich wusste nicht mehr, wie sie ausgesehen oder gerochen hatte. Sogar die Erinnerung an den Klang ihrer Stimme, wenn sie mir Geschichten erzählte oder lachte, war verschwunden. Ich mochte mich noch so sehr anstrengen, ich konnte mich einfach nicht entsinnen.

Das war wohl das, was mein Bruder gemeint hatte, als er sagte, dass sie tot sei. Tot bedeutete, dass sie nicht nur aus diesem Haus, sondern auch aus meinem Kopf verschwunden war.

Auf dem Weg zur Schule versuchte ich, mit Pete darüber zu reden, aber die Gefühle, die er mir einmal nach meiner Rückkehr von Tante Janet gezeigt hatte, verbarg er seither.

Da ich nirgendwo Trost fand, wandte ich mich schließlich mit meinen Ängsten an meine Oma. Ich weinte bitterlich, während ich ihr erzählte, dass ich mich nicht daran erinnern könne, wie meine Mutter ausgesehen habe. »Sie hat gesagt, sie könne mich immer sehen«, erzählte ich ihr schluchzend.

»Wie meinst du das, Sally?«, fragte sie.

»Sie hat mir gesagt, sie würde an einen besonderen Ort gehen, von dem aus sie mich sehen kann. Aber warum kann ich sie dann nicht sehen?«

Ich brauchte mehrere Anläufe, bis ich ihr die Geschichte erzählt hatte, die sich meine Mutter am Abend vor meiner Abreise zu Tante Janet für mich ausgedacht hatte.

Meine Großmutter versuchte mir zu vermitteln, dass es nur eine Geschichte sei, aber davon wollte ich nichts hören. »Tante Janet hat es auch gesagt!«, protestierte ich empört, und meine Großmutter, konfrontiert mit der Verzweiflung und der Logik einer Siebenjährigen, beschloss, dass ich das Grab meiner Mutter sehen müsse, um ihren Tod akzeptieren zu können.

Am darauffolgenden Samstag nahm sie mich mit zum Friedhof. Hand in Hand schritten wir über das fast menschenleere Gelände. Mir fiel auf, wie still es dort war. Das dichte Blattwerk alter Bäume hing über den Bruchsteinmauern und dämpfte die Geräusche des Straßenverkehrs. Die wenigen Menschen, die zwischen den Gräbern entlanggingen, unterhielten sich nur flüsternd.

Meine Großmutter versuchte, mir die Geschichte des Friedhofs nahezubringen. Sie zeigte auf alte Grabsteine, deren Inschriften vom Zahn der Zeit ausgeblichen oder fast blank gewetzt waren. Sie erzählte, dass die ersten Gräber, an denen wir vorbeikamen, Hunderte von Jahren alt seien und dass hier ganze Generationen ortsansässiger Familien begraben lägen. Wir gingen über moosbewachsene Wege, die uns durch die Grabreihen hindurchführten, aber wie viel meine Großmutter auch erzählte, die Größe dieses Friedhofs mit seinen verblichenen Grabsteinen, die mich an die lockeren Zähne im Mund eines alten Mannes erinnerten, entmutigte mich, und ich umklammerte ihre Hand nur umso fester.

Das Grab meiner Mutter befand sich am anderen Ende des Friedhofs. Da es noch zu früh war, um einen Grabstein zu errichten, bestand es lediglich aus einem aufgeworfenen Erdhügel. An der Stelle, an die später der Grabstein kommen sollte, stand eine Vase mit frischen Blumen.

»Sobald sich die Erde gesenkt hat, lässt dein Vater den Grabstein aufstellen«, sagte meine Großmutter, als ich fragte, warum es keinen gebe.

»Sie ist hier, Sally«, versuchte sie mir zu erklären. »Aber nur ihr Körper liegt hier begraben. Ihre Seele ist im Himmel.«

Aber ich war zu jung, um das zu verstehen. Der Himmel war doch bestimmt ein wunderbarer Ort über den Wolken? Hatte ich nicht Bilder davon in der Sonntagsschule gesehen? Auf einem war ein alter Mann mit einem freundlichen Gesicht, einem langen weißen Bart und einem goldenen Heiligenschein über dem Kopf gewesen. Zu seinen Füßen saßen goldene Engel mit lockigem Haar, die bewundernd zu ihm aufblickten. Das war der Himmel: ein Ort, an dem niemand unglücklich war, Menschen und Tiere harmonisch zusammenlebten. Dieser Ort war in ein warmes, gelbes Licht getaucht. Es war nicht dieser kalte, stille Friedhof voller unsichtbarer toter Menschen.

Als Großmutter meinen verstörten Blick sah, versuchte sie noch einmal, mir zu erklären, dass die Seele meiner Mutter im Himmel sei, dass meine Vorstellung von diesem Ort zutreffe und dass meine Mutter mich von dort sehen könne. Aber meine Verwirrung blieb.

Nachdem wir den Friedhof verlassen hatten, nahm Oma mich mit zu sich. Irgendwie hatte sie aus meinen Fragen wohl herausgehört, dass ich annahm, meine Mutter sei gestorben, weil sie zu viel getrunken habe, dass ich daran möglicherweise schuld gewesen sei und dass sie mich nicht genug geliebt habe, um bei mir zu bleiben.

Da sie wusste, wie wichtig es für mich war zu verstehen, dass meine Mutter ihren Tod nicht selbst verschuldet hatte, versuchte sie, mir die Krankheit zu erklären, unter der meine Mutter gelitten hatte. Sie setzte mich an den Küchentisch, schenkte mir ein Glas Milch ein und hielt meine Hände, damit ich ihr meine volle Aufmerksamkeit schenkte.

»Sally, deine Mutter hatte so ihre Probleme«, begann sie. »Sie hat getrunken, das stimmt, und sie hatte Depressionen, aber am Ende litt sie an einer schrecklichen Krankheit, genannt Krebs. Daran ist sie gestorben. Sie hat dich und deine Brüder sehr geliebt und hätte wohl alles dafür gegeben, bei euch bleiben zu können.«

Als sie merkte, dass mich das nicht überzeugte, sagte sie schließlich: »Komm, ich zeige dir etwas. Ich habe es für dich und Pete aufbewahrt. Eigentlich wollte ich es dir erst geben, wenn du ein bisschen älter bist, aber offenbar ist es jetzt an der Zeit.«

Und dann holte sie die Fotoalben meiner Mutter hervor. »Als dein Vater sagte, er wolle alles wegwerfen, habe ich die Alben an mich genommen, um sie für euch sicher aufzubewahren. Diese Bilder sind wichtig für euch.«

Ich spürte, dass es ihr schwerfiel, einzugestehen, dass sie ihren Sohn hintergangen hatte.

Meine Großmutter legte die Alben vor mir auf den Tisch und ließ mich dann damit allein. Als ich den leuchtend lilafarbenen Umschlag des ersten Albums aufschlug und die dicken Seiten umblätterte, sah ich endlich meine Mutter wieder.

Zuerst kamen Fotos von ihr, auf denen sie noch sehr jung war, fast in meinem Alter, aber trotzdem konnte man sie klar erkennen. Auf einem Bild lag sie im Badeanzug am Strand und strahlte in die Kamera, auf anderen war zu sehen, wie sie und meine Tante Janet lachend Zuckerwatte aßen.

Bei den Seiten, auf denen auch Fotos meines Vaters zu sehen waren, blätterte ich rasch weiter. Es gab Aufnahmen, die sie zusammen zeigten, seine Hand auf ihrer Schulter, während sie glücklich lächelnd zu ihm hochschaute. Diese Bilder machten mich traurig, denn dass meine Mutter meinem Vater einen solchen Blick zuwarf, hatte ich nie zuvor gesehen. Dann stieß ich auf ein Bild, das meine

Mutter in einem Park zeigte. Sie trug eine Hose, die kurz unterhalb des Knies endete, sowie eine ärmellose Bluse. Neben ihr stand ein kleiner Junge, den ich als Pete erkannte. Als ich weiterblätterte, entdeckte ich ein Foto von mir als Kleinkind an ihrer Hand. Darauf lächelte sie mich fröhlich an. Von einem weiteren wusste ich, dass Pete es von uns allen aufgenommen hatte, als wir gemeinsam in den Park gegangen waren. Es war während der Schulferien und kurz vor Billys Geburt. An jenem Tag hatte meine Mutter Sandwiches und Getränke eingepackt, und wir hatten den ganzen Nachmittag über in der Sonne gelegen und herumgealbert.

Eines nach dem anderen berührte ich die Bilder, als müsse ich mich nur genügend anstrengen, und dann käme meine Mutter aus diesen Bildern herausspaziert. Während ich mit den Fingern ihre Konturen entlangfuhr, prägten sich diese Bilder von ihr in mein Gedächtnis ein. Ohne diese Fotos wäre das Gesicht meiner Mutter für immer aus meiner Erinnerung verschwunden. Am besten gefiel mir ein Bild, auf dem sie allein zu sehen war. Sie trug ein Sommerkleid mit weitem Rock und hielt sich mit der Hand das vom Wind zerzauste Haar aus dem Gesicht. Das Foto war schwarzweiß, aber ihr blondes Haar war deutlich zu erkennen. Ihre Haut wirkte frisch und gesund, sie lächelte mit leicht geöffnetem Mund und zeigte dabei ihre blendend weißen gleichmäßigen Zähne.

»Kann ich dieses Bild haben?«, fragte ich meine Großmutter, als sie ins Zimmer zurückkam.

»Lass es mich für dich aufbewahren, Sally. Hier ist es sicher«, erwiderte sie. »Dann sind alle Bilder zusammen. Du kannst jederzeit herkommen und sie dir ansehen, Sally. In deinen und in Petes Erinnerungen wird deine Mutter für immer weiterleben. Sie wird stets ein ganz besonderer Teil von dir sein.«

Und zum ersten Mal an diesem Tag hatte ich eine leise Ahnung, was sie meinte. Aber nach dem Ansehen der Fotos war ich zu aufgewühlt, um etwas sagen zu können, und nickte nur.

114

Damals fiel mir nicht auf, dass sie nur von mir und Pete gesprochen und ihren Sohn mit keinem Wort erwähnt hatte. »Ich habe auch alle Hochzeitsfotos«, fügte sie hinzu. Aber dafür interessierte ich mich nicht.

»Hast du auch ihre Sammelalben?«, fragte ich und dachte an die vielen Stunden, die meine Mutter und ich damit verbracht hatten, die kleinen Zeichnungen einzukleben, die sie für mich angefertigt hatte, und die Blätter mit ihren Geschichten.

»Nein«, sagte sie.

Ich fragte sie nicht, was mein Vater damit getan hatte. Instinktiv wollte ich es lieber nicht wissen.

»Sally«, sagte meine Großmutter, als sie mich nach Hause brachte, »wenn du über deine Mutter reden willst, kommst du zu mir. Dein Vater ist noch nicht bereit, über sie zu sprechen.«

Ich verriet ihr nicht, dass die einzigen Worte, die mein Vater je über meine Mutter verlor, für mich zu schmerzhaft waren, um sie hören zu wollen.

Kapitel 30

Unser Haus war ein kalter, freudloser Ort. Pete verbrachte so viel Zeit, wie ihm erlaubt wurde, bei Freunden. Und mein Vater ignorierte mich an sechs von sieben Abenden pro Woche mehr oder weniger.

Von samstagmorgens bis zum nächsten Freitag betrat er nie mein Zimmer, weder um mir gute Nacht zu sagen noch um mich auf diese Weise zu berühren, die ich so sehr verabscheute. Ich hatte den Eindruck, als wolle er mich für die Dinge bestrafen, die er mich zu tun zwang.

Morgens machte ich mich mit Pete auf den Weg zur Schule, und nachmittags ging ich zu meiner Großmutter, wo mein Vater mich dann später abholte. Er erwähnte mit keinem Wort, was an jenem Freitag passiert war, nachdem sich meine Großmutter verabschiedet hatte. Er bereitete für mich das Abendessen zu, dann durfte ich baden und ins Bett gehen.

Die sonntägliche Routine änderte sich nie: Erst war Sonntagsschule, dann Gottesdienst und anschließend Mittagessen bei meiner Oma. An den Samstagen spielte ich meist allein im Garten. Abends brachte meine Oma uns die Lebensmitteleinkäufe und überwachte mein Bad. Meine Kleidung hatte sie gewaschen und gebügelt, damit ich in der Sonntagsschule saubere Sachen anziehen konnte. Bevor sie mich ins Bett steckte, überwachte sie mein Abendgebet und las mir eine kurze Bibelgeschichte vor.

Ich fürchtete mich vor den Freitagabenden. Pete übernachtete dann oft bei einem Freund, und mein Vater ging an diesen Tagen regelmäßig aus. Jedes Mal, wenn ich hörte, dass meine Großmutter das Haus verließ und die Eingangstür hinter ihr ins Schloss fiel, versteckte ich mich ängstlich unter meiner Decke. Ich betete, dass mein Vater dieses Mal sofort in sein eigenes Schlafzimmer ging, aber das tat er nie. Auch wenn ich mich schlafend stellte, unter der Bettdecke zusammenkauerte und protestierte, spürte ich schon bald seinen massigen Körper, der sich neben mich legte. Der Geruch von Bier und Schweiß stieg mir in die Nase, und wenn er wieder ging, schmerzte mein Körper von seinen Berührungen. Damals achtete er tunlichst darauf, nicht in mich einzudringen, aber er fügte mir auch so große Schmerzen zu.

An einem dieser Freitagabende holte er mich nicht wie sonst abends bei meiner Großmutter ab, sondern sie brachte mich nach Hause. »Komm schon, Sally. Hör auf, herumzutrödeln. Dein Vater ist bei der Arbeit aufgehalten worden«, sagte sie, nachdem ich sie gefragt hatte, warum er mich nicht abhole. Da sie meine düstere Miene offenbar als Enttäuschung deutete, versicherte sie mir rasch: »Keine Sorge, Liebes, bis zum Abendessen ist er zu Hause. Und ich passe wie immer freitags auf dich auf.«

Sobald wir bei uns angekommen waren, bereitete meine Großmutter das Abendessen zu. »Selbst gemachte Suppe und dein Lieblingsessen, Käsetoast«, verkündete sie fröhlich.

Ich hörte den Wagen draußen halten, dann die Schritte auf dem Weg, und schließlich ging die Haustür auf. Aber statt des kühlen, distanzierten Vaters, den ich mittlerweile gewohnt war, trat derjenige ein, den ich aus der Zeit kannte, als meine Mutter noch lebte. Der Vater, der ein Lächeln im Gesicht trug, von dem ich glaubte, dass es allein mir galt.

»Hier, Sally«, sagte er, als er zu uns in die Küche kam, »sieh mal, was dein Daddy für dich hat.«

Aus seiner Jacke lugte ein kleines weißes Köpfchen hervor. Als er die Jacke aufknöpfte, hielt ich den Atem an. Dann sah ich, dass der Kopf zu einem winzigen Welpen gehörte.

»Hier, nimm sie. Sie gehört dir.«

Ein zappelnder, flauschiger Ball wurde in meine ausgestreckten Arme gelegt. Ich erblickte eine glänzende, knopfartige schwarze Nase und braune Augen, die zu mir hochschauten. Und dann spürte ich eine feuchte, warme Zunge, die begeistert meine Wange ableckte. Der Welpe hatte mich offenbar als sein neues Herrchen erkannt. Mit dem mütterlichen Instinkt, den Kinder Welpen und kleinen Kätzchen entgegenbringen, wiegte ich das Hündchen beschützend in meinen Armen.

»Sie ist für mich?«, fragte ich ungläubig.

Mein Vater lachte. »Ja, Sally, nur für dich. Deine Großmutter und ich fanden, dass du etwas haben solltest, um das du dich kümmern kannst«, antwortete er und hatte immer noch das wohlwollende Daddy-Lächeln im Gesicht. »Sie ist ein Zwergpudel«, sagte er mir, »und da sie dir gehört, solltest du auch den Namen für sie aussuchen.«

»Sie ist so süß.« Ich war vor Freude überwältigt, dass dieses goldige kleine Wesen mir gehörte. In dem Moment vergaß ich alles, was mein Dad mir angetan hatte, und sah nur den Vater, den ich liebte. Ich bemerkte, wie die Mundwinkel meiner Großmutter zuckten und sie über meine Begeisterung lächeln musste. Da wurde mir klar, dass sie genau gewusst hatte, warum mein Vater später nach Hause kommen würde.

Sobald sich der kleine Hund aus meinen Armen herausgewunden hatte, wieselte Oma um ihn herum und holte Näpfe und Hundefutter aus dem Schrank, das sie heimlich mitgebracht hatte. Sie füllte eine Schale mit Wasser und die andere mit kleinen Hundekuchen und Dosenfutter. »Das wird von nun an deine Aufgabe sein, Sally«, sagte sie. »Bis der Hund größer ist, braucht er dreimal täglich Futter. Und sobald er geimpft ist, kannst du mit ihm weiter gehen als nur in den Garten. Auch das Gassigehen wirst du übernehmen. Dein Daddy ist zu beschäftigt, um mit dem Hund rauszugehen und sich darum zu kümmern, dass er stubenrein wird.«

Zeitungen wurden auf dem Boden ausgebreitet, und ich bekam den Auftrag, mit dem Hund in den Garten zu gehen, damit er lernte, sein Geschäft dort zu verrichten statt im Haus.

Nachdem wir zu Abend gegessen hatten, sah mein Vater auf seine Armbanduhr und sagte, dass er noch ein bisschen ausgehen wolle. »Komm her, Sally«, forderte er mich auf. »Wenn ich nach Hause komme, schläfst du schon.«

Ich nahm den Welpen auf den Arm und stellte mich vor meinen Vater.

Er legte den Arm um mich und zog mich zu sich heran. »Komm, setz dich auf mein Knie«, sagte er in dem Tonfall des fürsorglichen Vaters. »Oder wirst du dafür langsam zu groß?«

Immer noch überwältigt von dem Geschenk in meinen Armen, folgte ich seiner Aufforderung.

»Willst du deinem Daddy keinen Kuss geben?«, fragte er.

»Ja, Sally, bedank dich bei deinem Vater«, ermunterte mich meine Großmutter.

Gehorsam spitzte ich die Lippen und küsste ihn auf die Wange.

»Wie willst du sie nennen?«

Ich dachte daran, wie meine Mutter und ich uns manchmal im Fernsehen die Auftritte einer hübschen blonden Country- und Westernsängerin angesehen hatten, und wenn wir uns eine Kassette von ihr anhörten oder ihre Musik im Radio lief, summte meine Mutter bei allen Liedern mit. »Dolly«, antwortete ich.

Mein Vater streichelte zärtlich meine nackten Knie und fuhr mit dem Finger um den Rand meiner weißen Kniestrümpfe. »Sie wird dich vor Dummheiten bewahren, nicht wahr?«, sagte er, und meine Großmutter lächelte glücklich über das, was sie zu sehen glaubte: Vater und Tochter, die einander liebevoll zugetan waren.

»Dolly ist mein Geschenk an dich, weil du ein braves kleines Mädchen bist«, flüsterte er mir ins Ohr. Dann lächelte er mich an, ein flackerndes, verschlagenes Lächeln, und es war beinahe so, als hätte mich das Geschenk des Welpen noch mehr zu seiner

119

Komplizin gemacht und sichergestellt, dass unser Geheimnis auch eines bleiben würde.

An jenem Abend machte ich dem Welpen auf meinem Bett aus einer alten Decke ein Lager. Dolly rollte sich in meinem Arm zusammen, und ich erwartete ängstlich die Rückkehr meines Vaters.

Ich wurde von dem Geräusch geweckt, wie er auf Zehenspitzen in mein Zimmer geschlichen kam, und merkte im Halbschlaf, wie mir die tröstliche Wärme von Dollys kleinem Körper genommen wurde. Er setzte sie samt der Decke auf den Boden, und obwohl sie erst ein paar Wochen alt war, verstand sie offenbar, dass sie dort bleiben musste.

Dann spürte ich wieder seinen schweren Körper, der zu mir ins Bett stieg.

»Es ist Zeit, dass du dich ordentlich bei deinem Daddy bedankst, Sally«, sagte er, während seine Hand über meine Beine nach oben fuhr. Als er seine große Zunge gewaltsam zwischen meine zusammengepressten Lippen schob, wurde mein Kinn feucht von seinem Speichel.

Nachdem ich schließlich das zufriedene Stöhnen gehört hatte und sein Körper erschlaffte, stieg er aus dem Bett. Er wünschte mir eine gute Nacht, und seine Stimme klang dabei wieder wie die eines liebevollen Vaters. Endlich ging er hinaus, und sofort holte ich Dolly wieder zu mir ins Bett. In jener Nacht weinte ich in ihr Fell. Ihre kleine Zunge versuchte, die Tränen abzulecken, die mir über die Wangen liefen, aber es waren einfach zu viele.

Kapitel 31

An dem Montag, nachdem er mir Dolly mitgebracht hatte, erzählte mir mein Vater, dass die Sozialarbeiterin uns einen weiteren Besuch abstatten werde. »Du weißt, was sie vorhat, nicht wahr, Sally?«, fragte er. Bevor ich antworten konnte, wiederholte er jene Androhung, die mir noch immer fürchterliche Angst einjagte, obwohl ich sie mittlerweile schon ein paar Mal gehört hatte.

»Sie will dich und Billy von hier wegholen und in ein Heim stecken. Und dir ist klar, was das bedeutet?«

Während mich das vertraute Gefühl von Panik erfasste, starrte ich ihn ausdruckslos an.

»Ich habe dir gesagt, was passiert, wenn sie das tut. Du weißt es doch noch, oder? Es würde bedeuten, dass du deine Oma, Pete und mich nie wiedersiehst. Und sie erlauben dir dort auch keine Haustiere, du müsstest Dolly also wieder abgeben. Das würde dir nicht gefallen, stimmt's?«

Innerhalb der wenigen Tage, seit ich Dolly besaß, hatte ich sie so lieb gewonnen, dass mir der Gedanke, sie zu verlieren, unerträglich war. Ich hob sie hoch und drückte sie fest an mich. »Nein, das dürfen sie nicht! Bitte, Daddy, lass sie das nicht tun«, flüsterte ich.

»Du musst nur sagen, dass du zu Hause glücklich bist und nie allein gelassen wirst. Und vergiss nicht, dass das alles ist, was du erzählst. Du verstehst mich doch, Sally?«

Ich hatte verstanden. Über das Geheimnis durfte ich kein Wort verlieren.

»Du wirst also ein braves Mädchen sein, nicht wahr, Sally? Und du wirst alles tun, was Oma oder ich dir sagen?«, fragte er eindringlich.

»Ja«, antwortete ich und sah in Dollys treues Gesicht, mit dem sie zu mir hochschaute.

In dem Augenblick kam Pete ins Zimmer, und das Gespräch war damit beendet. Meinem Bruder wurde ebenfalls mitgeteilt, dass die Sozialarbeiterin vorbeischauen wolle und man von ihm erwarte, dass er dann zu Hause sei.

»Sie wird nicht viel mit dir reden wollen. Du bist ja bald schon mit der Schule fertig. Aber es macht einen guten Eindruck, wenn die Familie zusammen ist.«

Pete gab ein mürrisches »Na gut« von sich und sagte mir dann, dass wir losmüssten, um nicht zu spät zur Schule zu kommen.

Während des Unterrichts an diesem Tag musste ich die ganze Zeit über an den bevorstehenden Besuch denken. Mein Vater hatte mir Kinderheime in den düstersten Farben ausgemalt. Vor meinem geistigen Auge sah ich riesige kalte Zimmer mit Reihen schmaler Betten und einer streng dreinblickenden Aufseherin. Es war den Kindern verboten zu spielen oder zu reden. Vor und nach der Schule mussten sie arbeiten, Böden schrubben und andere unangenehme Dinge. Ihre Familie sahen sie nie wieder. Und wenn sie alt genug waren, um arbeiten zu gehen, wurden sie zu reichen Leuten in ihre großen Häuser geschickt, wo sie als Dienstboten schufteten und in zugigen Mansarden schliefen.

Der Abend verlief ähnlich wie beim letzten Besuch der Sozialarbeiterin. Meine Großmutter brachte mich und einen sauberen, hübsch angezogenen Billy zu uns, während Pete wie befohlen von der Schule direkt nach Hause gekommen war und seine Schulbücher auf dem Küchentisch ausgebreitet hatte. Die Sozialarbeiterin unterhielt sich mit mir über Dolly. Sie sagte, sie könne sehen, wie sehr ich an dem kleinen Hund hänge, und ohne nachzudenken, erzählte ich ihr begeistert, dass es meine Aufgabe sei, ihn zu füttern und mit ihm Gassi zu gehen. Dann fielen mir die Worte meines Vaters ein, dass sie mir Dolly wegnehmen würde, falls ich ins Heim käme. Ich verstummte und blickte die Sozialarbeiterin misstrauisch an.

Sie fragte mich, wie es in der Schule laufe. Dann fühlte sie mir auf den Zahn, was meine Lieblingsbeschäftigungen seien und was ich an den Nachmittagen unternähme, wie oft ich meine Großmutter sähe und wie viel Zeit Billy und ich mit ihr verbrachten. Aber ihre Hauptsorge war anscheinend, ob ich je allein zu Hause gelassen wurde.

Ich erzählte ihr, dass ich gern in die Schule ginge und bei meiner Oma sei und dass es nichts gebe, was mir Kummer bereite; ich sagte ihr genau das, was mein Vater mir aufgetragen hatte.

Ich hörte, wie er hinzufügte, dass seine Mutter und seine Schwester sich die ganze Zeit über um Billy kümmerten und ich bei Oma bliebe, bis er mich nach der Arbeit dort abhole.

Nach einer Stunde verabschiedete sich die Sozialarbeiterin. Als sie ihre Unterlagen einpackte, sagte sie mir, dass sie froh sei, wie gut es mir gehe. Dann erwähnte sie noch, dass dies ihr letzter Besuch gewesen sei, da es keinen Anlass gebe wiederzukommen, es sei denn, es tauchten Probleme auf.

»Das hast du gut gemacht, Sally«, lobte mich mein Vater, nachdem sie gegangen war.

Damals ahnte ich nicht, dass das, wovor ich mich am meisten fürchtete, sowieso eintreffen würde. Dass ich ein Jahr später aus allem herausgerissen werden würde, was mir vertraut war. Mein Leben sollte sich erneut zum Schlechteren wenden.

Kapitel 32

Da die Gefahr, von der Sozialarbeiterin in ein Heim gesteckt zu werden, vorerst gebannt schien, ersann mein Vater eine andere List, um mich einzuschüchtern. Wieder konnte er sicher sein, mich dadurch mundtot zu machen.

»Was hast du denn heute in der Sonntagsschule gelernt?«, fragte er mich freundlich an einem Nachmittag.

Überrascht und erfreut über sein Interesse, erzählte ich ihm von einer der Geschichten, welche die Lehrerin uns vorgelesen hatte.

»Hat deine Lehrerin dir denn auch vom Himmel erzählt?«

»Ja, Daddy.«

»Deine Großmutter hat dir bestimmt auch schon mal gesagt, dass du eines Tages, wenn du sehr viel älter bist, deine Mutter wiedertreffen wirst, nicht wahr?«

Oma hatte mir vom Himmel erzählt und dass meine Mutter in meinen Erinnerungen weiterlebte, aber nicht, dass ich sie irgendwann wiedersehen würde. Als er meinen verständnislosen Blick sah, erklärte er mir, dass alle guten Menschen nach ihrem Tod in den Himmel kämen. Das hätten sie mir in der Sonntagsschule doch beigebracht, oder etwa nicht? Ich nickte zögernd.

»Weißt du denn auch, was es bedeutet, ,gut‘ zu sein?«

Ich überlegte angestrengt, was ich in meinem bisherigen Leben alles verbrochen haben könnte, aber mir fiel eigentlich nichts ein.

Ohne eine Antwort abzuwarten, fuhr mein Vater fort. »Es bedeutet, die Zehn Gebote zu befolgen. Die kennst du aus der Sonntagsschule, nicht wahr?«

Begierig, ihm zu gefallen, antwortete ich ein wenig verzagt mit: »Ja.«

»Nenn mir ein paar«, befahl er, und in meinem Kopf war plötzlich gähnende Leere.

Ich stammelte etwas von den Geboten, in denen es heiße, dass man nicht lügen oder stehlen dürfe, an die anderen könne ich mich gerade nicht erinnern.

»Sieh her«, sagte er und schlug seine Bibel an einer markierten Stelle auf. »Hör zu, was hier steht, Sally.« Er las mir die Zeile langsam, mit dröhnender Stimme vor, ein bisschen so wie der Pfarrer bei der Sonntagspredigt. »Ehre deinen Vater und deine Mutter.« Dann schlug er die Bibel mit einem triumphierenden Klatschen zu. »Das bedeutet, Sally, dass du alles tun musst, was ich dir sage. Wenn du das nicht tust, kommst du nach deinem Tod in die Hölle.«

Ich konnte mir darunter nicht viel vorstellen. Das Wort hatte ich schon einmal in einer der Predigten gehört und wusste, dass es ein Ort ist, an den niemand kommen will. Mein Vater sorgte jedoch dafür, dass ich eine lebhafte Vorstellung davon bekam, wie schrecklich dieser Ort war. Er erzählte mir vom Teufel und dem Höllenfeuer und dass diejenigen, die in der Hölle landeten, zu ewigen Qualen verdammt seien.

»Und wenn du dorthin geschickt wirst, weil du böse warst«, fuhr er fort und war anscheinend blind für die Tränen der Angst, die aus meinen weit aufgerissenen Augen liefen, »dann wirst du deine Mutter nie wiedersehen. Verstehst du jetzt, warum du die Gebote unbedingt befolgen musst?«

Ich begann zu schluchzen, da die Angst, die er mir einpflanzte, überhandnahm.

Nachdem meine Tränen längst versiegt waren, verankerten sich diese schrecklichen Bilder für sehr lange Zeit ganz tief in meiner Vorstellung und sorgten dafür, dass ich Stillschweigen bewahrte über das, was er getan hatte.

Kapitel 33

Mein Leben hatte ein festes Muster angenommen: Schule, Kirche, mit Dolly Gassi gehen. Der letzte Punkt war der einzige, der mir Freude bereitete. Mit dem roten Halsband und der passenden Leine tänzelte die Hündin neben mir her, und wenn ich stehen blieb, hob sie den Kopf und sah mich fragend an.

Ich begegnete Jungs in Petes Alter, die in ihren engen, von den Knien abwärts ausgestellten Jeans und mit ihren langen fettigen Haaren rauchend an Straßenecken herumlungerten und uns geflissentlich ignorierten. Die Mädchen dagegen, mit ihren superkurzen Miniröcken, die viel blasses Bein mit Überbleibseln von Babyspeck zeigten, balancierten vorsichtig auf Plateauschuhen und drehten sich jedes Mal bewundernd nach Dolly um, wenn ich an ihnen vorbeiging. Ihre Gesichter steckten unter einer dicken Schicht Schminke, womit sie verbergen wollten, wie jung sie waren. Sobald sie den kleinen flauschigen Hund erblickten, begannen sie zu strahlen.

»Oh! Ist der süß! Wie heißt er denn?«, fragten sie, vergaßen ganz, dass sie ja cool wirken wollten, und beugten sich herunter, um Dolly zu streicheln. Ich war stolz, dass Dolly so viel Aufmerksamkeit erregte, und beantwortete begeistert ihre Fragen.

Nach dem verwirrenden Gespräch, das er mit mir über den Himmel geführt hatte, schenkte mein Vater mir wenig Aufmerksamkeit und tat weiterhin so, als fänden seine nächtlichen Besuche in meinem Zimmer nicht statt.

Die Angst, dass die Sozialarbeiterin mich doch noch abholte, verursachte mir ebensolche Albträume wie die bange Erwartung, dass mein Vater in mein Zimmer kam, sobald Pete das nächste Mal bei einem Freund übernachtete. Ich träumte von weitläufigen alten Gebäuden, in denen weiß gekleidete Kinder als Geister durch die dunklen, leeren Zimmer schwebten. Sie riefen leise nach mir, kamen auf mich zu und starrten mir ins Gesicht, aber wenn ich sie genauer ansehen wollte, entdeckte ich anstelle eines Kopfes nur einen leeren schwarzen Kreis. Manchmal träumte ich auch, ich würde fallen. Während mein Körper hilflos auf unbekannte Schrecken zustürzte, spürte ich den Luftzug und sah den Boden immer näher kommen. Schweißgebadet schreckte ich hoch. Mein Herz schlug wie verrückt, und ich hatte zu viel Angst, um wieder einzuschlafen. Womöglich würde der Traum weitergehen, und ich begegnete abermals diesen schrecklichen Kreaturen. Ängstlich blickte ich mich in dem dunklen Zimmer um, versuchte zu erkennen, ob in irgendeiner Ecke jemand oder etwas lauerte. Zum Trost drückte ich Dolly fest an mich und fiel schließlich wieder in einen unruhigen Schlaf.

Meine Großmutter bemerkte, dass ich dunkle Schatten unter den Augen hatte, und wollte wissen, ob ich Kummer hätte. Aber die Angst vor der Sozialarbeiterin, gepaart mit der neuen Sorge, dass Gott alles sah und hörte, ließ mich schweigen.

Jeden Freitag ging ich abends nur zögernd ins Bett und schlug meiner Oma sogar vor, dass ich doch bei ihr übernachten könne, aber sie war der Meinung, dass ich besser in meinem eigenen Bett schlafen solle. Wenn ich spät in der Nacht hörte, wie sich die Haustür öffnete und mein Vater sich von meiner Großmutter verabschiedete, wich das Gefühl der Mutlosigkeit Übelkeit und nackter Angst. Und wenn ich dann seine Schritte auf der Treppe hörte, wurden meine Handflächen feucht, und ich presste Dolly an mich. Sie spürte meine Angst und schien zu ahnen, dass sie jeden Moment unsanft aus dem Bett geworfen werden würde. Statt sich

127

enger an mich zu kuscheln, was sie immer tat, wenn ich aus einem Albtraum hochschreckte, strampelte sie sich frei und zog sich in ihr Körbchen zurück, bevor er ins Zimmer kam.

Kurz nachdem mein Vater mir vom Himmel und der Hölle erzählt hatte, erlitt ich meinen ersten Asthmaanfall.

Wir übten gerade Rechtschreibung, und ich hatte die zehn Wörter, die unsere Hausaufgabe gewesen waren, am Abend zuvor gewissenhaft gelernt. Aber obwohl ich davon überzeugt war, sie mir richtig eingeprägt zu haben, überkam mich im Unterricht plötzlich die Panik, ich wisse nicht mehr, wie man sie richtig buchstabiere. Wenn meine Lehrerin fragte, wie ein Wort geschrieben werde, schnellten die Finger meiner Klassenkameraden einer nach dem anderen nach oben. Jedes Mal, wenn sie die richtige Antwort gegeben hatten, wurden sie von der Lehrerin gelobt. Ich saß mit gesenktem Blick an meinem Tisch und hoffte ängstlich, ihr würde nicht auffallen, dass mein Finger kein einziges Mal nach oben ging. Wenn sie mich nun aufrief, damit ich eines der noch verbliebenen Wörter buchstabierte? Und wenn es mir dann nicht einfiel?

Plötzlich spürte ich einen seltsamen Druck in der Brust, als würde sie mit einem breiten Gummiband immer fester zusammengezogen. Meine Kehle war wie zugeschnürt, ich hustete und hustete, wollte das loswerden, was auch immer mir dieses Gefühl verursachte. Aber aus meinem Mund drang nur trockenes, raues Bellen. Hilfe suchend blickte ich zu meiner Lehrerin und öffnete den Mund, um etwas zu sagen, aber nur ein Pfeifen und ein Rasseln kamen über meine Lippen, hallten mir als Ausdruck der Verzweiflung in den Ohren.

Ich wusste, dass sich alle Kinder zu mir umdrehten und mich anstarrten, aber ich hatte zu große Angst angesichts dessen, was gerade mit mir passierte, als dass es mich kümmerte. Wie aus der Ferne hörte ich die ungeduldige Stimme meiner Lehrerin. »Sally, was soll das?«, fragte sie, aber ich konnte sie nur flehentlich anstarren. »Hör auf, die Luft anzuhalten, Kind!« Aber das konnte ich nicht.

Ich fasste mir an den Hals, meine Brust hob und senkte sich, und mir traten Schweißperlen auf die Stirn. Dann vernahm ich rasche Schritte, und der Blick der Lehrerin wandelte sich von Verärgerung in Sorge, als ihr klar wurde, dass ich verzweifelt nach Luft rang. »Lauf und hol den Lehrer aus der Klasse nebenan«, hörte ich sie zu einem der Kinder sagen und erkannte an ihrem Ton, dass sie jetzt ebenfalls Angst bekam.

Noch mehr eilige Schritte waren zu hören, und dann drang die autoritäre Stimme der Schulleiterin trotz meiner Panik zu mir durch: »Sie hat einen Asthmaanfall! Sehen Sie denn nicht, dass ihre Lippen schon blau anlaufen?« Wörter wie Krankenwagen und Notarzt schwirrten um mich herum.

Ein Arm legte sich um meine Schulter, und mir wurde eine Papiertüte vor Mund und Nase gehalten. »Versuch, in die Tüte zu atmen, Sally – das wird dir helfen.« Ich kämpfte immer noch. Schwarze Punkte tanzten vor meinen Augen, und ich umklammerte angsterfüllt die Hand der Schulleiterin.

Ich hörte das Gemurmel meiner Klassenkameraden, die aus dem Raum geführt wurden. Dann gab es nur noch mein Japsen und die Stimme der Schulleiterin, die versuchte, mich zu beruhigen. Sie redete langsam, erklärte mir, dass ich einen Asthmaanfall hätte und weiter in die Tüte atmen solle, dass ein Krankenwagen unterwegs sei, dass alles wieder gut werden würde und sie mich ins Krankenhaus begleite. »Mr Peterson« – das war einer der Lehrer – »ist mit seinem Wagen zu deiner Großmutter gefahren, um sie ins Krankenhaus zu bringen. Sie wird fast gleichzeitig mit dir dort eintreffen.«

Das beruhigte mich ein wenig.

Es schien eine Ewigkeit zu dauern, bis der Krankenwagen endlich kam. In Wirklichkeit waren es vermutlich nur wenige Minuten, bevor er mit heulender Sirene vor der Schule hielt. Kurz darauf sagte mir eine Männerstimme, dass sie mir eine Spritze geben und eine Maske auf Nase und Mund setzen würden. Ich solle keine Angst haben, darin sei Sauerstoff. »Deine Brustmuskulatur hat sich verkrampft. Ich weiß, dass es für dich sehr beängstigend ist, aber mit der Maske wirst du wieder Luft bekommen. Du kannst jetzt nicht sprechen, versuche deshalb zu nicken, wenn du mich verstehst.«

Beruhigt durch seine Stimme, tat ich es. Ich spürte einen Nadelpieks. Beinahe gleichzeitig wurde die Maske über mein Gesicht geschoben, und sofort verspürte ich Erleichterung, als reine Luft in meine verengten Lungen drang.

Ich wurde hochgehoben, behutsam auf eine Trage gelegt und zugedeckt. Dann teilte mir dieselbe Männerstimme mit, dass ich nun auf eine kurze Reise gehen würde. Die Trage wurde angehoben, durch das Schulgebäude nach draußen getragen und in den Krankenwagen geschoben. Die Schulleiterin kletterte ebenfalls hinein und ergriff meine Hand.

Die Panik, die ich durchgestanden hatte, forderte ihren Tribut. Als die Trage in die Notaufnahme gerollt wurde, war ich nahezu besinnungslos. Ich spürte eine kühle Hand, die mir das Haar aus der Stirn strich. Danach wurde ich von der Trage auf ein Bett gehoben. Die Schulleiterin, die nicht länger die strenge Frau war, die ich kannte, hielt immer noch meine Hand und redete beruhigend auf mich ein. Sie versicherte mir, dass meine Großmutter schon unterwegs sei.

Als meine Oma auf die Station geeilt kam, schilderte ihr die Stationsschwester die Situation. Ich sah die Besorgnis in Omas Gesicht, die sie trotz ihres Bemühens, mich aufmunternd anzulächeln, nicht verbergen konnte. »Du hast uns allen einen ganz schönen Schrecken eingejagt, Sally«, sagte sie und beugte sich über mich. »Aber jetzt wird alles wieder gut.«

Als mir die Schwester die Maske vom Gesicht nahm, wurde mir übel, und gleichzeitig überkam mich eine starke Müdigkeit. Ich lächelte Oma matt an und wollte nur noch die Augen schließen, mich zusammenrollen, schlafen und von allen in Ruhe gelassen werden.

»Die Schwester hat gesagt, dass sie dich eine Nacht hierbehalten, um sicherzugehen, dass alles in Ordnung ist. Morgen komme ich dich abholen und bringe dich nach Hause«, erklärte meine Großmutter.

Dann fielen mir die Augen zu, und ich sank in einen tiefen Schlaf.

Später, nachdem eine Schwester mich geweckt und mir ein Tablett mit Essen gebracht hatte, kam ein Arzt, um mich zu untersuchen. Er fragte, wie es mir gehe, und hielt dabei zwei Finger an mein Handgelenk, um meinen Puls zu messen. Dann setzte er das Stethoskop an meine Brust und hörte meine Lungen und mein Herz ab. »Ich weiß, dass so ein Asthmaanfall sehr beängstigend ist, Sally«, sagte er. »Aber die Schwester wird dir zeigen, was du tun kannst, falls es noch einmal passiert. Du brauchst dir keine Sorgen zu machen.«

Ich hörte, wie die Schwester ihn leise darüber informierte, dass meine Mutter kürzlich gestorben sei.

»Arme Kleine«, sagte der Arzt. »Kein Wunder, dass sie an Asthma erkrankt.«

Meine Großmutter erwähnte den Ausschlag, der zwar wesentlich besser geworden war, seit meine Tante mir die neue Creme besorgt hatte, der mich aber nach wie vor plagte.

»Kinder, die zu Neurodermitis neigen, entwickeln oft auch Asthma. Häufig verwächst es sich jedoch im Laufe der Jahre«, versicherte er ihr.

Am nächsten Tag setzte sich die Schwester, die auch bei meiner Einlieferung dabei gewesen war, ans Bettende. Sie hielt ein kleines Gerät in der Hand. »Du hattest einen Asthmaanfall, Sally. Weißt du, was das ist?«

Ich hatte diesen Ausdruck während der letzten 24 Stunden unzählige Male gehört, aber im Grunde wusste ich immer noch nicht, was das eigentlich war.

Offenbar konnte sie meinem Gesicht ansehen, dass ich keine Ahnung hatte, was mit mir passiert war, denn sie erklärte es mir so einfach wie möglich. »Ein Asthmaanfall kann zum Beispiel bei feuchtkaltem Wetter auftreten oder wenn du dich sehr aufregst. Dann verkrampfen sich die Muskeln in den Bronchien, und du kannst nicht mehr gut ausatmen. Warst du gestern auch aufgeregt, oder hast du dir wegen irgendetwas Sorgen gemacht?«

»Ich war aufgeregt wegen des Buchstabiertests«, gestand ich.

Sie lachte. »Versuch am besten, das in Zukunft etwas lockerer zu sehen – schließlich ist es ja nicht schlimm, wenn du in der Schule mal etwas Falsches sagst, oder?« Dann deutete sie auf das Gerät. »Das ist ein Inhalator. Wenn du keine Luft bekommst, hilft er dir.« Sie zeigte mir, wie ich ihn mit den Lippen umschließen, daraufdrücken und das Spray einatmen solle. »Fest drücken, Sally«, sagte sie. »Du darfst ihn nur benutzen, wenn es wirklich nötig ist. Und nicht zu oft draufdrücken«, fügte sie hinzu. »Bis du älter bist, wird ein Inhalator in der Schule hinterlegt. Dein Vater und deine Großmutter erhalten auch jeweils einen. Wir wollen sicher sein, dass du weißt, wie man ihn benutzt, bevor du einen eigenen bekommst.«

Sie konnte ja nicht ahnen, dass sie meinem Vater damit ein weiteres Druckmittel in die Hand gab, eines, von dem er in den darauffolgenden Jahren gnadenlos Gebrauch machen sollte.

Sportunterricht und Herumrennen auf dem Schulhof waren für mich gestrichen. Von nun an musste ich während der Pausen in der Klasse bleiben.

»Sie ist empfindlich. Hoffentlich kommt sie nicht nach ihrer Mutter«, hörte ich einmal meine unverheiratete Tante sagen.

Mein Bruder ging weiterhin jeden Morgen mit mir zusammen zur Schule, und meine Oma holte mich von nun an nach

Schulschluss ab und brachte mich auf direktem Weg zu sich nach Hause. Das Spielen mit anderen Kindern hatte ein Ende, da die Familie mich von allem fernhalten wollte, was einen weiteren Asthmaanfall auslösen konnte.

In meiner Verwandtschaft wurde viel über den Auslöser des Asthmaanfalls spekuliert, aber mein Vater schien keinen Moment lang seine nächtlichen Besuche bei mir in Betracht zu ziehen. Genauso wenig kam irgendjemand auf die Idee, in meiner Nähe nicht zu rauchen. Und natürlich wusste niemand, dass die Angst mein ständiger Begleiter geworden war.

Kapitel 34

Was die Gefühle für meinen Vater betraf, war ich zunehmend verwirrt. In meinem Kopf wurde er zu zwei völlig unterschiedlichen Männern: einem, den ich immer noch liebte, und einem, vor dem ich mich fürchtete. Da war der Vater von früher mit den funkelnden Augen und dem Lächeln, von dem ich glaubte, dass es nur mir galt. Und dann gab es noch den bösen Vater, der mich vor allem seit dem Tod meiner Mutter quälte, von dem ich wünschte, dass er für immer verschwinden würde. Dieser Vater schien die meiste Zeit über wütend auf mich zu sein und kam freitagnachts in mein Zimmer, um Dinge mit mir zu tun, die ich hasste.

Wenn wir tagsüber oder abends allein waren, weil Pete unterwegs oder auf seinem Zimmer war, wich er meinem Blick aus, und wenn ich etwas zu ihm sagte, dann gab er mir, falls überhaupt, knappe Antworten.

»Was willst du denn jetzt schon wieder?«, entgegnete er für gewöhnlich, wenn ich versuchte, seine Aufmerksamkeit zu erregen.

Ich wollte geliebt werden. Es war mir jedoch nicht möglich, das in Worte zu fassen. Ich suchte in seinem Gesicht nach einem Hinweis auf Herzlichkeit, einem winzigen Anzeichen, dass ich ihm nicht egal war. Ich brauchte wenigstens einen Hoffnungsschimmer, dass er mich immer noch lieb hatte.

»Was guckst du denn so, Sally?«, fragte er, wenn er merkte, dass ich ihn ansah. Es war keine Frage, sondern eine Zurechtweisung. Manchmal senkte er die Zeitung, die er gerade las, und musterte mich über den Rand hinweg. »Was geht in deinem Kopf vor?

Hast du etwa unartige Gedanken?« Und wenn ich verlegen den Kopf schüttelte, gab er ein kurzes, freudloses Lachen von sich. »Ich glaube dir nicht. Ich sehe es doch in deinen Katzenaugen. Du siehst genauso aus wie deine Mutter.« Dann wandte er sich wieder seiner Zeitung zu.

Ich wollte so gern mit ihm über meine Mutter sprechen, aber er erwähnte ihren Namen nur, wenn es darum ging, mich zu tadeln. Bei den seltenen Gelegenheiten, wenn ich vergaß, dass er nicht einmal ihren Namen hören wollte, hatte er mir eine Ohrfeige gegeben.

»Daddy sagt, ich sehe aus wie Mami«, erzählte ich meiner Großmutter.

Sie lächelte, weil sie offenbar dachte, er hätte es als Kompliment gemeint. »Ja, du hast ihre Haare und Augen.«

»Ihm gefällt das nicht. Es ärgert ihn«, fuhr ich fort und hoffte, sie könne mir das erklären. Aber wenn es um ihren Sohn ging, war meine Großmutter blind.

Sie seufzte. »Nein, Sally. Es macht ihn nur traurig. Er vermisst sie.«

Aber ich glaubte ihr nicht. Wenn er sie vermisste, hätte er ihre Fotos behalten. Wenn er sie geliebt hätte, würde er mich immer noch lieb haben, dachte ich traurig.

Kapitel 35

Wenige Monate nach dem Tod meiner Mutter begann meine Oma, nicht nur freitags auf mich aufzupassen, sondern auch an den Samstagabenden. Samstagnachts blieb mein Vater lange weg und kam manchmal erst nach Hause, wenn es Zeit war, in die Kirche zu gehen.

»Wo geht er eigentlich hin?«, fragte Pete, als er sah, wie mein Vater mit einer kleinen Reisetasche das Haus verließ.

»Das geht dich nichts an«, erwiderte meine Großmutter bestimmt. »Er muss sich ein Leben außerhalb dieses Hauses und ohne euch Kinder aufbauen.«

Pete erwähnte das Thema gegenüber meiner Großmutter nicht mehr, aber ich konnte ihm ansehen, dass ihn die Wochenendausflüge meines Vaters ärgerten.

»Er trifft sich mit einer Frau, da bin ich sicher«, sagte er eines Morgens auf dem Schulweg zu mir. »Jede Wette, dass er sich mit der auch schon getroffen hat, als Mum noch am Leben war.«

»Wie kommst du darauf?« Ich mochte die Vorstellung nicht, dass mein Vater mit einer anderen Frau zusammen war.

»Weil sie manchmal deswegen gestritten haben. Es ging nicht immer nur um ihre Trinkerei. Ich habe gehört, wie sie gesagt hat, dass er nach Hause kommt und nach dem Parfüm einer anderen Frau riecht. Was denkst du also, wohin er samstagabends verschwindet, wenn Oma bei uns übernachtet?«

Ich wartete darauf, dass er fortfuhr, aber mein Schweigen ärgerte ihn offenbar, und er schoss schlecht gelaunt einen Stein weg.

»Ist dir denn nicht aufgefallen, dass er sich rausputzt wie ein Zirkuspferd? Das würde er nicht tun, wenn er nur in den Pub ginge, um sich mit seinen Kumpels zu treffen. Er nimmt literweise dieses neue Aftershave. Ich weiß genau, dass eine Frau dahintersteckt.«

Ich fragte mich, ob Dad mit dieser geheimnisvollen Frau dieselben Dinge tat, die er auch mit mir machte. Er hatte mir erzählt, dass Männer so etwas mit den Mädchen tun, die sie gern haben.

»Pete sagt, dass Daddy eine Freundin hat«, erzählte ich meiner Großmutter.

»Ob er eine hat oder nicht, das geht euch nichts an«, erwiderte sie.

Mir fiel jedoch auf, dass sie es zumindest nicht abstritt.

Bevor mein Vater samstagabends wegging, musterte ich ihn nun genauer. Er hatte sich einen neuen Anzug gekauft, und eine Duftwolke seines Aftershaves hing noch im Zimmer, als er längst weg war. Ich hatte im Badezimmer nachgesehen und wusste, dass sein Rasierzeug und seine Zahnbürste verschwunden waren. Vermutlich hatte er beides in dieser Reisetasche mitgenommen. Da wusste ich, dass Pete richtiglag: Er übernachtete bei einer anderen Frau.

Ich begann mich zu fragen, wie diese Frau sein mochte.

Kapitel 36

Ein knappes Jahr nach dem Tod meiner Mutter teilte mein Vater mir und Pete mit, dass er wieder heiraten würde. Er wollte seine Verlobte demnächst mit nach Hause bringen, damit wir sie kennenlernten.

Pete wurde blass und starrte meinen Vater ungläubig an. »Niemals!«, schrie er. »Ich werde nicht weiter in diesem Haus leben, wenn du sie hierherbringst. Wir haben noch nicht einmal den Grabstein auf Mums Grab gestellt, und du redest davon, eine andere Frau zu heiraten.«

»Sally und Billy brauchen eine Mutter«, erwiderte mein Vater scharf und schenkte der Wut und dem Schmerz im Gesicht seines älteren Sohnes keinerlei Beachtung.

Die unverhüllte Feindseligkeit, die zwischen den beiden brodelte, war im ganzen Raum spürbar.

»Du konntest es doch bloß nicht abwarten!«, spie Pete ihm entgegen. »Wer ist sie eigentlich?«

Mein Vater erzählte ihm mit einer Mischung aus Trotz und Rechtfertigung, dass er sie bei der Arbeit kennengelernt habe. Sie war die Tochter seines Chefs. Petes zornige Anschuldigungen, er sei schon mit ihr ausgegangen, als Mum noch am Leben gewesen sei, wies er von sich.

»Und wie alt ist sie? Dein Boss ist doch kaum älter als du!«, stieß Pete höhnisch hervor.

»Es geht dich zwar nichts an, aber sie ist vierundzwanzig«, antwortete mein Vater gereizt.

Pete schnaubte verächtlich. »Vierundzwanzig! Ich brauche keine neue Mutter, die nur sieben Jahre älter ist als ich! Aber ich haue sowieso ab. Ich habe eine Stelle in Aussicht, plan mich bei deinem romantischen neuen Familienleben also nicht mit ein.« Und mit dieser letzten spitzen Bemerkung stürmte er aus dem Zimmer, und ich hörte kurz darauf die Hintertür zuschlagen.

»Du wirst sie mögen, Sally, sie ist nett«, sagte Dad zu mir. »Und du hättest doch gern eine neue Mami, nicht wahr?«

Aber ich vermisste doch immer noch die Mutter, die ich ein Jahr zuvor verloren hatte. Unfähig, ihm eine passende Antwort zu geben, blickte ich ihn traurig an und versuchte, die Bedeutung seiner Worte und Petes Entgegnungen zu verstehen. »Ich weiß nicht«, sagte ich schließlich.

»Nun, du bekommst jedenfalls eine, und damit basta!«, erwiderte er.

Eine Woche später verkündete er uns, dass wir seine Verlobte nun kennenlernen würden. Er wollte sie zum Tee mitbringen. »Sie heißt Sue«, fügte er hinzu. »Für dich Tante Sue, Sally. Ich möchte, dass du nett zu ihr bist.« Dann schenkte er mir jenes Lächeln, das ich von früher kannte.

»Ohne mich!«, entgegnete Pete bestimmt, und sofort begannen die beiden wieder zu streiten.

Sue sollte an einem Samstag zu uns kommen.

»Ich bleibe bis Sonntag bei euch«, teilte mir meine Großmutter am Freitagmittag mit, als wir nach der Schule bei ihr eintrafen.

Mein Herz machte einen Hüpfer.

Zusammen mit Billy in seinem Buggy sowie einer Tasche voller Lebensmittel machten wir uns am Nachmittag auf den Weg zu uns nach Hause.

»Dein Vater bleibt heute über Nacht weg«, informierte sie meinen Bruder.

Pete stellte klar, dass er nicht vorhabe, da zu sein, wenn diese Sue auftauche, und dass Oma ihn beim Abendessen nicht einplanen

139

solle. Überheblich teilte er ihr mit, dass er das ganze Wochenende bei einem Freund zu verbringen gedenke. Dann schnappte er sich seinen Rucksack und verschwand. Ich spürte, dass er es nicht nur unserem Vater, sondern auch unserer Großmutter übel nahm, dass diese neue Frau in unser Leben trat.

Trotz der schlechten Stimmung, die Pete verbreitet hatte, ging ich an diesem Abend fröhlich zu Bett. Meine Oma war da, und mein Vater würde nicht nach Hause kommen, was konnte mir Besseres passieren? Mein Liebling Dolly lag zusammengerollt neben mir, und ich fragte mich, ob eine neue Mami meinen Vater wohl an den Freitagen von mir fernhalten würde. Ich hoffte es und betete darum.

An jenem Samstagmorgen ging meine Großmutter von Zimmer zu Zimmer und stellte sicher, dass unser Haus sauber und aufgeräumt war. Sie staubte die Möbel ab, wischte das Bad und den Küchenboden, und aus der Küche drang der köstliche Duft von selbst gebackenem Kuchen.

Am frühen Nachmittag bekam ein frisch gebadeter Billy neue Sachen angezogen und wurde umgeben von Spielsachen auf den Fußboden gesetzt. Oma achtete darauf, dass er sich nicht schmutzig machte und leise war. Für mich hatte sie ein sauberes Kleid herausgelegt, und nachdem ich mit Dolly Gassi gegangen war, musste ich ebenfalls baden und mich umziehen. Danach sollte ich drinnen bleiben, damit mein Kleid auch ja keine Flecken abbekam.

Als ich die Stimme meines Vaters vor unserer Haustür hörte, saß ich gerade auf dem Sofa und versuchte, ein Buch zu lesen. Die Tür ging auf, und ich sah Sue zum ersten Mal. Ich starrte sie überrascht an, denn sie sah so anders aus als die Menschen in unserer Wohnsiedlung. Sie war groß, schlank und trug einen blassrosafarbenen Hosenanzug, dessen ausgestellte Beine über die hohen silbernen Plateausandaletten fielen. Das kastanienbraune

Haar war zu einem zotteligen Bob geschnitten, und ihr Gesicht war perfekt geschminkt. Ihr Blick aus den, wie ich später feststellte, hellgrauen Augen wanderte unter langen, stark getuschten Wimpern durch den Raum und fiel schließlich auf mich. Ihr Mund, der in einem glänzenden hellen Pink angemalt war, verzog sich zu einem Lächeln.

»Hallo«, sagte sie. »Du musst Sally sein. Dein Daddy hat mir viel über dich erzählt. Ich bin sicher, dass wir Freunde werden.« Eine ihrer Hände mit den langen, silbern lackierten Nägeln tauchte in eine große Tragetasche und kam mit einer rechteckigen Schachtel wieder hervor. »Ich habe dir ein Geschenk mitgebracht.«

Ich öffnete die Schachtel und fand eine strohblonde Barbie darin. Ich zwang mich, Sues Lächeln zu erwidern und so zu tun, als gäbe es nichts, was ich mir sehnlicher gewünscht hätte. In Wahrheit spürte ich einen Anflug von Enttäuschung. Seit ich Dolly hatte, waren Puppen für mich zunehmend uninteressant geworden. Sogar meine Lieblingspuppe Bella lag die meiste Zeit über vergessen in der Spielzeugkiste. Außerdem hatte ich in jenem Jahr lesen gelernt und herausgefunden, wie viel Freude es mir machte, in die Welt der Bücher einzutauchen. Statt einer Puppe hätte ich lieber ein neues Buch gehabt.

»Und was sagst du zu deiner Tante Sue, Sally?«, forderte meine Großmutter mich auf, mehr daran interessiert, dass ich Sue als Zeichen des Respekts »Tante« nannte, als dass ich mich bedankte.

»Danke, Tante Sue«, sagte ich artig.

»Und wer ist der kleine Mann?«, gurrte Sue und wandte ihre Aufmerksamkeit Billy zu, der mit seinen frisch gekämmten blonden Löckchen und den rosigen Wangen aussah wie ein pausbäckiger Engel. Er bekam ein Stofftier. Seine Patschhände umklammerten es, und auf seinem Gesicht breitete sich ein Lächeln aus, das die winzigen Zähne sichtbar werden ließ.

»Oh, ist er nicht zum Fressen süß?!«, rief Sue und sah sowohl meinen Vater als auch meine Großmutter begeistert an.

141

Mir fiel jedoch auf, dass sie keinerlei Anstalten machte, meinen kleinen Bruder anzufassen.

Dolly, die es gewohnt war, bei jedem, der in unser Haus kam, Beachtung zu finden, sah sie erwartungsvoll an und wartete auf die übliche Streicheleinheit. Als ihr jedoch nur ein abweisender Blick zuteilwurde, kam sie zu mir geschlichen und setzte sich neben mich.

Es ärgerte mich, dass meine Großmutter die ganze Zeit über um Sue herumwieselte. Ich setzte Dolly auf meinen Schoß und streichelte sie, um ihr die Gewissheit zu geben, dass sie geliebt wurde.

Meine Oma schenkte Tee in die guten Porzellantassen ein, die meine Mutter und mein Vater zur Hochzeit bekommen hatten. Goldbraune, noch warme Scones frisch aus dem Ofen stapelten sich auf einem Tablett zusammen mit dem am Morgen gebackenen Walnusskuchen. Dazu gab es eine Auswahl an Sandwiches – mit Schinken und Tomaten, Lachs und Salatgurke sowie Eiersalat – alle ohne Kruste und in ordentliche Dreiecke geschnitten.

Ich ließ Dolly auf dem Sofa und setzte mich auf meinen Platz neben meiner Großmutter.

»Hast du nicht etwas vergessen, Sally, Liebes?«, fragte mich Sue.

Ich hatte nicht die geringste Ahnung, was sie meinte, und überlegte angestrengt.

Als Sue merkte, dass sie nicht nur meine Aufmerksamkeit, sondern auch die meines Vaters und meiner Großmutter hatte, stieß sie eines dieser schrillen, klirrenden Lachen aus, die ich schon am Ende dieses Nachmittags hassen würde.

»Deine Hände, Liebes! Du hast sie nicht gewaschen, nachdem du den Hund gestreichelt hast, stimmt's?«

Auf der Suche nach Unterstützung sah ich meine Großmutter an. Ganz sicher würde sie Sue nicht erlauben, sich derart über sie hinwegzusetzen.

Aber statt mich zu unterstützen, stimmte Großmutter zu und forderte mich energisch auf: »Tu, was Tante Sue gesagt hat, Sally.«

142

Mit diesem Satz stellte meine Großmutter klar, dass Sue, wenn sie auch erst seit kurzer Zeit zum Leben meines Vaters gehörte, bereits die Kontrolle über meines übernommen hatte.

Sue wirkte zufrieden über ihren kleinen Sieg, mümmelte an einem Sandwich herum und aß einen halben Scone. Ein Stück Kuchen lehnte sie jedoch entschieden ab. »Ein Mädchen muss auf seine Figur achten«, sagte sie und tätschelte sich den flachen Bauch. Als mein Vater und meine Großmutter ihr versicherten, dass sie eine tolle Figur habe, erklang wieder dieses schrille Lachen.

Tee wurde nachgeschenkt und eine Art Unterhaltung geführt. Dabei erkannte ich, dass meine Oma Sue nicht zum ersten Mal begegnete. Das ärgerte mich. Warum hatten wir erst kürzlich von ihr erfahren? Warum hatte meine Großmutter uns nicht schon früher etwas gesagt? Das grenzte an Verrat, und ich fragte mich plötzlich, ob sie meine Mutter, trotz allem, was sie seit deren Tod über sie gesagt hatte, überhaupt gemocht hatte. All diese Gedanken wirbelten durch meinen Kopf, und ich betrachtete den Eindringling voller Misstrauen.

»Dein Daddy sieht aus wie Harrison Ford, findest du nicht auch, Sally?«, fragte Sue plötzlich.

Ich hatte aufgeschnappt, wie größere Mädchen den Star Wars-Darsteller als »scharfen Typen« bezeichneten, und rutschte verlegen auf meinem Stuhl hin und her.

Sobald wir mit dem Tee fertig waren, stellte Sue klar, dass sie nun gehen müssten. Eine ihrer schlanken Hände legte sich auf die meines Vaters. »Wir wollen doch nicht zu spät kommen, nicht wahr, David?« Offenbar waren sie mit einem anderen Paar verabredet. »Wir müssen noch zurück in meine Gegend fahren, und das dauert eine Ewigkeit«, erklärte sie, ohne sich an jemand Bestimmten zu wenden. Dann musste sie noch »für kleine Mädchen«, wie sie es nannte. Als sie wiederkam, hatte sie ihren Lippenstift aufgefrischt.

Dann verabschiedeten sich die beiden hastig. Eine flüchtige Umarmung für mich, ein Tätscheln von Billys Köpfchen, ein

143

Lächeln für mich von meinem Vater, und dann waren sie weg. Nur eine Wolke von Sues penetrantem Parfüm blieb zurück.

Ich stand da und hatte einen Kloß im Hals. Dieser kurze Besuch hatte mir verdeutlicht, dass diese Frau von nun an die wichtigste Person im Leben meines Vaters war und dass meine Großmutter aus diesem Grund immer für sie Partei ergreifen würde – und nie für mich. Ihr Auftauchen nahm mir den letzten Rest Geborgenheit, und ich wusste an jenem Tag, dass alle Veränderungen, die diese Frau mit sich brachte, für mich nicht zum Besseren sein würden.

Im Folgenden änderten sich zwei Dinge. Pete hielt Wort und zog aus. Er sagte, dass er einen Job habe und nicht an dem Ort bleiben wolle, an dem die Frau, die seiner Meinung nach am Unglück seiner Mutter Schuld war, willkommen geheißen werde.

»Was Pete sagt, stimmt nicht«, versuchte meine Großmutter mir einzureden, aber ich glaubte meinem Bruder.

Die zweite Veränderung bestand darin, dass mein Vater nicht nur an den Wochenenden, sondern auch öfter in der Woche über Nacht wegblieb – abgesehen von den Freitagen. Später fand ich heraus, dass Sue dann ihren sogenannten »Frauenabend« mit Freundinnen hatte und sich weigerte, diesen aufzugeben.

Ich hatte gehofft, dass ihre Anwesenheit im Leben meines Vaters auch sein Verhalten mir gegenüber ändern würde, aber ich irrte mich. Nicht nur, dass er mir weiterhin Besuche abstattete. Seit Pete ausgezogen war, musste er sich nicht mehr heimlich hinein- und wieder hinausschleichen. Noch schlimmer war, dass ich von nun an nicht mehr vorhersehen konnte, welche Nacht er sich aussuchte. Jedes Mal, wenn ich seine Schritte auf der Treppe hörte, stellte ich mich schlafend und betete, dass er mich in dieser Nacht in Ruhe lassen würde.

Tagsüber, wenn andere Menschen dabei waren, spielte er den fürsorglichen Vater, aber sobald wir allein waren, wechselte sein Verhalten zwischen distanziert und anzüglich.

»Jetzt sind nur noch du und ich in diesem Haus, mein Mädchen«, sagte er, und wenn ich diese Worte mit ihrer kaum verhüllten Bedeutung hörte, erschauderte ich.

Während der Halbjahresferien in der Schule nahm er sich ein paar Tage frei.

»Ich möchte ein bisschen Zeit mit meinem ganz besonderen kleinen Mädchen verbringen«, sagte er zu meiner Großmutter, die daraufhin lächelte und seine Idee, mehr Nähe zu mir aufzubauen, guthieß.

Als ich am letzten Schultag vor den kurzen Ferien nach Hause kam, wartete er bereits auf mich.

»Sally, komm mit mir in den Flur.« Ohne eine Antwort abzuwarten, packte er mich am Arm und zog mich in den fensterlosen viereckigen Raum zwischen Haustür und den beiden Zimmern im Erdgeschoss. Es war der einzige Teil des Hauses, in den neugierige Augen nicht hineinsehen konnten, und als ich dort stand, spürte ich, dass mein Vater auf eine Art aufgeregt war wie nie zuvor.

Er drehte mich um und beugte mich vornüber. Ich stützte mich auf der zweiten Treppenstufe ab und wand mich protestierend, weil mein Hinterteil ausgestellt in die Luft ragte. Aber er packte mich im Nacken und drückte mein Gesicht runter auf den staubigen Teppich der Treppe.

»Halt still«, befahl er und langte mit der freien Hand unter den Rock meiner Schuluniform. Mit einem Ruck zerrte er meine Unterhose runter bis zu den Knöcheln. Ich hörte ein Spucken und spürte plötzlich, wie er den Finger in mich hineinschob. Ich schrie vor Schmerz und Empörung.

»Bald bist du so weit«, keuchte er mit schmachtender Stimme. »Ja, du bist fast bereit dafür, dass ich dich zu einer richtigen Frau mache.« Ich fühlte das mir schon vertraute harte Ding an meinem Gesäß, das er mir zwischen die Beine schob. »Das gefällt dir, nicht wahr, mein unartiges kleines Mädchen?«

Seine Stöße wurden mit jedem Wort fester und schneller. Meine Knie waren kraftlos eingeknickt, aber er hielt mich unter dem Bauch, damit mein Hinterteil in der Luft blieb. Mein Kopf war nach vorn gesackt, und meine Wange scheuerte über den Teppich. Mit jedem Atemzug drangen Staub und Flusen in meine Nase, und ich spürte, wie sich meine Lunge verengte.

Als er merkte, dass ich nach Luft rang, wurden seine Stöße härter und schneller. Als er schließlich laut stöhnte und sich aufrichtete, spürte ich, dass etwas Feuchtes an meinen Pobacken und den Beinen hinunterlief. Mein schlaffer Körper rutschte die Stufen hinunter. Er ließ mich einfach auf dem Boden liegen und ging weg.

Wenige Augenblicke später war er wieder da und hatte meinen Inhalator dabei. »Nur zwei Sprühstöße, wie die Schwester es dir gezeigt hat«, sagte er und hielt mir den Inhalator hin.

Ich nahm ihn und schob mir die Öffnung weit in den Mund. Gierig sog ich erst das Spray und dann die Luft in meine verengten Lungen.

»Und jetzt sag: ‚Danke, Daddy. Danke, dass du mir meine Medizin gegeben hast.‘«

Ich schaute zu ihm hoch. Eingeschüchtert von seinem Gesichtsausdruck, sagte ich, was er unbedingt hören wollte. »Danke, Daddy.« Langsam und mit Mühe stand ich auf. Meine Beine waren wie Wackelpudding und schienen nicht mir zu gehören. Zitternd zog ich meine Unterhose aus und ging ins Bad, um mich zu waschen. Ich riss lange Streifen Toilettenpapier ab und rieb über alle Körperstellen, die er berührt hatte, bis sich meine Haut wund anfühlte. Dann ging ich wieder nach unten, holte mir Dolly und floh mit ihr in den Garten.

An jenem Abend wartete er, bis ich eingeschlafen war, dann kam er in mein Zimmer.

»Nein, bitte nicht, Daddy«, flehte ich ihn an, als er mich weckte. »Ich will nicht.« Er beachtete das gar nicht, sondern schaltete die Nachttischlampe ein. Zum ersten Mal sah ich meinen Vater nackt.

146

Seine Brust war mit dichtem, dunklem Haar bedeckt, und das harte Ding, das so viel größer war als das von Billy, ragte geschwollen und blaurot verfärbt vor mir auf.

»Mach deinen Mund für mich auf«, befahl er.

Als mir klar wurde, was er vorhatte, schüttelte ich heftig den Kopf und versuchte erneut, ihn durch Bitten abzuhalten. Aber jegliches Flehen, das meinem Mund entfuhr, blieb unbeachtet. Stattdessen packte er mein Gesicht, zog meine angespannten Lippen auseinander und presste das harte Ding dagegen.

Ich versuchte, die Zähne zusammenzubeißen, während er es gegen meinen Mund rieb.

Er nahm meine Finger und schloss sie um das Ding. »Sally, wenn du nicht willst, dass ich das hier in dich hineinschiebe, wie ich es mit dem Finger getan habe, dann mach den Mund auf«, befahl er und berührte mich unter dem Nachthemd.

Tränen der Wut liefen aus meinen Augen, und ich würgte, als er es mir in den Mund schob. Er packte mit beiden Händen meinen Schopf und bewegte meinen Kopf vor und zurück. Sein Geruch stieg mir in die Nase, und ich glaubte zu ersticken. Kurz bevor sich sein Körper anspannte und erzitterte, zog er das Ding aus meinem Mund. Eine schleimige, übel riechende Flüssigkeit bedeckte meinen Mund und mein Kinn und tropfte auf mein Nachthemd. Ungeachtet seines prüfenden Blicks hörte ich gar nicht mehr auf zu spucken, um diesen ekligen Geschmack aus dem Mund zu bekommen. Ich wollte auf keinen Fall etwas von diesem Schleim verschlucken.

Nachdem er gegangen war, lag ich immer noch zitternd da, fühlte mich elend und benommen. Dolly kam ins Bett geklettert, und ich presste sie schluchzend an mich. Sobald ich sein lautes Schnarchen hörte, schlich ich mich ins Badezimmer, um mir die Zähne zu scheuern und den Mund gründlich auszuspülen. Aber der Geschmack und der Geruch wollten einfach nicht verschwinden. Verzweifelt kaute ich Seife, bis ich würgen musste.

147

Kapitel 37

Sue wurde zu einem regelmäßigen Gast in unserem Haus. Es waren immer nur kurze Besuche, die nie länger als eine Stunde dauerten, aber sie blieb jedes Mal lange genug, um mich erkennen zu lassen, wie sehr sie die Kontrolle haben wollte. Stets tranken sie und mein Vater Tee. Währenddessen machte meine Großmutter viel Aufhebens, und ich verglich Sue mit meiner Mutter, die natürlich tausendmal besser abschnitt.

Meine Mutter war verletzlich gewesen, Sue dagegen wirkte kühl und sehr von sich eingenommen. Das Lachen meiner Mutter war melodisch und wohlklingend gewesen, das von Sue jedoch schrill und klirrend. Wenn meine Mutter mich anlächelte, hatten ihre Augen mich stets liebevoll angeblickt, die von Sue blieben streng und gleichgültig. Sie mochte zwar gesagt haben, dass wir Freundinnen werden würden, ich konnte jedoch von ihrer Seite keinerlei Bemühungen erkennen, diese Worte in die Tat umzusetzen. Wenn sie dachte, ich würde es nicht sehen, stieß sie Dolly grob von sich, und wenn der kleine Hund an meinen Beinen hochsprang, weil er Aufmerksamkeit wollte, rümpfte sie die Nase. Jedes Mal, wenn ich mich zum Tee an den Tisch setzte, überprüfte sie, ob ich meine Hände gewaschen hatte. Ich beneidete Billy, den ihre Bemerkungen kaltließen.

Ich grollte ihr, dass sie Mutters Platz eingenommen hatte, wünschte, sie würde weggehen und uns in Ruhe lassen. Ich nahm ihr übel, dass sie ständig betonte, Tiere hätten in der Küche nichts verloren, wenn dort Essen zubereitet oder gegessen wurde. Sie deutete sogar an, dass Tiere besser draußen gehalten wurden, und ich wusste, dass Dolly dorthin verbannt werden würde, wenn es nach Sue ginge.

»Ich denke dabei nur an dich, Sally«, sagte sie mir mehr als einmal. »Dein Vater hat mir erzählt, wie empfindlich du bist, und wir wollen doch nicht, dass du dir irgendetwas einfängst von dem Dreck, den der Hund hereinschleppt, oder?«

Abgesehen von ihren abfälligen Kommentaren über Dolly drehte sich bei ihr alles nur um die Hochzeitspläne. Als sie die Hochzeit zum ersten Mal erwähnte, erstarrte ich vor Schreck und sah meine Oma und meinen Vater fassungslos an. Ich hatte es vollkommen verdrängt, dass mein Vater diese Frau heiraten wollte. Die beiden schauten sich nur bedeutsam an, und ich konnte diese Blicke nicht ertragen und lief in den Garten. Dolly folgte mir auf dem Fuße. Ich setzte mich auf eine Treppenstufe, drückte sie an mich und weinte in ihr Fell. Sie presste ihre kalte Nase an meine Wange und leckte mit der kleinen rosafarbenen Zunge meine Tränen weg. Ich wollte keine neue Mutter, und ganz bestimmt nicht Sue, ich wollte meinen alten Daddy ganz für mich allein. Nur eine Hoffnung hegte ich: Wenn er heiratete, würden vielleicht seine Besuche in meinem Zimmer aufhören.

Meine Großmutter kam nach draußen und schloss leise die Tür hinter sich. Sie versuchte, mich zu trösten und mir die Hochzeit schmackhaft zu machen. »Dein Daddy hat dir und Pete doch gesagt, dass ihr eine neue Mutter braucht, nicht wahr, Sally?« Ich nickte zögernd. »Ich werde allmählich zu alt, um mich ausreichend um dich und Billy zu kümmern. Und du solltest dich für deinen Vater freuen, Sally. Komm jetzt wieder mit hinein, du bist doch kein Baby mehr.«

Schweigend kehrte ich an den Tisch zurück und hörte zu, wie Sue ungeachtet meines Kummers in Hochzeitsplänen schwelgte.

Die Hochzeit sollte dort stattfinden, wo ihre Eltern lebten, in demselben Ort, in dem mein Vater demnächst arbeiten würde, wie sie hinzufügte. Diese Bemerkung ließ sie beiläufig einfließen, und ich sah meine Großmutter fragend an. Ob sie davon gewusst hatte? Sie wirkte nicht überrascht, also schenkte ich dem weiter keine Beachtung. Ich musste erst noch verarbeiten, dass die Heirat meines Vaters mit dieser Frau nun Realität werden würde.

»Sally, du wirst eine meiner Brautjungfern«, teilte Sue mir fröhlich mit und beschrieb dann das Kleid, das ich tragen würde. Es sei lang, türkisfarben und mit Rüschen am Saum.»Und Billy wird entzückend aussehen in dem kleinen türkisfarbenen Anzug, den ich extra für ihn anfertigen lasse.« Sie warf ein Lächeln in seine Richtung und fügte hinzu:»Er bekommt sogar eine Fliege. Er wird der einzige Junge in dem Alter bei der Feier sein und aussehen wie ein kleiner Mann.« Wieder erklang das schrille Lachen.

Der Hochzeitstermin wurde schließlich auf Ende September festgelegt. Ich würde die einzige Brautjungfer aus unserer Familie sein, während die anderen vier, die ich nie zuvor gesehen hatte, Töchter von Sues Freundinnen waren.

Drei Wochen vor der Trauung wurde ich zur ersten Anprobe mit zu einem Schneider genommen. Während der Saum und die Nähte abgesteckt wurden, musste ich ganz still stehen. Ich langweilte mich und brachte dieser Angelegenheit gemischte Gefühle entgegen. Jedes kleine Mädchen träumt davon, Brautjungfer zu sein – aber nicht unbedingt für die neue Frau des eigenen Vaters.

»Am Tag vor der Hochzeit gibt es noch eine Anprobe. Billy und du, ihr könnt euch bei deiner Oma für die Trauung anziehen«, sagte Sue mir.»Kurz bevor wir in die Kirche fahren, kommt ihr dann zu uns. Dort wirst du die anderen Brautjungfern kennenlernen.«

Ich hatte gehofft, schon früher dorthin gebracht zu werden. Meine Klassenkameradinnen, die bereits Brautjungfern gewesen waren, hatten mir von dem Spaß erzählt, wenn sich alle zusammen für die Hochzeit zurechtmachen, für Fotos posieren, der Braut beim Anziehen helfen und dann alle gemeinsam in die Kirche fahren. Ich fürchtete mich davor, umgeben von Fremden

150

die Kirche zu betreten, aber Sue hatte eindeutig nicht vor, mich früher zu sich zu holen. Ich war enttäuscht, hütete mich jedoch, sie darauf anzusprechen.

Eine Woche vor der Hochzeit ließ Sue mich wissen, dass wir beide einen »Frauentag« verbringen würden – jedoch nicht zu lange, denn sie müsse früh schlafen gehen. »Die zukünftige Braut braucht ihren Schönheitsschlaf vor dem großen Tag«, erklärte sie mir. »Torschlussshoppen, Sally«, sagte sie mit ihrem Lippenstiftlächeln, das nie ihre Augen erreichte, und bleckte die Zähne. »Und ein Abstecher zum Friseur.« Sie hob eine meiner langen Flechten hoch und begutachtete sie kritisch. »Ich glaube nicht, dass du schon mal dort warst, oder?«

Ich schüttelte den Kopf und sagte ihr entrüstet, dass meine Mutter nicht gewollt habe, dass meine Haare abgeschnitten wurden.

»Das war, als du noch klein warst«, erwiderte sie mit kaum verhüllter Verärgerung über meine mangelnde Dankbarkeit. »Du willst doch, dass deine Haare auf meiner Hochzeit hübsch aussehen, nicht wahr? Ich werde dir einen tollen neuen Schnitt spendieren, damit du genauso hübsch bist wie die anderen Brautjungfern«, beschloss sie strahlend.

Noch immer überrascht von dieser Großzügigkeit und dem Wir-Gefühl, das sie mir mit dieser Geste vermittelte, stand ich an dem bewussten Morgen früh auf. Mein Vater schlief noch. So kurz vor der Hochzeit ließ er mich in Ruhe. Vermutlich wollte er nicht, dass ich bei der Trauung dunkle Ränder unter den Augen hatte. Auf Zehenspitzen schlich ich ins Bad, um mich zu waschen und mir die Zähne zu putzen. Dann zog ich mein schönstes Kleid an. Ich setzte mich ins Wohnzimmer, um bereit zu sein, wenn Sue eintraf.

Sie unterzog mich einer flüchtigen Inspektion und sagte dann, ich hätte immer noch Knoten im Haar. Widerwillig schnappte sie sich meine Haarbürste und kämmte die betreffende Stelle durch. »Das wird das letzte Mal sein, dass ich das tun muss«, sagte sie.

Ich wusste nicht, was sie damit meinte.

Sobald sie zufrieden war mit meinem ordentlichen Aussehen verfrachtete sie mich in ihren lilafarbenen Mini und fuhr mit mir in die nahe gelegene Großstadt. Sie fuhr wesentlich schneller als mein Vater, und während sie um die Kurven der schmalen Landstraße schoss, klammerte ich mich mit beiden Händen an den Sitz. Nachdem wir unser Ziel erreicht hatten, parkte sie vor einem der großen Kaufhäuser. »Komm schon, Sally, wir haben einiges vor!«

Zuerst kam das »Torschlussshopping«, das hauptsächlich aus dem Ausprobieren von Make-up-Tönen, Parfüm, Rouge, Lidschatten und Lippenstift sowie den neuesten Pflegeprodukten bestand. Ihre Einkäufe wurden verpackt, und sie bezahlte lächelnd mit einer Handvoll Bargeld. Ich staunte, dass ihr Portemonnaie randvoll war mit Scheinen.

»Mein Daddy ist sehr großzügig gegenüber seiner einzigen Lieblingstochter!«, erklärte sie mir.

Nun machten wir uns auf den Weg zum Friseur. In der strahlenden Beleuchtung des mit Glas und Chrom eingerichteten Friseurladens wurde ich in einen riesigen weißen Ledersessel gesetzt und bekam ein pinkfarbenes Handtuch um die Schultern gelegt. Die Musik war laut aufgedreht, und aus den Lautsprechern plärrte Whiter Shade of Pale. Sue setzte sich neben mich und sang mit, und eine Nagelpflegerin bereitete alles vor, um ihre langen Nägel zu feilen.

»Und was können wir heute für dich tun, junge Dame?«, fragte mich die Friseurin.

Bevor ich den Mund öffnen konnte, um zu sagen, dass ich nicht viel ändern wolle, riss Sue aus einer Zeitschrift, die sie in ihrer Handtasche mitgebracht hatte, eine Seite heraus und zeigte der Friseurin etwas, das ich nicht sehen konnte. »Diesen Haarschnitt soll meine Stieftochter in Zukunft tragen«, wies Sue die Friseurin an.

Die hob mein langes blondes Haar an und begutachtete es.

Erst als ich die lange silberfarbene Schere in ihrer Hand erblickte, wurde mir klar, was passieren würde.

Schnipp, schnipp, machte es, und eine Strähne nach der anderen meines kostbaren Haars fiel auf den Boden. Ich schrie entsetzt, als ich sah, wie viel abgeschnitten wurde. Mehr als alles anderes hatte meine Mutter mein Haar geliebt. Ich dachte daran, wie ich auf ihrem Knie gesessen hatte und sie mir sagte: »Hundert Bürstenstriche, Sally«, und mich dann langsam kämmte.

»Du liebe Güte, stell dich bitte nicht so an, Sally!«, schimpfte Sue, aber nichts konnte die Tränen stoppen, die über mein Gesicht liefen.

Die Friseurin hörte erst auf zu schneiden, als mein Haar gerade noch bis über die Ohren reichte.

»Das sieht gut aus, nicht wahr? Und es ist für dich viel leichter zu pflegen«, sagte Sue, als die Friseurin einen Spiegel hochhielt, damit ich mich auch von hinten betrachten konnte.

Ich fand nicht, dass es gut aussah. Vermutlich meinte Sue in Wahrheit, dass es für sie so leichter sein würde.

Als Nächstes war die letzte Anprobe meines Kleides beim Schneider an der Reihe. »Du siehst so hübsch aus, mein Schatz«, sagte die Schneiderin freundlich, aber als ich in den Spiegel schaute, erblickte ich nur ein blasses, immer noch kindlich rundes Gesicht, umgeben von hässlich kurzem Haar.

153

Kapitel 38

Der Altweibersommer, den wir den gesamten September hindurch genossen hatten, endete am Tag der Hochzeit. Als ich morgens aufwachte, schimmerte nicht wie sonst das Sonnenlicht durch die Vorhänge. Der Himmel war verhangen und grau. Ich kletterte aus dem Bett und betrachtete durch das Fenster die dichten, dunklen Wolken, die nach Regen aussahen.

»Komm, Sally. Höchste Zeit, dich zu deiner Großmutter zu bringen, damit sie dich fertig macht«, sagte mein Vater und schenkte mir eines der seltenen Lächeln aus früheren Zeiten.

Nach dem Frühstück, das aus einem Toast mit Marmelade und einem Glas Milch bestand, setzte er mich bei Großmutter ab, wo Billy und mir die neuen Sachen angezogen werden sollten. Als ich das Haus betrat, sah ich die entsetzten Blicke meiner Oma und meiner Tante.

»Was ist denn mit deinen schönen Haaren passiert?«, fragte meine Tante, sobald mein Vater die Tür hinter sich geschlossen hatte.

»Sue war gestern mit mir beim Friseur«, antwortete ich niedergeschlagen. »Sie meinte, diese Frisur wäre hübsch für die Hochzeit und in Zukunft für mich einfacher zu pflegen.«

»Wohl eher für sie«, hörte ich meine Tante in einem Tonfall murmeln, den sie früher benutzt hatte, wenn sie meine Mutter kritisierte. Mir wurde klar, dass sie die Einzige in der Familie war, bei der es Sue nicht gelungen war, sie auf ihre Seite zu ziehen.

»Es ist zu kurz zum Flechten, aber ich habe eine Idee, was wir machen können.« Sie verschwand im Schlafzimmer und kehrte mit einem türkisfarbenen Samtstreifen und einem Stück Gummiband zurück. Im Nu hatte sie Nadel und Faden zur Hand und nähte ein Haarband. »Das passt zu deinem schönen Kleid«, sagte sie. »Gleich wirst du sehr hübsch aussehen.«

Ein Bad wurde für mich eingelassen, mit extraviel Schaum, und nachdem ich abgetrocknet war, zog ich mir selbst das bereitliegende Kleid an. Meine Tante kämmte mein Haar und fixierte es mit dem Samtband. »Jetzt bist du fertig.«

Meine Großmutter brachte Billy nach unten. Er trug die Miniversion eines Erwachsenenanzugs samt Fliege und sah unheimlich niedlich aus. Nachdem wir von Tante und Oma ermahnt worden waren, uns nicht von der Stelle zu rühren, verschwanden die beiden schnell auf ihre Zimmer, um sich anzuziehen. Meine Oma trug ein dunkelblaues Jackenkleid, meine Tante ein hellgelbes. Ihre Köpfe schmückten ähnliche Schlapphüte, die sie bei einem Ausflug zu Littlewoods gekauft hatten.

Als die übrige Familie meines Vaters eintraf, drohte das Haus aus allen Nähten zu platzen. Die kleineren Mädchen, denen es egal war, dass sich das Wetter verschlechtert hatte, trugen hübsche Kleider. Neidisch betrachtete ich meine Cousinen in den aktuellen Blümchenkleidern von Laura Ashley – ich hasste meinen Brautjungfernaufzug. Die Jungen und ihre Väter trugen Anzüge, während meine anderen Tanten ähnlich gekleidet waren wie meine Großmutter und deren unverheiratete Tochter.

Mein Großvater, der sich weigerte, etwas anderes anzuziehen als den dunkelgrauen Anzug, den er seit Jahr und Tag in der Kirche trug, kam nun aus der Küche. Er hatte sich zurückgezogen, um in Ruhe die Zeitung zu lesen. Er würde den Wagen meines Vaters fahren und Billy und mich bei Sue absetzen, bevor er mit Oma und meiner Tante zur Kirche fuhr. Mein Vater würde zusammen mit meinem Onkel, der sein Trauzeuge war, direkt zur Kirche fahren. Der Rest der Familie folgte ihnen in einem zusammengewürfelten Fahrzeugkonvoi.

Mein Vater traf als Letzter bei meiner Oma ein, und ich war beeindruckt, wie schick er und mein Onkel aussahen. Beide trugen hellgraue Anzüge mit breiten Revers, modisch ausgestellte Hosen und glänzende schwarze Schuhe. Ihre Hemden waren lila, die breiten Krawatten blassrosa. Mir fiel auf, dass mein Vater goldene Manschettenknöpfe trug. »Ein Geschenk von Sue«, erklärte er meiner Großmutter, als ihm ihr staunender Blick auffiel. Mit seinem dunkelbraunen Haar, das ihm fast bis auf die Schultern fiel, und den erwartungsvoll funkelnden Augen sah er an diesem Tag auffallend gut aus.

Das fand meine Großmutter offenbar auch. »Oh, Dave, du siehst toll aus«, sagte sie. »Nicht wahr, Vater?«

»Er sieht gut genug aus«, war die einzige Antwort, die sie von meinem Großvater bekam.

Meine Tante hakte sich bei meinem Vater ein und schaute bewundernd zu ihm hoch. »Hoffentlich weiß Sue, wie glücklich sie sich schätzen kann.«

»Natürlich tut sie das«, antwortete er lachend.

»Und, sieht deine Tochter nicht hübsch aus?«, fragte meine Oma ihn.

Ohne mir in die Augen zu schauen, ließ er den Blick flüchtig über mein Kleid und mein kurzes Haar schweifen.

»Ja, sicher, sehr hübsch«, sagte er und wandte sich dann sofort ab.

Niedergeschlagen folgte ich den anderen hinaus zu den Wagen. Mit meinem Vater und seinem Trauzeugen vorneweg fuhren wir in unserem schäbigen Konvoi die Straße hinunter. Lediglich die Kleidung der Insassen und die weißen Schleifen an den Kühlerhauben wiesen darauf hin, dass heute eine Hochzeitsfeier stattfinden würde.

Sobald wir bei dem Haus eingetroffen waren, in dem Sue mit ihren Eltern lebte, wurden Billy und ich ihrer Mutter anvertraut,

156

die uns in ein Zimmer führte, in dem die anderen Brautjungfern warteten. Alle trugen das gleiche Kleid wie ich. Bevor ich auch nur zu einer von ihnen etwas sagen konnte, überprüfte Sues Mutter rasch mein Aussehen, zupfte mein Kleid zurecht und strich mein Haar glatt. Dann brachte sie uns zu den großen schwarzen Autos, die für diesen Anlass gemietet worden waren.

Sue kam aus dem Haus, die Schleppe des weißen Kleides in einer Hand, und stieg in den ersten, mit vielen Schleifen geschmückten Wagen. Wir Brautjungfern verteilten uns auf die übrigen Autos. Die anderen Mädchen plauderten auf dem Weg zur Kirche, aber an Billy oder mir hatten sie offenkundig nicht das geringste Interesse.

An der Kirche angekommen, beobachtete ich, wie Sues Vater aus dem Brautwagen stieg. Er war ein großer, dünner Mann mit breitem Lächeln voller falscher Zähne und schütterem grauem Haar, das er ordentlich aus der hohen Stirn zurückgekämmt hatte. Er beugte sich ein wenig hinunter und bot seiner Tochter beim Aussteigen hilfreich den Arm. Meterlange weiße Seide bildete die Schleppe, die wir tragen mussten, und ein kurzer Schleier verbarg Sues Gesicht. Ich konnte trotzdem erkennen, dass ihr Haar hochgesteckt war und einzelne Ringellocken ihr Gesicht umrahmten. An ihren Ohrläppchen funkelten Diamantohrringe.

In der Kirche wechselte die Musik, und der Hochzeitsmarsch wurde angestimmt. Ich sah, wie sich die Rücken der Mädchen strafften und Sue sich zu uns umdrehte, um zu signalisieren, dass sie bereit sei hineinzugehen. Ich machte es den anderen Brautjungfern nach und stellte mich an die Seite der Schleppe. Auf ein Zeichen der Trauzeugin hoben wir den schweren Seidenstoff und schritten langsam hinter der Braut und ihrem Vater in die mit Blumen geschmückte Kirche. Billy trug einen Korb mit Rosenblättern, die er streuen sollte. Während er vor uns herging und mit vollen Händen die Blätter verteilte, wirkte er sehr ernst.

Nachdem wir den halben Weg zum Altar zurückgelegt hatten, blieb Billy stehen, weil er festgestellt hatte, dass sein Korb leer war.

»Na los, Billy, geh weiter«, wies ihn die Trauzeugin laut flüsternd an.

Ich suchte die uns zugewandten Gesichter nach meinem älteren Bruder ab und musste erkennen, dass Pete Wort gehalten hatte: Er war nicht aufgetaucht, um dabei zu sein, wie sein Vater zum zweiten Mal heiratete. Ich wünschte, er wäre hier und könnte mir an diesem schrecklichen Tag seelischen Beistand leisten. Nur am Rande bekam ich etwas von der Predigt mit, ich war zu sehr in meine Gedanken versunken. Bei jedem Schritt folgte ich dem Beispiel der anderen Brautjungfern. Ich sah, wie der Trauzeuge suchend auf seine Jackentaschen klopfte und meinem Vater dann den Ehering überreichte. Er steckte ihn an den Ringfinger von Sues ausgestreckter Hand. Ich beobachtete, wie sie den Schleier hob, meinem Vater das Gesicht entgegenneigte und er sich hinunterbeugte und sie küsste. Ob es mir gefiel oder nicht, nun war sie tatsächlich meine Stiefmutter.

Nach der Trauzeremonie führten die beiden die gesamte Gesellschaft zu Orgelmusik aus der Kirche. Auf den Kirchstufen blieben wir stehen, und sogleich richtete der Fotograf seine Kamera auf uns.

Während wir posierten, packte eine starke Windböe Sues Schleier und wehte ihn ihr ins Gesicht. Nachdem sie ihn zurückgeschoben hatte, sah ich, dass er mit pinkfarbenem Lippenstift verschmiert war. Um uns herum hoben die Damen ihre behandschuhten Hände, um ihre Hüte festzuhalten, die der Wind ihnen von den Köpfen reißen wollte, und einige Mädchen kreischten auf, wenn eine Böe unter die Rocksäume ihrer hübschen, leichten Kleider fuhr. Dieses Foto wird bestimmt in keinem Album kleben, dachte ich und wünschte erneut, Pete wäre da, um das mitzuerleben. In dem Moment wurde ein Hut weggeweht. Er war cremefarben und mit schwarzen Blüten besetzt. Er entwickelte ein Eigenleben und segelte über unsere Köpfe hinweg, wurde in die Höhe getragen, tanzte im Wind auf und ab. Um ihn zurückzuholen, war die Geschicklichkeit des Trauzeugen nötig, der dem Hut

hinterhersprintete, bis er ihn zu packen bekam. Mit einer leichten
Verbeugung gab er ihn seiner Besitzerin zurück. Mit Pete hätte ich
mich bei dieser Szene garantiert ausgeschüttet vor Lachen.
Die Wolken lösten ihr Versprechen ein, und es begann zu
regnen. Große schwarze Regenschirme wurden gezückt und über
Sues Kopf gehalten, um sie vor den dicken Tropfen zu schützen.
Alle flüchteten zu der Flotte wartender Limousinen. Wir stiegen
rasch ein und wurden zu dem noblen Schlosshotel gefahren, das
Sue für den Empfang ausgesucht hatte.

Als wir die lange, mit Bäumen gesäumte Zufahrt entlangfuh-
ren, erzählte meine Großmutter mir, dass dieses Hotel einst ein
herrschaftliches Anwesen gewesen sei, das größte im ganzen Land.
Ich schaute zu dem Gebäude hinauf und sah reihenweise schmale
Fenster und eindrucksvolle Steintreppen, die hinaufführten zu
breiten hölzernen Eingangstüren. Die Haupttreppe war flankiert
von weißen Säulen, und ich fragte mich, wie groß die Familie gewesen war, die einst hier gelebt hatte. In der Eingangshalle hing ein
prächtiger Kronleuchter, dessen funkelnde Kristalltropfen einen
beinahe blendeten. Die Teppiche in den Fluren waren weich und
dick, und die Füße versanken geradezu darin.

Als wir den Raum mit dem hochtrabenden Namen »Bankettsaal« erreichten, erwarteten uns dort mit weißem Damast gedeckte
Tische, die in Form eines Hufeisens arrangiert und mit Silberbe-
steck, weißen Leinenservietten und Kristallgläsern gedeckt waren.
Die Luft war erfüllt vom Duft der üppigen Blumenarrangements,
die auf allen Tischen standen.

Ich dachte an die seltenen Gelegenheiten, bei denen meine
Mutter versucht hatte, unseren kleinen Esstisch nett herzurichten.
Fassungslos betrachtete ich die vielen Menschen in dem Raum,
und auch meine Großmutter wirkte überwältigt.

»Es müssen mehr als zweihundert Gäste sein«, flüsterte sie
meinem Großvater staunend zu.

»Jede Wette, dass sie die nicht alle kennt!«, spottete er.

159

Ich musste mich zusammen mit den anderen Brautjungfern und Billy an einen Tisch setzen, während meine Großeltern bei meinem Vater, Sue, ihren Eltern, dem Trauzeugen, der Trauzeugin und ein paar Leuten saßen, die ich nicht kannte.

Kurz darauf servierten die Kellner auch schon den ersten von drei Gängen des Menüs. An den Erwachsenentischen floss der Wein in Strömen, auf unserem Tisch standen Krüge mit Saft. Die anderen Brautjungfern, zwei Schwesternpaare, die sich schon ihr ganzes Leben lang kannten, kicherten miteinander, während mir nur Billy als Gesellschaft blieb. Ihm fielen schon fast die Augen zu, also beobachtete ich alles, was um mich herum geschah.

Ohne sonderliche Begeisterung aß ich die Speisen, dir mir vorgesetzt wurden. Nach dem Hauptgang wurde bekannt gegeben, dass nun die Reden gehalten wurden.

Ich hörte das Knallen von Champagnerkorken. Die Kellner öffneten bereits die Flaschen, damit alles zum Anstoßen bereit war. Die Rede von Sues Vater schien endlos zu dauern und drehte sich darum, dass er keine Tochter verloren, sondern einen Geschäftspartner gewonnen habe. Mein Onkel, der Trauzeuge, riss ein paar Witze über die Zeit, als er und mein Vater noch jung gewesen waren, Witze, die ich nicht verstand. Die Erwachsenen jedoch brachen in großes Gelächter aus. Er fuhr fort und sagte, wie glücklich sich unsere Familie schätzen könne, weil Sue von nun an dazugehören werde. Er prostete den Brautjungfern zu, und dann war mein Vater an der Reihe, eine Lobeshymne auf seine junge Braut zu singen. Und er betonte, wie froh er seinerseits darüber sei, von nun an zu Sues Familie zu gehören.

Es hatte endlich aufgehört zu regnen, und die Sonne brach durch die Wolken. In Windeseile mussten wir alle nach draußen in die Grünanlage, damit Gruppenfotos gemacht werden konnten. Der Fotograf schoss außerdem Bilder des glücklichen Paares mit den Brautjungfern und Billy, anschließend welche mit beiden Familien auf einem Bild.

Wir kehrten in den Bankettsaal zurück. Die Gesichter der Zurückgebliebenen waren in der Zwischenzeit rosiger und ihr Lachen schriller geworden. Die Luft war zum Schneiden dick vom Qualm der Zigarren und Zigaretten. Nun begann die Band zu spielen. Als mein Vater Sue zurück in den Saal und auf die Tanzfläche führte, um den Tanz zu eröffnen, bat der Bandleader sämtliche Gäste aufzustehen. Die anderen Brautjungfern gesellten sich zu ihren Familien, nur ich wartete darauf, dass jemand von meiner Verwandtschaft Billy und mich zu sich an den Tisch einlud. Es war meine Großmutter, die sich schließlich um uns kümmerte. Sue und mein Vater waren vollauf mit sich und den anderen Gästen beschäftigt – sie schienen uns vergessen zu haben.

Später verschwand das Brautpaar, um sich etwas anderes anzuziehen. Als sie zurückkamen, trug Sue ein hübsches cremefarbenes Kostüm und mein Vater eine beigefarbene Schlaghose und ein am Kragen offenes Hemd.

»Kommt, wir müssen den beiden zum Abschied winken«, sagte meine Großmutter, nahm Billy an die Hand und führte uns, gefolgt von vielen anderen Gästen, zur Eingangstreppe.

Unter dem Jubel der Gäste lief mein Vater, die Hand um die Taille seiner neuen Frau gelegt, durch bunten Konfettiregen zu dem wartenden Auto. Als der Wagen losfuhr, hörte ich das Scheppern der Blechdosen, die hinten an die Stoßstange gebunden waren. Das Hochzeitspaar winkte seinen Gästen ein letztes Mal zu, und bald war das Auto nicht mehr zu sehen.

In dem Moment dämmerte es mir, dass sie in die Flitterwochen fuhren – und sie hatten sich nicht von Billy und mir verabschiedet. Ich umklammerte die Hand meiner Großmutter und rückte näher an sie heran.

»Wird Zeit, euch beide nach Hause zu bringen«, sagte mein Großvater, und ich wusste, dass er die Gleichgültigkeit seines Sohnes und seiner neuen Frau uns gegenüber ebenfalls bemerkt hatte.

161

Kapitel 39

Da meine Großeltern kein freies Zimmer hatten, in dem ich schlafen konnte, zog meine Großmutter zusammen mit Billy vorübergehend zu uns. Ein Teil von mir wünschte, diese Flitterwochen würden ewig dauern. Oma sorgte dafür, dass jeden Morgen ein warmes Frühstück auf dem Tisch stand, und obwohl ich alt genug war, um allein zur Schule zu gehen, brachte sie mich zusammen mit Billy hin. Ich durfte Dolly mitnehmen, und am Schultor übergab ich Oma die Leine. Nach Schulschluss erwarteten die drei mich am Tor. Mein kleiner Hund stand auf den Hinterbeinen und strampelte mit den Vorderpfoten aufgeregt in der Luft.

Die zwei Wochen, in denen Sue und mein Vater verreist waren, vergingen viel zu schnell, und an einem Sonntag kamen sie gegen Mittag zurück. Meine Großmutter hatte entschieden, das Mittagessen bei sich zu Hause zu kochen.

»Nichts geht über den eigenen Herd, damit ein Braten gelingt.«

Davon abgesehen konnte man ihren Esstisch ausziehen, sodass mehr Leute daran Platz fanden als an unserem kleinen Küchentisch. Nicht nur ihre Tochter und mein Großvater waren da, Oma hatte auch noch meinen Onkel, den Trauzeugen, samt seiner Frau und den beiden Kindern eingeladen. Die Kinder waren nur wenige Jahre älter als ich. Mir war die Aufgabe zuteilgeworden, den Tisch zu decken, und ich war gerade mit dem Verteilen der Messer und Gabeln beschäftigt, als Sue und mein Dad hereinkamen.

Es gab ein großes Hallo, von beiden Umarmungen für Billy und mich, unterbrochen von aufgeregtem Erzählen über den Lake

162

District, wo die beiden ihre Flitterwochen verbracht hatten. Sie sagten, dass es zwar kalt, aber trotzdem wunderschön gewesen sei. Dann quetschten wir uns Schulter an Schulter um den Esstisch, der reichlich mit Speisen gedeckt war.

»Schade, dass du den Gottesdienst heute verpasst hast, Sue. Der Pfarrer hat eine so gute Predigt gehalten«, sagte meine Großmutter, woraufhin Sue sie erstaunt ansah.

»Ach, weißt du, mit Kirche habe ich nicht so viel am Hut«, antwortete sie mit diesem kleinen Lachen, das mir auf die Nerven ging. »Ostern und Weihnachten gehe ich natürlich hin«, fügte sie hinzu, als sie den Ausdruck von Missfallen im Gesicht meiner Großmutter sah. »Aber Sonntag ist der einzige Tag, den David und ich zusammen verbringen können, nicht wahr, Darling?«

Der wurde verlegen. Nicht nur, dass seine gesamte Familie regelmäßig zum Gottesdienst ging, es gefiel ihm auch, bibelfest zu sein und, wie ich zu meinem Nachteil hatte erfahren müssen, Passagen daraus zur Bekräftigung seiner Wünsche zu zitieren.

»Lass uns später darüber sprechen, Liebes«, sagte er leise zu ihr. »Sue arbeitet während der Woche sehr hart«, fügte er an die anderen gewandt hinzu. »Die Assistentin ihres Vaters zu sein bedeutet nicht, dass er ihr Vergünstigungen gewährt. Manchmal muss sie sogar samstagmorgens noch ins Büro. Der Sonntag ist der einzige Tag, an dem sie wirklich frei hat.«

Ich dachte an Sues brandneuen, lilafarbenen Mini mit den schicken Ledersitzen und dem Kassetenrekorder unter dem Armaturenbrett, ihre teuren Klamotten, den Schmuck und die verschwenderische Hochzeitsfeier. Was meinte mein Dad damit, dass sie nichts geschenkt bekam? Ich hatte Bemerkungen meiner Verwandten aufgeschnappt, dass man sich solche Dinge nicht mit dem normalen Gehalt einer Sekretärin leisten konnte.

Was auch immer die beiden später unter vier Augen besprachen, diesen Kampf konnte Sue nicht gewinnen: Am nächsten Sonntag kam sie in die Kirche.

163

Aber in einer anderen Sache ließ sie sich nicht hereinreden. Von ihren diesbezüglichen Absichten ahnte ich damals zum Glück noch nichts.

Am darauffolgenden Sonntag war es meine Großmutter, die mich zu Hause abholte und in die Sonntagsschule brachte. Meinen Vater und Sue sollten wir später in der Kirche treffen.

Es war auch Großmutter, die meinen Vater darauf aufmerksam machte, dass ich schnell wuchs und neue Schulkleidung bräuchte, eine Bemerkung, die er später Sue gegenüber wiederholte.

»Deine Kinder haben genügend Kleidung und Spielsachen«, erwiderte sie. »Du arbeitest so hart für dein Geld und willst es doch nicht verschwenden, oder?«

Sie legte ihm den Arm um die Schulter. »Du weißt doch, dass ich das nur sage, weil ich dich liebe?«

Sie erhielt ein zustimmendes Lächeln.

»Jedenfalls habe ich heute mit Daddy zu Mittag gegessen, und es gibt wunderbare Neuigkeiten, die ich dir unbedingt erzählen muss. Kauf also erst mal keine neue Schulkleidung für Sally.«

Ich sah, wie sich das Gesicht meines Vaters aufhellte. Offenbar hatte er Sues Neuigkeiten erwartet.

»Und da wir gerade bei dem Thema sind, Sally muss mehr im Haushalt helfen. Sie spielt die ganze Zeit nur mit dem Hund.«

Er blickte zu mir herüber, weil er wissen wollte, ob ich zuhörte, aber ich ließ mir nichts anmerken.

Innerlich ärgerte ich mich über Sues Kritik. Ich half, so gut ich konnte, nach der Schule und an den Wochenenden. Billy war nur noch tagsüber bei meiner Großmutter und meiner Tante, nachts schlief er in Petes ehemaligem Zimmer. Morgens zog ich ihn an, und abends brachte ich ihn ins Bett. Außerdem war ich es, die mit ihm spielte, während sich Sue die Nägel lackierte oder in Hochglanzmagazinen blätterte. Sie kümmerte sich kaum um uns, und da wagte sie es, sich über mich zu beschweren? Ich konnte es nicht fassen.

Kapitel 40

Ein paar Wochen später fand ich heraus, warum meine neue Schuluniform warten sollte. Sues wunderbare Überraschung bestand darin, dass wir umzogen. Ihr Vater hatte für sie und Dad ein nagelneues Haus gekauft, und die Bauphase war nahezu abgeschlossen, sodass wir bald einziehen konnten. Offenbar lag eine Zweigstelle seiner Firma in unmittelbarer Nähe des Hauses, und er brauchte jemanden, um diese zu leiten. Sue hatte ihn nicht nur davon überzeugt, dass ihr Mann der Richtige für diese Position war, sondern auch davon, dass sie näher bei ihren Eltern leben wollte. Mein Vater musste all das schon vor der Hochzeit gewusst haben, und die beiden hatten nur darauf gewartet, dass ihr Haus, das in einer Neubausiedlung lag, fertig wurde. Aber weder Pete noch ich oder meine Großeltern hatten etwas davon geahnt.

Als ich zum ersten Mal hörte, dass wir in ein anderes Haus ziehen würden, dachte ich, es läge in einem anderen Teil unserer Stadt. »Wo ist es?«, fragte ich und dachte, es sei eines dieser Fertighäuser, die am Stadtrand wie Pilze aus dem Boden schossen. Zu meiner Bestürzung erfuhr ich jedoch, dass wir in die Gegend ziehen würden, wo auch die Hochzeit stattgefunden hatte. Damit verlor ich alles, was mir vertraut war.

»Es wird dir gefallen, Sally«, sagte Dad in demselben Ton, in dem er mir damals hatte weismachen wollen, dass es mir gefallen werde, eine neue Mutter zu bekommen. Was das anging, hatte er sich geirrt, und ich war überzeugt, dass er auch dieses Mal falschlag.

Als Sue bemerkte, dass sich auf meinem Gesicht kein Lächeln breitmachte, mischte sie sich ein. Ihr energischer Ton ließ keinen Zweifel aufkommen, wie sinnlos es wäre, mit ihr zu diskutieren. »Sally, dein Vater wird dort in der Nähe arbeiten, von daher müssen wir umziehen. Aber wie dem auch sei, du wirst staunen, wenn du das Haus siehst. Es ist wunderschön, und alles ist ganz neu.«

Aber wie sehr Sue auch schwärmte und mein Vater versuchte, mir das neue Heim schmackhaft zu machen, ich konnte die beiden nur entsetzt anstarren. Wir zogen aus unserem Haus aus, das meine Mutter so geliebt hatte, aus unserem Zuhause.

»Aber was ist mit der Schule?«, fragte ich lahm, was natürlich kein Argument gegen einen Umzug war, schließlich gab es in jeder Stadt Schulen. Und ein Schulwechsel würde wohl das kleinste meiner Probleme sein.

Mir wurde mitgeteilt, dass ich bereits an einer neuen Schule und Billy in der Vorschule angemeldet sei. »In ein paar Monaten ist er dafür alt genug«, fügte Sue hinzu.

Allmählich verstand ich, was das für mich bedeutete: Ich würde weit weg von meiner Großmutter wohnen, dem einzigen Menschen, von dem ich wusste, dass er mich liebte. Dieser Gedanke machte mir große Angst.

»Du wirst dort viele neue Freunde finden«, versicherte Sue mir und ignorierte die Tatsache, dass ich mit meinen Cousins und Cousinen spielte und nicht mit meinen Klassenkameraden.

»Was ist mit Oma?«, fragte ich.

»Du wirst sie besuchen können und sie dich auch«, lautete die Antwort, und mir wurde noch schwerer ums Herz. Ich dachte an die Fahrt zu der Hochzeitsfeier und erinnerte mich, wie lang sie gedauert hatte. Meine Großeltern besaßen kein Auto, und mit dem Bus würden sie Stunden brauchen.

Bei der Vorstellung, bald nur noch Sue und meinen Vater zu haben, öffnete sich unter meinen Füßen ein gähnender schwarzer Abgrund. Ich hielt es nicht länger zu Hause aus, und unter dem

Vorwand, meine Oma zu besuchen, ging ich dorthin, wo Pete jetzt wohnte, und wartete darauf, dass er von der Arbeit nach Hause kam.

»Jede Wette, dass sie das von Anfang an vorgehabt hat«, sagte er, als ich ihm von den Umzugsplänen berichtete. »Sie will nicht in der Nähe von Oma und Opa wohnen, weil sie Dad ganz für sich allein will. Selbstsüchtiges Miststück! Um dich und Billy schert sie sich keinen Deut. Wahrscheinlich meint sie, unsere Großeltern wären nicht gut genug für sie. Und jemand wie sie will natürlich nicht in einer Siedlung mit Sozialwohnungen leben.« Obwohl sich mein Bruder geweigert hatte, zur Hochzeit zu kommen, und er seiner Stiefmutter nie vorgestellt worden war, hatte er sie aus der Ferne beobachtet und sich eine wenig schmeichelhafte Meinung gebildet.

Viel später sollte ich herausfinden, dass Pete in allen Punkten recht gehabt hatte. Sues Vater hatte auf das Betreiben seiner Tochter angeboten, meinem Dad die Verantwortung für den regionalen Geschäftsbereich zu übertragen, und infolgedessen hatte er sich sofort nach einem passenden Haus für die beiden umgeschaut. Die einzige Sorge meines Vaters hatte darin bestanden, welche Auswirkung es auf seine Ehe haben könnte, wenn er zwei kleine Kinder, die ihre Mutter verloren hatten, entwurzelte und vom Rest der Familie trennte. Dass Sue nicht gerade der mütterliche Typ war, wusste er mittlerweile, und er hatte Bedenken, Billy und mich von Großmutter wegzubringen, die ja unsere Hauptbezugsperson war.

Sue selbst warf mir das, was Pete vermutete, irgendwann bei einem ihrer gehässigen Wutanfälle an den Kopf. Aber das passierte erst sehr viel später. Sie sagte, dass sich meine Großmutter ständig einmische und dass die restliche Familie meines Vaters gewöhnlich und überheblich sei. Sie war fest entschlossen, ihr Eheleben weit weg von ihnen zu führen, auch wenn das bedeutete, dass sie sich selbst um Billy und mich kümmern musste. Aber damals, als ich mit meinem Bruder sprach, verstand ich das alles nicht.

»Du wirst es akzeptieren müssen, Sally«, sagte Pete, als er meine düstere Miene sah. Verbittert fuhr er fort: »So eine wie die kriegt immer, was sie will. Dad ist echt auf die Füße gefallen, was? Mum ist kaum unter der Erde, da haut er mit Sue auf den Putz. War ja klar, dass ihr Dad den beiden ein Haus kauft. Er ist sehr reich – das haben mir die Jungs auf der Arbeit erzählt. Bestimmt bekommt sie von ihm alles, was sie haben will. Sie ist sein einziges Kind, und soweit ich gehört habe, wickelt sie ihn um den kleinen Finger.«

Als er sah, dass mir Tränen in die Augen traten, streckte er den Arm aus und zog mich an sich. »Keine Sorge, Sally, wir sehen uns, wenn du Oma besuchst«, sagte er und drückte mich kurz. »Ich werde dich und Billy vermissen, aber ich bin auch froh, dass ich nicht mitmuss.« Er drückte mich noch einmal, und dann schlenderte er zur Haustür seines Freundes, bei dem er jetzt wohnte.

Ich sah ihm nach, wie er mit den Händen in den Hosentaschen davonschlurfte. Er drehte sich nicht um, und mir wurde klar, dass er genauso einsam war wie ich. Ich würde auch ihn vermissen.

»Warum kann ich nicht hier bei dir bleiben?«, fragte ich meine Großmutter traurig. »Ich will nicht von dir wegziehen. Ich brauche dich, Oma, und Billy braucht dich auch.«

»Sally, du weißt genau, dass es nicht anders geht«, gab sie mir zur Antwort.

»Also, wenn du mich nicht willst, was ist dann mit Tante Janet? Sie würde mich nehmen, das weiß ich. Das hat sie gesagt.«

»Schluss mit diesem Unsinn, Sally. Dein Daddy will dich bei sich haben, und Sue auch«, erwiderte sie in bestimmtem Ton.

Daraufhin brach ich in Tränen aus und sagte ihr noch einmal, dass ich nicht wegziehen wolle. »Ich werde dich nie wiedersehen«, jammerte ich. »Warum müssen wir überhaupt umziehen? Was stimmt denn nicht mit unserem Haus?« Meine Stimme versagte, und ich begann zu schluchzen. Mein einziger Gedanke war, dass mir nach dem Umzug niemand mehr bleiben würde.

Oma erklärte mir mit fester Stimme, ich solle keinen Unsinn reden und mit dem Weinen aufhören. Natürlich würde ich sie oft sehen. Ich würde sie besuchen, und sie würde auch zu uns in das neue Haus kommen.

Ich sah sie zweifelnd an. Ihre Worte, denen es an innerer Überzeugung mangelte, schienen genauso sehr an sie selbst wie an mich gerichtet. »Aber es ist nicht dasselbe«, widersprach ich.

Darauf hatte sie keine Antwort. Ihr war natürlich klar, dass ich von allem wegzog, was mir vertraut war.

»Sally, Sues Vater hat den beiden ein hübsches neues Haus ausgesucht. Es hat einen großen Garten, in dem Dolly viel mehr Platz zum Herumtoben hat. Das wird sie mögen, oder?«

»Wahrscheinlich«, murmelte ich und versuchte, weitere Tränen zurückzuhalten. Dass ich Dolly mitnahm, war ein gewisser Trost.

Das war der Moment, in dem meine Großmutter mir das Foto meiner Mutter gab, das mit dem vom Wind zerzausten Haar, auf dem sie lächelte. Oma hatte das Bild extra für mich in einen hübschen Rahmen gesteckt. »Ich dachte, das würdest du vielleicht gern mitnehmen«, sagte sie.

Behutsam strich ich mit den Fingern über das Glas, fuhr die Umrisse des Körpers entlang und dachte voller Sehnsucht an meine Mutter.

Kapitel 41

Eines Samstagmorgens saß ich niedergeschlagen am Küchentisch. Dolly war draußen im Garten, da Sue sie stets aus der Küche verbannte, wenn wir aßen oder Essen zubereitet wurde. Sue trank ihren Kaffee und mümmelte an einer Scheibe trockenem Toast. Ihr Vergrößerungsspiegel lehnte an der Müslipackung, und sie blinzelte, während sie mit der Pinzette in der Hand nach jedem noch so kleinen Härchen suchte, das die perfekte Linie ihrer Augenbrauen stören könnte. Ich beobachtete sie fasziniert – meine Mutter hatte nie etwas in der Art getan. Schließlich sah Sue mich an und ließ die nächste Bombe platzen.

»Ach übrigens, Sally«, sagte sie fröhlich. »Ich wollte mit dir über Dolly sprechen.« Als hätte sie ihren Namen gehört, begann Dolly draußen zu winseln, weil sie hineinwollte. Sue ignorierte das geflissentlich. »Wenn wir umziehen, werden wir für sie ein neues Zuhause finden müssen.«

»Nein!«, rief ich entsetzt.

»Sally, ich weiß ja, dass du sie gern magst, aber ein Umzug würde ihr vielleicht nicht gefallen.«

Ich kaufte Sue nicht ab, dass sie sich auch nur die geringsten Gedanken über Dollys Gefühle machte. Wenn meine Gefühle ihr egal waren, würde sie wohl kaum Rücksicht auf die eines kleinen Hundes nehmen. »Sie will mit mir zusammen sein, egal, wo das ist«, erwiderte ich stur.

Die hellgrauen Augen fixierten meine, und eine schlanke Hand legte sich kurz auf mein Handgelenk.

170

Diesen Kampf durfte ich sie nicht gewinnen lassen. »Ich kann sie nicht weggeben. Sie war ein besonderes Geschenk von meinem Daddy«, sagte ich. »Er hat sie mir geschenkt, und er liebt sie auch!«

»Er hat sie dir geschenkt, als du noch sehr traurig warst wegen des Todes deiner Mutter«, antwortete sie rasch, »aber da wir jetzt in ein neues Haus ziehen und ein neues Leben beginnen, wird sich viel für dich ändern. Und jetzt hast du mich als deine Mami.«

Mein Selbsterhaltungstrieb riet mir, nichts zu entgegnen und den rechten Augenblick abzupassen. Ich musste meinen Vater auf meine Seite ziehen und beschloss zu warten, bis wir alle zusammen an diesem Tisch saßen. Dann würde ich die Sache in Angriff nehmen. Sue zu verärgern würde weder mir noch Dolly helfen.

Sue deutete mein Schweigen offenbar als Sieg. Sie legte die Pinzette weg und begann, ihre Nägel mit gleichmäßigen, sorgfältigen Strichen in Zartrosa zu lackieren.

»Daddy«, sagte ich, als mein Vater hereinkam und sich zu uns setzte. »Ich kann Dolly nicht weggeben, wenn wir in das neue Haus ziehen. Das kann ich einfach nicht.«

An seiner schuldbewussten Miene erkannte ich, dass er und Sue bereits über das Schicksal des kleinen Hundes gesprochen hatten.

»Nun, Sue dachte -«

Ich gab ihm keine Chance, ihre Worte zu wiederholen. Ich wandte ihm das Gesicht zu und schaute ihm direkt in die Augen. »Aber Daddy, du hast sie mir geschenkt. Du erinnerst dich doch noch an den Tag, an dem du mir gesagt hast, dass sie mir gehört?« Ich hielt seinem Blick stand.

Er erinnerte sich daran, das konnte ich ihm ansehen, und mir war klar, dass er sich auch daran erinnerte, was später in meinem Schlafzimmer passiert war. Seit seiner Hochzeit hatte er mich zwar nicht mit den Händen berührt, aber mit seinen Blicken. Zu oft hatte ich ihn dabei ertappt, wie er auf meine Beine unter dem kurzen Rock schielte, um nicht zu wissen, was ihm durch den Kopf ging. Ich sah ihn unbeirrt an. Wir beide kannten den wahren Grund dafür, dass Dolly zu einem festen Mitglied unserer Familie geworden war.

Ich hörte, wie Sue seinen Namen sagte und versuchte, seine Aufmerksamkeit zu gewinnen. Sie rasselte etwas von neuen, hellen Teppichen und Bazillen herunter, aber zum ersten Mal beachtete er sie nicht. Wir starrten uns an.

»Also gut! Sie kann bleiben, aber es ist deine Aufgabe, dich um sie zu kümmern. Sue hat schon genug zu tun«, sagte er schließlich.

Ich verspürte plötzlich so etwas wie Macht. Zumindest hatte ich eine Situation zu meinem Vorteil beeinflusst.

»Oh, Davie, Liebling, ich dachte, wir wären uns einig gewesen«, sagte Sue mit kaum verhüllter Verärgerung.

»Ja, aber Sally liebt diesen Hund. Ich hätte nicht gedacht, dass es ihr so viel ausmachen würde.«

Das war eine Lüge. Er hatte nur nicht gedacht, dass ich mich gegen ihn behaupten würde.

»Natürlich geht es nur, solange Sally sich um sie kümmert und Dolly draußen oder in der Küche bleibt«, fügte er hinzu.

Ich sah die Wut in Sues Gesicht aufblitzen und wusste, dass sie mir nie verzeihen würde, diese Auseinandersetzung verloren zu haben. Aber das war es mir wert, wenn ich dafür meinen geliebten Hund behalten konnte.

Kapitel 42

An einem Wochenende zogen wir um. Am Abend zuvor hatte ich die Sachen in meinem und in Billys Zimmer gepackt. Unsere Kleidung legte ich in Koffer, seine Spielsachen und meine Bücher passten in zwei Umzugskartons. Dann fuhren wir alle zum Abendessen zu meiner Oma. So wie Sue Monate zuvor das Gespräch über die Hochzeitsvorbereitungen an sich gerissen hatte, schwärmte sie jetzt ununterbrochen von dem neuen Haus.

Mein Großvater sagte wie gewöhnlich kaum etwas. Er murmelte lediglich, dass es sich ganz nett anhöre. Aber meine sonst so gesprächige Großmutter war auffallend still. Als wir uns verabschiedeten und nach Hause zurückkehrten, war ich traurig und mutlos. Ich fragte mich, ob ich jemals wieder mit meinen Verwandten zusammen essen würde.

Am nächsten Morgen wurden nach einem hastigen Frühstück die Koffer in Sues und Daddys Wagen gepackt. Meine Großmutter kam, um sich zu verabschieden. Noch während sie ihren Tee trank, blickte Sue auf ihre Armbanduhr und sagte, dass es nun Zeit sei, loszufahren.

»Was ist mit den anderen Sachen?«, fragte ich.

»Ach, es kommt jemand vorbei und holt sie ab«, antwortete Sue leichthin.

Ich betrachtete das Sofa, auf dem ich immer mit meiner Mutter gesessen hatte. Damals hatte ich ihr dabei zugesehen, wie sie die Kissen bestickte. Ich dachte an die hübsche blaue Decke auf meinem Bett, mit der sie mich abends schön warm zugedeckt hatte.

173

Nichts von alldem sollten wir mitnehmen? »Aber was ist mit …«
Ich dachte an das Porzellan und die Dekofiguren, die meine Mutter
so geliebt hatte, und an die kleinen Silbergegenstände, die ich mit
ihr zusammen poliert hatte.

Sue winkte auf eine Art und Weise ab, die mir riet, den Mund
zu halten. »Sally, wir werden hübsche neue Sachen haben. Diesen
ganzen Plunder brauchen wir nicht«, sagte sie ungeduldig.

Dann gingen wir hinaus, und ich sah zu, wie die kümmerliche
Menge Habseligkeiten, die Sue uns erlaubte mitzunehmen, in
die beiden Wagen gepackt wurde. Ich setzte mich neben meinen
Vater, während Sue uns mit ihrem Wagen folgte. So begaben wir
uns auf die lange Fahrt zu dem neuen Haus.

Es stand am Ende einer Sackgasse, zusammen mit fünf weiteren identischen Häusern. Mit den roten Backsteinen und den
hölzernen Fensterrahmen sah es aus wie eine Miniversion von Sues
Elternhaus. Vor dem Haus war Rasen und an der einen Seite eine
Doppelgarage. Als ich um das Gebäude herumging, entdeckte ich
eine gefliste Terrasse, die sich hinter den bodentiefen Fenstern
erstreckte, und noch mehr Rasen.

Als mein Vater die Haustür aufschloss, platzte Sue beinahe vor
Stolz. »Erste Hausregel, Kinder: Bevor wir reingehen, ziehen wir
alle unsere Schuhe aus. Beeilt euch, ich will euch alles zeigen«,
drängte sie, während mein Vater sich bereits die Schnürsenkel
aufband. Auf einer Matte neben der Haustür stand eine Auswahl
an Hausschlappen. Sue zeigte auf das zweitkleinste Paar. »Das sind
deine, Sally. Hilf Billy bitte mit seinen.«

Es war das makelloseste Haus, das ich je gesehen hatte. In der
Halle und auf den Treppenstufen lag beigefarbener Teppich, und
der Boden des L-förmigen Raumes, den wir laut Sue als »Salon«
bezeichnen mussten, war mit einem dicken weißen Flauschtep-
pich bedeckt. Falls Dolly es jemals hier hereinschaffte, was natürlich strikt verboten war, würde sie in diesem Teppich regelrecht
versinken.

»Zweite Hausregel, Sally. Du erinnerst dich doch, was wir dir gesagt haben? Keine Hunde. Außerdem sind hier weder Spielsachen noch Essen oder Getränke erlaubt«, leierte Sue herunter. Offenbar gab es für sämtliche Zimmer strenge Regeln.

Die neuen Möbel standen bereits an Ort und Stelle. Zwei weiße Ledersofas, ein Beistelltisch aus Chrom und Glas, Regale mit Kristallfigürchen sowie grauweißen Porzellanfiguren, von denen Sue mir stolz erzählte, dass sie von »Lladró« seien. In einer Ecke stand ein Barschrank, der wie ein Globus geformt war. Mein Vater klappte ihn auf und präsentierte stolz die Auswahl an Flaschen. An der Wand neben der Attrappe eines steinernen Kamins gab es noch ein Regalsystem, in dem sich die neue Stereoanlage befand. Auf einem weißen TV-Board stand ein runder weißer Fernseher. So etwas hatte ich noch nie gesehen, und ich fragte mich, ob Billy und ich je darauf Filme schauen durften.

Im Essbereich standen ein rechteckiger Tisch aus hellem, schimmerndem Holz sowie sechs Stühle mit beigefarbenen Sitzpolstern. Die dazu passende Anrichte schmückten gerahmte Fotos von Sue und ihren Eltern. Es gab auch welche von ihrer Hochzeit mit meinem Vater, jedoch keine Gruppenbilder, die jemanden von meiner Familie zeigten. Pastellfarbene Drucke und bronzefarbene Spiegel zierten die Wände, und an den Fenstern hingen bodenlange beigefarbene Vorhänge aus Samt. Sie wurden mit goldfarbenen Raffkordeln zusammengehalten, an denen Quasten baumelten.

Während Sue uns stolz den Rest des Hauses zeigte, trottete Billy hinter uns her. Die Küche war strahlend weiß mit schimmernden Edelstahlpfannen auf dem Herd. Das Bad war in Hellgrün gekachelt. In Billys Zimmer stand ein Bett mit einer leuchtend bunten Tagesdecke. »Deine Spielsachen sind alle hier drin. Nichts liegt herum«, sagte sie ihm und öffnete demonstrativ einen Schrank.

Billy betrachtete verwirrt seine neue Umgebung. Mir wurde klar, dass es verboten sein würde, in den unteren Räumen zu spielen. Ein paar Schritte von Billys Zimmer entfernt blieb Sue im Flur stehen und öffnete schwungvoll die Tür zu dem Zimmer, das sie mir zugedacht hatte.

Es war komplett in Rosaweiß eingerichtet. Auf dem Bett lag eine mit Rüschen besetzte, hellrosafarbene Steppdecke. Auf dem kleinen Nachtschränkchen stand eine Lampe mit rosafarbenem Fransenschirm. An einer Wand gab es Einbauschränke, ein paar Bücherregale und einen schmalen Tisch.

»Da kannst du deine Hausaufgaben machen«, erklärte Sue. »Du musst dich dafür nicht mehr an den Küchentisch hocken.« Dann setzte sie sich auf das Bett und signalisierte mir, mich neben sie zu setzen. »Sally«, sagte sie, »ich möchte, dass du mich von nun an Mami nennst. Du kannst schlecht weiterhin Tante Sue sagen, oder?« Sie legte den Arm um mich, und ich roch ihr Parfüm, einen süßlichen Duft, den ich nicht mochte. Ich rutschte ein wenig von ihr ab, da ich mich in ihrer Nähe unbehaglich fühlte. »Dein Zimmer gefällt dir, nicht wahr? Ich habe die Tapete selbst ausgesucht.«

Ich betrachtete die rosaweiß gestreiften Wände und flüsterte: »Ja.« Mir war klar, dass sie mehr hören wollte, einen wilden Jubelschrei am besten, der meine Begeisterung zum Ausdruck brachte. Aber dieses Zimmer mit seinen Einbauschränken und dem hellen Teppich hatte keine Ähnlichkeit mit den Zimmern, in denen ich bisher geschlafen hatte, und es schüchterte mich ein.

Ihr Blick wanderte durch den Raum. »Ich kenne kein kleines Mädchen, das nicht gern ein solches Zimmer hätte.«

Endlich schaffte ich es, die Worte zu sagen, von denen ich wusste, dass Sue sie hören wollte. »Vielen Dank. Es ist schön.«

»Danke, wer, Sally?«, ermahnte sie mich.

»Mami«, zwang ich mich zu sagen.

»Sally, ich weiß, dass wir hier alle sehr glücklich sein werden.« Sie lächelte mich an und ließ mich dann allein, damit ich meine Sachen einräumen konnte.

Meine Bücher stellte ich zusammen mit meiner Tiny-Tears-Puppe ins Regal. Das Puppenhaus, das mein Vater nach oben getragen hatte, platzierte ich darunter. Dann hängte ich meine Kleidungsstücke in den Wandschrank. Als Letztes holte ich das liebevoll gehütete Foto meiner Mutter aus dem Koffer und hielt es ein paar Augenblicke lang in der Hand. Das Gesicht meiner Mutter war in meiner Erinnerung schemenhaft geworden, ihr Bild anzuschauen machte es für mich wieder deutlicher. Ich stellte es auf den Nachttisch mir zugewandt, sodass es das Erste war, was ich morgens beim Aufwachen sehen würde.

Ich war so in Gedanken versunken, dass ich Sues Schritte nicht gehört hatte. Als sie so unerwartet wieder in meinem Zimmer stand, schrak ich zusammen.

»Sally, was guckst du dir da an?«, fragte sie und riss mir den Rahmen aus der Hand.

»Meine Mami«, sagte ich und wollte ihr erzählen, dass meine Oma mir das Bild gegeben hatte. Als ich jedoch sah, dass Sues Augen wütend blitzten, schwieg ich lieber.

»Sally, ich dachte, wir hätten uns gerade darauf geeinigt, dass ich von nun an deine Mami bin, und ich will nicht, dass du von einer anderen Mami redest. Hast du das jetzt endlich begriffen? Ich will es dir nämlich nicht noch einmal sagen müssen. Verstanden?«

»Aber wie soll ich sie denn sonst nennen?«, fragte ich und war angesichts ihres Missfallens eher verwirrt als beunruhigt.

»Ich dachte, dein Vater hätte dir gesagt, dass du nicht über sie sprechen sollst. Das hat er doch, oder?«

»Ja. Aber Oma hat es mir erklärt. Das ist, weil es ihn traurig macht. Er hat nicht gesagt, dass ich mit niemand anderem über sie sprechen darf.«

Das hätte ich nicht sagen sollen, aber nun war es zu spät. Ich verstummte, und als ich Sues wütendes Gesicht sah, bekam ich Angst.

»Ich will ihren Namen nie wieder hören. Es ist dir verboten, über sie zu sprechen. Genau genommen solltest du vergessen, dass du je eine andere Mami gehabt hast.«

Ich starrte sie entsetzt an. Wie konnte sie das von mir verlangen? »Das will ich nicht«, erklärte ich trotzig. »Ich will meine Mami nicht vergessen. Sie hat mich geliebt.«

»Sally, wenn es mich nicht gäbe, wären Billy und du im Heim. Das ist dir doch klar, oder?«

Ich wandte ein, dass meine Oma sich um uns gekümmert hätte, aber Sue winkte ab. »Deine Oma wird allmählich zu alt, um für zwei kleine Kinder zu sorgen. Das hat sie dir doch selbst gesagt, oder nicht? Und ich allein entscheide, ob ihr hier bei uns bleibt – du verstehst mich doch?«

»Ja«, antwortete ich, obwohl das nicht der Fall war.

»Gut! Keine Widerworte mehr. Nie wieder. Hast du gehört?«

Ich hörte sie, und ihre Worte erinnerten mich daran, wie viel Angst ich davor gehabt hatte, hierher zu ziehen. Nun stellte sich heraus, dass diese Angst durchaus begründet gewesen war. Ich wollte weg von ihr und machte Anstalten, aus diesem Zimmer zu fliehen, das ich plötzlich erdrückend fand.

»Sally, bevor du gehst, wirst du mir versprechen, dass ich zum letzten Mal mit dir über dieses Thema reden musste.«

Ich blickte aufsässig zu ihr zurück und schwieg.

Sues Fassade der liebevollen Stiefmutter, die nur das Beste für uns wollte, bröckelte. Nun zeigte sie ihr wahres Gesicht. Ich bekam ihren eisernen Willen zu spüren: Mit festem Griff packte sie mich an der Schulter und sah mich zornig an. Ich schrak zurück.

»Sag es. Sag, dass du nie wieder über sie sprechen wirst. Bevor du dieses Zimmer verlässt, will ich es hören!«, kreischte sie.

Meine Zunge schien in meinem Mund anzuschwellen und die Worte zurückzuhalten, die sie von mir hören wollte. Ich starrte Sue an und bewegte tonlos die Lippen.

»Sally, ich warne dich! Sag es!«, zeterte sie.

Gegen meinen Willen zwang ich die Worte über meine Lippen: »Ich werde in deiner Anwesenheit nie wieder von ihr sprechen.«

»Und wer bin ich?«

»Mami«, antwortete ich gehorsam.

»Und wenn ich also deine Mami bin, die einzige, die du hast, wer ist dann das auf dem Bild?«

Ich wusste nicht, was sie jetzt hören wollte.

»Sally, es macht mich traurig, dass du dieses Foto in deinem Zimmer hast, das ich für dich eingerichtet habe. Du bist ein sehr undankbares kleines Mädchen.«

»Nein, bin ich nicht, wirklich nicht«, beteuerte ich und spürte Tränen in mir aufsteigen.

»Das Einzige, was ich von dir erwarte, Sally«, fuhr Sue fort und scherte sich nicht um meinen Kummer, »ist, dass du Dankbarkeit zeigst und mich mit dem Respekt behandelst, den ich verdiene. Hast du verstanden? Dann werden wir gut miteinander zurecht-kommen. So, du willst doch wohl nicht den ersten Tag in unserem neuen Haus verderben, oder?«

Ich schüttelte den Kopf und wusste immer noch nicht, was sie von mir wollte. Ich sollte es bald herausfinden.

Sie gab mir das Foto, und ich wollte es zurück in den Koffer legen, damit sie es nicht sehen musste.

»Oh, nein, Sally. Das ist nicht das, was ich will«, sagte sie mit schneidender Stimme. »Komm, gib es mir zurück.«

Sie hob mein Gesicht mit einer ihrer schlanken weißen Hände. Ihre scharfen Nägel bohrten sich in meine Wange, und sie zwang mich, sie anzusehen. »Du kannst mir zeigen, wie dankbar du bist, indem du das Einzige tust, was mich zufriedenstellt. Das willst du doch, nicht wahr?«

»Ja«, antwortete ich leise.

»Also, ich möchte, dass du jetzt dieses Foto aus dem Rahmen nimmst und es zerreißt«, sagte sie.

»Nein – bitte, es ist mein einziges.«

»Sally, wenn du dich mit mir gutstellen willst, dann wirst du jetzt tun, worum ich dich bitte.« Sie drehte den Rahmen um, verschob die kleinen Haken, die das Bild festhielten, und nahm es heraus.

»Ich werde dieses Zimmer nicht verlassen, bevor du es getan hast.«
Ich spürte, wie mich grenzenloser Hass überkam. Dennoch tat
ich wie befohlen. Ich warf einen letzten Blick auf die Gesichtszüge
meiner Mutter und versuchte mit aller Kraft, ihr Aussehen für
immer in meine Erinnerung einzubrennen. Dann zerriss ich das
Foto. Entsetzt sah ich, wie ihr Gesicht in winzige Stücke zerfetzt
wurde. Ich wollte weinen, schaffte es aber irgendwie, die Tränen
zurückzuhalten. Das war der Anfang der unsichtbaren, undurch-
dringlichen Wand, die ich errichtete, Stein für Stein, zwischen mir
und Sue und allem anderen, was mich verletzte.

Sue, so schwor ich mir, würde mich nie wieder weinen sehen,
und während der nun folgenden schmerzhaften Jahre war das
auch nie der Fall.

Kapitel 43

Abgesehen von den ersten deprimierenden Tagen in dem neuen Haus ist bis auf das erste Weihnachtsfest und die wenigen Tage danach fast alles aus meiner Erinnerung verschwunden. Lediglich flüchtige Eindrücke jenes Winters, als ich acht Jahre alt war, kommen mir manchmal in den Sinn. Dann sehe ich den künstlichen großen weißen Weihnachtsbaum vor mir, der in einer Ecke des Salons stand. Es durften keine Tannennadeln auf die neuen Teppiche fallen, deshalb hatte Sue dieses Ungetüm angeschafft. Den hübschen alten Christbaumschmuck meiner Mutter hatte Dad in unserem vorherigen Haus zurückgelassen. Sue brachte ständig Kartons mit glitzerndem Baumschmuck mit, immer in ihr Farbschema weiß, silbern und pink passend. Natürlich gab es zum Fest auch Geschenke, aber ich kann mich nicht mehr daran erinnern, was ich bekam.

Für die Nachbarn und ihre vielen Freunde veranstaltete Sue Feste, die sie als »Cocktailparty« oder »Einweihungsparty« bezeichnete. Auf unsere Zimmer verbannt, konnten Billy und ich das Lachen und die Musik aus dem Salon hören. Ich weiß noch, dass wir zum Weihnachtsessen zu Sues Eltern gingen, aber davon ist nichts in meinem Gedächtnis geblieben.

Das Einzige, woran ich mich noch ganz deutlich entsinne, ist der schreckliche Streit zwischen Sue und meinem Vater.

Als mein Großvater starb, veränderte sich mein gesamtes Leben erneut. An jenem denkwürdigen Freitag hatte es heftig geschneit.

181

Dicke Flocken fielen vom Himmel herab, bedeckten den Rasen und verwandelten die kahlen Äste der Bäume in wunderschöne Kunstobjekte.

Als wir die furchtbare Nachricht erhielten, war Weihnachten vorüber und das neue Jahr bereits eingeläutet. Wir saßen gerade beim Frühstück, da klingelte das Telefon. Mein Vater ging ran. Noch bevor er es uns sagte, wusste ich bereits, dass etwas passiert sein musste. Als er mit hängenden Schultern zu uns zurückkehrte, war sämtliche Farbe aus seinem Gesicht gewichen.

»Mein Vater ist tot«, sagte er zu Sue und vergaß, dass es der Tod von Billys und meinem Großvater war, den er uns so schonungslos mitteilte. »Ein Herzinfarkt«, erklärte er. »Meine Mutter dachte, es sei eine Magenverstimmung. Sie ist losgegangen, um ihm etwas dagegen zu holen. Als sie wieder zurückkam, war er tot.«

Sue wollte wissen, wann er gestorben sei. »Gestern Abend«, antwortete er und fügte hinzu, warum meine Großmutter uns erst jetzt angerufen hatte. »Sie dachte, wir wären aus, wegen Neujahr, und sie wollte es nicht den Kindern oder irgendeinem Babysitter sagen.«

Zum ersten Mal in meinem Leben sah ich, dass meinem Vater vor Ergriffenheit Tränen in die Augen traten, und mit dem Kummer kamen auch Schuldgefühle und Gewissensbisse. »Wir hätten Weihnachten hinfahren sollen, Sue. Sie haben uns darum gebeten. Mum und Dad wollten so gern die Kinder sehen und uns die Geschenke geben, statt sie mit der Post zu schicken.«

Ihre Antwort war typisch, gefühllos wie immer. »Du konntest ja nicht wissen, dass es das letzte Weihnachtsfest deines Vaters sein würde. Deshalb musst du dir doch keine Vorwürfe machen.«

Er mache sich keinen Vorwurf, schrie er, sondern ihr. Und so begann der Streit.

»Du willst alles kontrollieren, alles! Immer muss es nach deiner Mütze gehen.«

»Was? Du bist undankbar!«

Während das Geschrei eskalierte, rutschten Billy und ich leise von den Stühlen und verschwanden auf unsere Zimmer.

Später teilte mein Vater mir mit, dass die Beerdigung in drei Tagen sei und dass ich dieses Mal mitkommen würde und nicht wie beim Begräbnis meiner Mutter zu Hause bliebe.

»Sue wird nicht mitkommen«, fügte er hinzu.

Ich hatte gehört, wie sie ihn mit ihrer schrillen Stimme geradezu hysterisch angeschrien hatte, dass sie nicht mitwolle und seine Familie sie sowieso nicht leiden könne. Sie würden ihr vorwerfen, ihn und die Kinder weggelockt zu haben, außerdem könnten sie ihr nicht verzeihen, dass sie nie in die Kirche gehe.

»Was soll ich denn sagen, wenn ich ohne dich komme?«

»Sag einfach, ich passe auf Billy auf, weil er noch zu klein ist, um auf eine Beerdigung zu gehen.«

Er konterte, dass sie wohl kaum erwarten könne, dass seine Familie sie möge, wenn sie nur über sich selbst und das Geld ihres Vaters rede und ihm ständig Hindernisse in den Weg räume, wenn er seine Eltern besuchen wolle.

Sie warfen sich weitere Kränkungen an den Kopf, und dann hörte ich Sue sagen, dass sie nicht verstehe, warum er mich mitnehmen wolle.

Aber in diesem Punkt war mein Vater fest entschlossen. »Sie kommt mit. Ihre Großmutter erwartet das. Leg ihr also etwas Passendes zum Anziehen heraus, hast du mich verstanden?«

Zwei Tage später fuhren nur mein Vater und ich zum Haus meiner Großmutter. Während der langen Fahrt herrschte Schweigen. Er hing seinen Gedanken nach, und mir war unbehaglich zumute, weil ich zum ersten Mal seit der Hochzeit mit ihm allein war. Vermutlich hätte ich etwas sagen sollen, etwa wie leid es mir tue, dass Großvater tot sei. Aber Dads unfreundliche Miene unterband jegliche Bemühung, mit ihm ein Gespräch anzufangen.

Als wir eintrafen, war das Haus bereits voll mit all meinen Tanten und Onkeln. Meine Großmutter, eine schmale zusammenge-

183

sunkene Gestalt, die von Kopf bis Fuß in Schwarz gekleidet war, wirkte plötzlich alt und zerbrechlich. Ihre durch die Brillengläser vergrößerten Augen hatten ihr Gesicht immer strahlen lassen. Aber jetzt starrten sie traurig ins Leere. Ich wollte zu ihr laufen und die Arme um sie schlingen, aber ihre Trauer errichtete eine unsichtbare Barriere, die mich zurückhielt. Stattdessen blieb ich neben meiner Tante stehen, die um ihrer Mutter willen versuchte, tapfer zu sein und nicht zu weinen.

Als die großen schwarzen Autos eintrafen, die uns zur Kirche fahren würden, stand meine Großmutter auf und hakte sich bei meinem Vater ein. Sie stützte sich auf ihn, als hätte der Kummer sie all ihrer Kraft beraubt. Gemeinsam gingen sie langsam aus dem Haus. Wir alle folgten ihnen zu den wartenden Wagen.

An der Kirche angekommen, half mein Vater Großmutter aus dem Auto. Dann schob sie Dads Arm weg. Sie holte tief Luft, richtete sich auf und ging erhobenen Hauptes auf das Gebäude zu. Mit der Andeutung eines Lächelns grüßte sie all die Menschen, die sich ihr zuwandten.

Das einzige Geräusch, das ich hörte, während wir nach vorn zu unseren Plätzen gingen, war das Schlurfen der Schritte und das Rascheln der Blätter mit der Agende darauf, die am Eingang verteilt wurden. Als ich mich umschaute, entdeckte ich Familienangehörige, Freunde, Nachbarn und viele alte Männer mit Medaillen, die zusammen mit meinem Großvater im Krieg gedient hatten. Manche kamen paarweise, andere betraten die kalte Kirche allein, und einer nach dem anderen kondolierten sie als Erstes meiner Großmutter. Graue Köpfe neigten sich ihr zu, leise Worte des Mitgefühls wurden gesprochen, und die ganze Zeit über stand sie neben der Kirchenbank und dankte allen, dass sie trotz des eisigen Wetters und der tückisch glatten Straßen gekommen waren.

Mein Blick wurde magisch angezogen von dem blumengeschmückten Sarg nahe der Kanzel. Ich stellte mir vor, wie mein Großvater darin lag und schlief. Als der Vikar mit dem Gottesdienst begann, waren sämtliche Kirchenbänke voll besetzt. Nach den Begrüßungsworten ertönte Orgelmusik, und die Kirchengemeinde erhob sich und sang, geführt vom Chor. Die Kirche hallte wider von den klaren Tönen des Liedes Der Herr ist mein Hirte. Ich sah, wie meine Großmutter den Kopf hob und ihr Tränen über die Wangen liefen. Dann bewegten sich ihre Lippen, sie stimmte mit ein und sang die tröstlichen Worte von Großvaters Lieblingspsalm.

»Christus sagt: Ich bin die Auferstehung und das Leben …« Die kurze Predigt rauschte an mir vorbei.

Meine Tante hielt sich fast während des gesamten Gottesdienstes ein mittlerweile feuchtes Taschentuch vors Gesicht, aber meine Großmutter vergoss keine einzige Träne mehr, sobald das erste Kirchenlied gesungen war. Mein Vater wurde vom Pfarrer gebeten, eine kurze Passage aus der Bibel vorzulesen und anschließend ein paar Worte über seinen Vater zu sagen. Nach ihm waren die langjährigen engsten Freunde meines Großvaters an der Reihe.

Schließlich rollten mein Vater und seine Brüder den Sarg durch den Mittelgang und trugen ihn dann auf ihren Schultern zum Leichenwagen.

In einem Fahrzeugkonvoi fuhren wir zu dem Friedhof am Stadtrand, auf dem auch meine Mutter begraben lag. Ich stellte mich dicht neben meine Großmutter und senkte den Kopf, als der Pfarrer das letzte Gebet anstimmte: »Gott der Allmächtige hat die Seele von David East zu sich gerufen.« Und als er die letzten Worte aussprach: »Wir übergeben nun seine sterbliche Hülle der Erde«, wurde der Sarg in das tiefe rechteckige Loch hinabgelassen, das für ihn ausgehoben worden war.

»Erde zu Erde, Asche zu Asche, Staub zu Staub«, dröhnte es in meinen Ohren. Meine Großmutter und ihre Söhne warfen Erde auf den Sarg. Dann war es vorbei. Meine Großmutter hakte sich wieder bei meinem Vater ein und entfernte sich gramgebeugt von dem Grab, in dem ihr Ehemann von nun an liegen würde.

185

Die Frauen aus der Nachbarschaft hatten sich darum gekümmert, dass im Gemeindesaal Tee, Kuchen und Sandwiches bereitstanden. Viele der Freunde meines Großvaters aus Kriegstagen waren von weit her angereist, um an seiner Beerdigung teilzunehmen, und Großmutters Haus war nicht groß genug für die vielen Menschen. Vom Friedhof aus fuhren wir also zum Gemeindesaal.

Die Trauergäste standen in Gruppen zusammen, erinnerten sich an meinen Großvater, gedachten seines Lebens und erzählten einander, wie sie ihn kennengelernt hatten. Ich stellte mich neben Oma, und sie nahm meine Hand.

Dann zog sie mich enger an sich. »Er hat nicht gelitten, Sally«, sagte sie. »Es ging sehr schnell.«

Ich überlegte, ob er jetzt zusammen mit meiner Mutter an jenem wunderbaren Ort war. »Aber er kann uns sehen, oder?«, fragte ich, und sie lächelte; es war ein Lächeln, das für einen Moment die Trauer aus ihren Augen vertrieb.

»Ja, Sally«, antwortete sie. »Das kann er.«

Und ich wusste, dass sie sich an die Geschichte erinnerte, die meine Mutter mir erzählt hatte.

In dem Augenblick kam Pete zu uns. In den wenigen Monaten seit unserer letzten Begegnung war er zum Mann herangewachsen. Nachdem Oma und er ein paar Worte miteinander gesprochen hatten, fragte er mich, wie mir das neue Haus gefalle. Ich konnte jedoch nur daran denken, wie sehr ich die Familie meines Vaters vermisste. »Es ist hübsch, Pete, na ja, ganz nett«, war alles, was ich mir abringen konnte.

Irgendetwas brachte mich dazu, niemandem von dem Streit zwischen Sue und meinem Vater zu erzählen. An jenem Morgen hatte ich im Gesicht meiner Stiefmutter einen veränderten Ausdruck gesehen. Es war der Blick einer Frau, die ihren Mann liebte, sich seiner aber nicht mehr sicher war. Zu meiner Überraschung verspürte ich Mitleid mit ihr. Aber das würde nicht lange anhalten.

Kapitel 44

Mein Vater und ich blieben, bis sämtliche Gäste gegangen waren, dann fuhren wir mit meiner Großmutter zu ihrem Haus. Ich hörte, wie Dad ihr versprach, in einer Woche wiederzukommen.

Als wir aufbrachen, war es früher Abend, und ich war müde von den bewegenden Ereignissen dieses Tages. Die Heizung im Wagen war voll aufgedreht und machte mich so schläfrig, dass ich auf dem Beifahrersitz eindöste. Irgendwann spürte ich, dass der Wagen über eine holprige Strecke rollte und sich das Geräusch des Motors verändert hatte. Ich öffnete die Augen und sah, dass wir die Straße verlassen hatten und einen ungepflasterten Weg entlangruckelten, der in ein dicht mit Bäumen und Büschen bewachsenes Waldstück führte. Traktoren hatten zwar den Weg geräumt, aber im Licht der Scheinwerfer nahm ich wahr, dass neben dem Weg Schnee lag, unberührt bis auf die Spuren von Tieren. Mein Vater fuhr tiefer in das Waldstück hinein, wo die dichten Baumkronen einen Teil des Schnees abgeschirmt hatten.

Gestrüpp und Brombeersträucher säumten den schmalen Weg, auf dem wir fuhren, und schlanke Baumstämme hoher Fichten ragten dahinter empor. Sie standen so dicht, dass es rasch dunkel wurde, als sich die Nacht über uns senkte. Wir erreichten eine kleine Lichtung. Mein Vater schaltete den Motor und die Scheinwerfer aus. Um uns herum war es plötzlich gespenstisch düster.

Mein Vater schaltete die Innenbeleuchtung ein, und das schwache gelbe Licht warf Schatten auf sein Gesicht. Es war unheimlich still. Unser Atem ließ die Scheiben beschlagen.

187

»Als Junge bin ich oft hierhergekommen«, sagte mein Vater. »Es war ein langer Tag, ich brauche eine Pause. Aber erst mal muss ich pinkeln.« Er öffnete die Wagentür und stieg aus.

Ich beobachtete, wie er ein paar Meter ging, und hörte, wie der Urinstrahl auf die Büsche traf. Danach stand er mit dem Rücken mir zugewandt, aber ich sah das Glimmen einer Zigarette im Dunkeln. Seine Hand bewegte sich zu seinem Mund, und dann konnte ich vor dem dunklen Hintergrund schwach den Rauch erkennen, der um seinen Kopf waberte und nach oben stieg. Nachdem er den letzten Zug genommen hatte, warf er die Kippe auf den Boden und trat sie gründlich aus. Dann kam er zu mir zurück.

Während er sich näherte und wieder in den Wagen stieg, war sein Gesicht in der Finsternis nur schemenhaft zu erkennen. Ich sah ihn fragend an, und seine Augen waren wie ausdruckslose schwarze Höhlen, die mich nicht anschauten, sondern durch mich hindurchblickten. Ich spürte ein ungutes Gefühl in der Magengegend und wusste instinktiv, dass die Monate, in denen er mich in Ruhe gelassen hatte, vorbei waren. Und wozu auch immer er mich bereits gedrängt hatte, was hier an diesem dunklen abgeschiedenen Ort passieren würde, musste schlimmer sein.

»Geh nach hinten, Sally«, befahl er mir.

Ich schüttelte den Kopf und wusste im selben Moment, dass es sinnlos war. Mit meinen acht Jahren kam ich nicht gegen ihn an.

Er stieg aus, langte über den Fahrersitz, packte meinen Arm und zog mich mit einem Ruck aus dem Wagen. Bäuchlings stieß er mich dann auf die lange Rückbank. Wortlos zog er mich an den Beinen, bis sie vom Sitz herabhingen und meine Füße fast den Boden berührten. Noch immer schweigend, riss er mir die Wollstrumpfhose und die Unterhose herunter.

Ich spürte die kalte Luft der hereinbrechenden Nacht an meiner nackten Haut und zitterte. Ich konnte seinen keuchenden Atem und mein eigenes, schwaches Flehen hören: »Nein! Bitte, Daddy, nein!«

188

Aber er schwieg beharrlich.

Ich merkte, wie seine Hand unter mein Gesäß fuhr, fühlte das harte Ding gegen mich drücken und hörte, wie er auf seinen Finger spuckte, bevor er ihn in mich hineinschob.

»Du bist jetzt bereit dafür«, waren seine ersten Worte, seit er aus dem Wagen ausgestiegen war.

Und dann vergewaltigte mich mein Vater, in jenem Wald, in dem das Licht des aufsteigenden bleichen Mondes zwischen den Zweigen tanzte und sein gespenstisches Licht auf uns warf.

Ich konnte ihn riechen, ihn und das Leder der Rückbank, während meine Wange daraufgepresst wurde. Ich spürte noch immer die kalte Luft an meinen Beinen, aber vor allem spürte ich ihn, wie er in mich eindrang. Der raue Stoff seiner Hose rieb gegen meine Beine. Ich hörte sein Grunzen und das Quietschen des Wagens, der sich mit ihm bewegte.

Und ich wusste, dass meine kindliche Seele mit jedem Stoß, jedem Stöhnen und Seufzen Schaden nahm, bis sie gänzlich zerstört war. Mit ihr dahin ging die Fähigkeit zu Wahrhaftigkeit, Güte und selbstloser Liebe. Ich verlor dies alles ebenso wie meine Überzeugung, dass Erwachsene da sind, um Kinder zu beschützen. Stattdessen blieb nur eine große Bedürftigkeit: das unstillbare Verlangen, gelobt, akzeptiert und geliebt zu werden.

In jener Nacht beendete mein Vater nicht nur meine Kindheit, er tötete auch die Frau, die ich hätte werden können.

Ich weiß nicht mehr, was er damals zu mir sagte, aber ich erinnere mich lebhaft an seine Worte in so vielen weiteren Nächten, in denen er mich vergewaltigte. Es gibt keinen Grund, anzunehmen, dass er in jener Nacht etwas anderes zu mir gesagt hat. Jedes Mal, wenn er mir Gewalt antat, waren es in etwa dieselben Worte. »Das war gut, nicht wahr, Sally?«

Wenn ich das hörte, schüttelte ich jedes Mal den Kopf, denn in jener frühen Zeit raubten mir seine Handlungen die Fähigkeit zu sprechen. Wenn ich ihm meine Ablehnung zeigte, brachte mir das nur Gelächter ein; ein Lachen, das nichts Heiteres an sich hatte.

»Du wolltest, dass ich das mit dir mache, Sally, das weiß ich«, sagte er dann. »Ich habe doch gemerkt, wie du mich mit deinen großen Katzenaugen angesehen hast.«

Wie konnte ich ihm erklären, dass das, wonach ich suchte, der Daddy von früher war? Es war seine väterliche Liebe, nach der ich mich sehnte, wenn ich in scheinbar unbeobachteten Momenten sein Gesicht nach einem Lächeln absuchte, jenem Lächeln, das nur für mich bestimmt war.

Klar und deutlich sind mir jene furchtbaren Augenblicke in Erinnerung geblieben und wollen mich nicht loslassen. Des Nachts suchen sie mich in meinen Träumen heim, bis ich mich zwinge aufzuwachen. Dann wische ich die Tränen des kleinen Kindes aus dem Gesicht der erwachsenen Frau, die ich heute bin. Mehr als dreißig Jahre später lassen meine Träume mich noch immer nicht die nächtlichen Zwischenstopps in dem Wald vergessen, genauso wenig wie seine Besuche in meinem rosaweißen Schlafzimmer, die später erfolgten, als Sue ihre »Frauenabende« wieder aufnahm.

Woran ich mich jedoch nicht erinnern kann, ist mein Schmerz. Es muss ein so stechender Schmerz gewesen sein, der durch meinen Körper fuhr, dass ich noch lange, nachdem es vorbei war, am ganzen Körper zitterte. Aber während ich das schluchzende Kind vor mir sehe, dem Schleim und Blut an den eiskalten Beinen kleben, kann ich den Schmerz nicht mehr spüren.

Sein gewaltsames Eindringen ist mir immer noch präsent, ich spüre förmlich sein befriedigtes Zucken. Nachdem irgendwann meine Periode eingesetzt hatte, verwendete er Kondome. Ich sehe noch vor mir, wie er die farblosen, benutzten Kondome in die Büsche oder ins hohe Gras warf. Aber die Stelle, wo der Schmerz sein müsste, ist völlig gefühllos. Vielleicht war er mir so unerträglich, dass ich ihn komplett verdrängt habe. Ich stelle mir vor, dass meine diesbezügliche Erinnerung in eine winzige Kiste gesperrt ist, und vor Angst, dass sie eines Tages entweichen könnte, habe ich den Deckel zugeklappt und die Kiste tief unter anderen Erinnerungen begraben.

Wenn es vorbei war, legte er jedes Mal den Arm um mich und zog mich an sich. Dieser kurze Akt der Zärtlichkeit verwandelte meinen Vergewaltiger in meinen Tröster. Dann erfüllte die Stimme des Mannes, den ich als kleines Kind geliebt hatte, meine Ohren. Während mein Körper vom Schluchzen geschüttelt wurde, wischte er mir die Tränen weg und strich mir beruhigend über den Rücken.

»Scht, Sally, scht«, murmelte er, bis mein Weinen nachließ. »Daddys tun so etwas mit kleinen Mädchen, die sie lieb haben. So bringen sie ihnen bei, wie sie zur Frau werden. Und jetzt hör auf zu weinen. Du bist doch schon ein großes Mädchen.« Aber sobald meine Tränen versiegt waren, veränderte sich seine Stimme, und sein spöttischer Tonfall zeigte mir, wie sehr er mich verachtete. Dann stieß er mich weg.

»Jedenfalls weiß ich, dass du es wolltest«, war eine seine häufig wiederholten Schuldzuweisungen.

»Wollte ich nicht«, keuchte ich.

»Du wirst es bald schon mögen«, erwiderte er barsch.

Ich wusste, dass dem nicht so sein würde. Aber jedes Mal, nachdem es passiert war, lehnte ich mich dennoch gegen ihn und genoss seine geflüsterten beruhigenden Worte.

Sobald ich mich gefasst hatte, reichte er mir einen Lappen, den er im Handschuhfach aufbewahrte, oder ein Taschentuch, wenn es in meinem Zimmer passierte. »Hier, wisch dich damit ab.«

Jedes Mal tat ich es gehorsam und zog dann meine Unterhose wieder an.

»Sally«, sagte er immer wieder, »das ist etwas ganz Besonderes zwischen uns. Du darfst mit niemandem darüber sprechen, hast du verstanden?«

»Ja«, antwortete ich, solange ich acht, neun und schließlich zehn Jahre alt war. Hinterher, als ich ihm nicht länger glaubte, war es zu spät. Durch mein eigenes Verhalten war ich als Lügnerin abgestempelt und hatte selbst eine Welt geschaffen, in der er sicher sein konnte, dass ich schwieg.

Aber bis dahin ließ ich mich von seinen Drohungen, man könne mich wegholen, einschüchtern und glaubte seinen Versprechen, dass er das niemals zulassen würde, solange ich brav war.

Und dann war da noch diese andere Drohung, vor der ich weitaus mehr Angst hatte – und die er nie mehr aussprechen musste: Wenn ich ihm nicht gehorchte, würde ich auf ewig in der Hölle schmoren und meine Mutter nie wiedersehen.

»Ich werde nichts sagen«, versprach ich.

»Ich bringe dich nach Hause«, oder, wenn er mich in meinem Zimmer aufgesucht hatte, »Schlaf jetzt«, sagte er mit ruhiger Stimme, als wäre nichts Ungehöriges passiert.

Häufig bekam ich am nächsten Tag ein Geschenk, eine Tüte Bonbons oder Schokolade.

»Für mein besonderes Mädchen«, sagte er, und jedes Mal bemerkte ich Sues missgünstigen Gesichtsausdruck.

»Du verziehst sie«, warf sie ihm vor.

Aber er schenkte dem keine Beachtung.

Kapitel 45

Als unser altes Haus nach dem Tod meiner Mutter zu einem kalten, lieblosen Ort verkümmerte, gab es für uns Kinder nicht viele Vorschriften. In dem neuen Haus dagegen führte Sue ein strenges Regiment und pochte darauf, dass wir all ihre Regeln beachteten. Sie betrachtete diesen Ort als ihren Herrschaftsbereich. Schließlich, und darauf wies sie meinen Vater bei ihren Streitereien immer wieder hin, hatte ihre Familie das Haus gekauft, während er und seine Kinder lediglich Nutznießer seien.

Sobald ich aus der Schule nach Hause kam, musste ich sämtliche Spuren von Dollys Anwesenheit im Garten beseitigen. Dafür lagen draußen vor dem Hintereingang eine Schaufel und Plastiktüten. Bevor ich das Haus betreten durfte, musste ich also erst den Rasen nach Hundehaufen absuchen. Ich beugte mich tief nach vorn, vor lauter Angst, etwas zu übersehen. Denn dann wäre es möglich, dass Sue mir meinen kleinen Hund doch noch wegnahm.

Die Schuhe mussten vor dem Betreten des Hauses ausgezogen werden, Spielsachen mussten in unseren Zimmern bleiben, Hausaufgaben hatte ich oben zu erledigen, und Dolly durfte nie weiter als bis in die Küche. Innerhalb weniger Wochen nach unserem Einzug stellte Sue ihr halbherziges Werben um Billys und meine Zuneigung ein. Die Anziehungskraft einer fertigen Familie von der Stange war verschwunden, und sie hätte uns Kinder am liebsten unsichtbar gemacht. Ich kannte die Redewendung, dass man Kinder sehen, aber nicht hören sollte. Sue wollte beides nicht.

Wenn ich mit einem Buch im Salon saß, forderte sie mich auf, nach oben zu gehen. Wenn ich fragte, ob ich etwas im Fernsehen anschauen dürfe, lehnte sie ab, weil es angeblich nicht gut für mich sei. Und wenn ich in die Küche kam, während sie das Essen zubereitete, behauptete sie, ich stände ihr im Weg.

Ich floh meistens in den Garten, um mit Dolly zu spielen, oder ging mit ihr Gassi, während Billy neben mir hertrottete.

»Geht nicht so weit«, ermahnte uns Sue jedes Mal. Abgesehen von Anweisungen oder Rügen hatten sie uns wenig zu sagen.

Mit dem Umzug hatte sie aufgehört, in der Firma ihres Vaters zu arbeiten. »Ich habe genug damit zu tun, mich um das Haus und deine Kinder zu kümmern«, hörte ich sie zu Dad sagen.

Billy und ich kamen in die örtliche Schule, und nun war ich es, die jeden Morgen meinen jüngeren Bruder mitnahm. Anfangs gefiel es mir in meiner neuen Schule. Für meinen Fleiß bekam ich goldene Sterne, und da ich begierig war, noch mehr zu bekommen, saß ich oft mit den Schulbüchern in meinem Zimmer am Tisch und bereitete mich auf den Unterricht am nächsten Tag vor.

Ich übte fleißig die Rechtschreibung. Ich versuchte so lange, mir jeden Buchstaben eines Wortes einzuprägen, bis mir die Augen brannten und alles zu schwarzen Schnörkeln verschwamm. Aber wenn mich dann am nächsten Tag die Lehrerin lobte, war es das wert. Ich wurde süchtig nach diesem Lob.

Im Unterschied zu meiner alten Schule waren die Kinder an der neuen freundlich zu mir. Sie wussten nichts über meine Mutter, ihre Trinkerei oder ihre Zusammenbrüche, und schon nach wenigen Wochen erhielt ich Einladungen zu Partys oder zum Spielen.

Aber als ich Sue um Erlaubnis bat, hingehen zu dürfen, freute sie sich nicht etwa, dass ich von den Kindern angenommen wurde, sondern interessierte sich lediglich dafür, mit wem ich mich da abgab. Sobald ich ein Kind von unserer Schule erwähnte, wollte sie genau wissen, in welchem Stadtteil es wohne und was der Vater von Beruf sei.

194

»Ich denke nicht, Sally«, lautete früher oder später ihre Antwort, wenn ich sie bat, eine neue Freundin besuchen zu dürfen.

Die von ihr genannten Gründe wechselten. Manchmal lag es daran, dass die Eltern des Kindes für ihre Familie arbeiteten und damit auch für meinen Vater, bei anderen missfiel ihr die Adresse oder der Beruf des Vaters. Wenn sich die Einladung auf das Wochenende bezog, reagierte sie mit einem Seufzen. »Nein, dieses Mal nicht, Sally – es kann dich niemand hinfahren und abholen. Dein Vater arbeitet die ganze Woche so hart, deshalb wollen wir ihn nicht darum bitten, nicht wahr?«

Einmal habe ich gefragt, ob eine Freundin zum Spielen zu mir kommen dürfe. Meine Bitte wurde mit einem entsetzten Blick quittiert. »Nein, Sally, ich habe schon genug damit zu tun, dich und Billy zu verköstigen und hinter euch herzuräumen, da will ich nicht noch mehr Kinder im Haus haben. Und dein Vater braucht nach der Arbeit seine Ruhe – er will nicht, dass lärmende Kinder hier herumlaufen.«

Wenn ich von der Schule nach Hause kam und Dolly mich freudig bellend begrüßte, kam Sue an die Tür geschossen. Sie rümpfte die Nase über den wedelnden kleinen Hund, der kläffend an mir hochsprang. »Sally, sorg dafür, dass der Hund Ruhe gibt. Wir wollen schließlich nicht die Nachbarn verärgern!«

Billy, der einst pausbäckig und lebhaft gewesen war, wirkte bedrückt. Da er es gewohnt gewesen war, von meiner Großmutter und meiner Tante verhätschelt zu werden, verzehrte er sich nach seinem alten Zuhause und den Menschen, die ihn nach dem Tod meiner Mutter aufgezogen hatten. »Will zu Oma«, sagte er ständig und verfiel wieder in die Babysprache. Er begann, am Daumen zu lutschen, was Sue zur Weißglut trieb.

»Das ist unhygienisch und sieht fürchterlich aus. Nimm sofort den Finger aus dem Mund«, schrie sie ihn an.

Spielzeuge, die Krach erzeugten, so wie die Trommel, die er von meiner Tante bekommen hatte, wurden konfisziert, und Spiele wie Verstecken, die wir oft zusammen gespielt hatten, waren nun verboten. Sue hatte ihm auch untersagt, meinen alten Hüpfball, den er liebte, mit in das neue Haus zu bringen. »Ich will nicht, dass der den Rasen kaputt macht«, sagte sie zur Begründung.

Die wunderbaren neuen Dinge, von denen laut Sues Versprechungen das neue Haus voll sein würde, beinhalteten leider keine Spielsachen. Billy war in einem Alter, in dem es kleinen Jungs schwerfällt, ruhig zu sein, und da er jetzt keine Cousins mehr als Spielkameraden hatte, begann er sich zu langweilen und wurde immer stiller. Mit fünf Jahren verschwand sein Babyspeck ebenso wie sein strahlendes vertrauensseliges Lächeln. Sue mochte ihn in einen wohlerzogenen Jungen verwandelt haben, aber gleichzeitig in einen unglücklichen.

Sie war davon überzeugt, dass ich der Liebling meines Vaters sei, und sie wusste: Falls sie je die Hand gegen mich erhob, würde ich es ihm erzählen. Allerdings schien sie genauso gut zu wissen, dass es Strafe genug war, mich einfach zu ignorieren. Billy hatte weniger Glück, und wenn er sich einer ihrer Regeln widersetzte oder nicht schnell genug ihre Anweisungen befolgte, gab es nicht nur harsche Worte, sondern auch eine klatschende Ohrfeige.

Vor und nach dem Tod meines Großvaters fand Sue dauernd Ausreden, um die Familie meines Vaters nicht besuchen zu müssen. Eine Dinnerparty, eine Einladung bei ihren Eltern oder ein Besuch bei einem ihrer Freunde hatte stets Priorität gegenüber dem Vorschlag meines Vaters, in seine alte Heimat zu fahren. An den Wochenenden legte sie fest, was sie und mein Vater unternahmen, vor allem wenn es darum ging, in ihren Augen wichtige Leute zu beeindrucken. Wenn Besuch kam, wurden Billy und ich vorgeführt und anschließend auf unsere Zimmer verbannt.

»Oh, Sue«, hörte ich eine ihrer Freundinnen sagen, »ich finde es so tapfer von dir, die Kinder einer anderen Frau aufzunehmen.«

»Ach«, erwiderte Sue leichthin, »es ist keine große Mühe, und die beiden sind ja so süß.«

Sues Regeln nahmen ständig zu und schränkten uns Kinder immer mehr ein. So wurden zum Beispiel die gemeinsamen Mahlzeiten im Kreis der Familie am Samstagabend eingestellt. »Ich halte es für besser, wenn ihr Kinder samstags allein esst«, teilte sie mir mit. »Anschließend könnt ihr auf eure Zimmer gehen und spielen.« Sie besorgte einen kleinen Fernseher und stellte ihn in mein Zimmer. »Du kannst hier oben fernsehen«, eröffnete sie mir strahlend. »Wie glücklich du dich schätzen kannst – dein eigener Fernseher.« Es folgten ein Kassettenrekorder und einige der neuesten Kassetten.

»Wenn wir Gäste haben, darf Dolly hoch in dein Zimmer, bis unser Besuch wieder gegangen ist.« Auf diese Weise bekam ich ein zusätzliches Zückerchen.

»Die Kinder haben schon gegessen«, sagte sie, als mein Vater erstaunt feststellte, dass im Esszimmer nur für zwei Personen gedeckt war.

Billy und ich hatten in der Küche Käsemakkaroni aus der Dose bekommen, und mir lief beim Duft des Schmorbratens in Rotwein, der durch das ganze Haus zog, das Wasser im Mund zusammen.

»David, wir brauchen unsere Privatsphäre«, sagte sie am darauffolgenden Wochenende, nachdem sie Billy und mich aufgefordert hatte, auf unsere Zimmer zu gehen, obwohl es draußen noch hell war. »Sally hat in ihrem Zimmer alles, was sie sich nur wünschen kann, und ich habe ihr sogar erlaubt, den Hund mit nach oben zu nehmen. Wir brauchen ein bisschen Zeit für uns, nicht wahr, Liebling?«, säuselte sie zuckersüß.

Sie hatte recht: In meinem Zimmer gab es alles, was sich ein Mädchen nur wünschen kann. Das einzige Problem bestand darin, dass ich außer Billy niemanden zum Spielen hatte. Billy war zu klein, um lange still sitzen zu können, und es regte mich auf, wenn er mit meinen Sachen herumspielte. Andererseits wirkte er so unglücklich über seine neue Lebenssituation, dass ich es nicht fertigbrachte, ihn anzumeckern. Nachdem die erste Begeisterung über den neuen Kassettenrekorder und meinen eigenen Fernseher verflogen war, fühlte ich mich in meinen vier Wänden wie eingesperrt. Mein Zimmer kam mir eher vor wie ein Gefängnis und nicht wie ein Raum, in dem sich ein Kind wohlfühlen kann.

»Sally, zeige Tante sowieso dein Zimmer«, forderte Sue mich auf, wenn wieder mal eine ihrer Freundinnen zu Besuch kam.

Ich musste die Betreffende mit nach oben nehmen und alles vorführen, was Sue in mein Zimmer gestellt hatte.

»Du kannst dich wirklich glücklich schätzen!«, hieß es dann immer, gefolgt von üppigem Lob für Sue.

»Verwöhn die beiden nicht zu sehr«, warnte manche »Tante« ihre Freundin Sue, wenn sie in den Salon zurückkehrten.

Am liebsten hätte ich ihr gesagt, wie Sue uns in Wahrheit behandelte, aber das traute ich mich natürlich nicht. Stattdessen ging ich, gefolgt von Billy, rasch wieder nach oben.

Kapitel 46

In der nächsten Zeit fuhren mein Vater und ich dreimal zu meiner Großmutter, und jedes Mal hielt er auf dem Rückweg im Wald.

»Warum nimmst du nicht auch Billy mit?«, fragte Sue beim dritten Mal gereizt. Ein Tag allein zu Hause bedeutete für sie: ein ausgiebiges Schaumbad, sich die Nägel lackieren und ihr Gesicht mit einer Schlammmaske verwöhnen. »Ich wollte zum Friseur«, sagte sie verärgert. »Ich habe dich nicht geheiratet, um für deine Kinder den Babysitter zu spielen.«

Weitere Streits folgten. Schließlich setzte sie sich durch, und Billy begleitete uns. Und von Ausnahmen abgesehen, etwa wenn er krank war, kam er von nun an immer mit. Oma freute sich sehr darüber, ich aber noch mehr. Ohne es zu ahnen, war Billy zu meinem Beschützer geworden.

Zu dieser Zeit begann Sue sich darüber aufzuregen, dass Dad so viele Stunden von zu Hause wegblieb, und nahm ihre Frauenabende wieder auf. Sie benötige Zeit für sich und wolle den Kontakt zu ihren Freundinnen halten. »Ich brauche das, David«, sagte sie. Es schien sie jedoch zu ärgern, dass er nicht protestierte.

In einer jener Nächte, in denen Sue mit ihren Freundinnen unterwegs war, demonstrierte mein Vater mir wieder einmal, wie viel Macht er über mich hatte.

Es war fast zehn Uhr abends. Da er es normalerweise nicht arrangieren konnte, mit mir allein zu sein, hatte er mich eine Weile lang in Ruhe gelassen. Aber Sues Frauenabend gab ihm nun die

Gelegenheit, auf die er gewartet hatte. Da sie erst spät zurückkommen würde, fühlte er sich sicher. Und sobald Billy schlief, riskierte er es, in mein Zimmer zu kommen.

Ich las im Schein der Nachttischlampe, da hörte ich, wie die Tür aufging. Ich hob den Kopf und sah ihn dort stehen.

»Hallo, Sally«, sagte er. »Ist lange her, dass wir beide zusammen waren, nicht wahr?«

Ich zog die Bettdecke bis ans Kinn und starrte ihn ängstlich über den Rand hinweg an.

Während sich sein Mund zu dem vertrauten verschwörerischen Lächeln verzog, fuhren seine Augen die Umrisse meines Körpers entlang. »Hör auf, dich unter der Bettdecke zu verstecken – ich weiß, dass du es willst. Ein verdorbenes kleines Mädchen wie du will immer.«

»Ich will nicht«, flüsterte ich und klammerte mich an die Decke, als könne sie mir Schutz bieten.

»Sally, was habe ich dir über das Lügen gesagt? Dafür wird man bestraft.«

Ich sah ihn an und verstand nicht, was er meinte, aber ich wusste, dass gleich etwas Schlimmes passieren würde.

Er bewegte sich so schnell, dass er mich überrumpelte. Seine starken Hände packten mich bei den Schultern und zerrten die Decke weg. Dann drückte er mich hinunter, schnappte sich ein Kissen und presste es mir aufs Gesicht.

Ich spürte sein Gewicht, das mich nach unten presste, meine Brust verengte sich, und ich hörte das Blut in meinen Ohren rauschen. Ich strampelte mit den Beinen, und als ich versuchte, nach seinen Händen zu greifen, verhedderten sich meine Arme nur in der Decke. Ich war machtlos, und das schwache Winden meines Körpers vermochte das Kissen nicht abzuschütteln, das mir die Luft abschnürte.

Es konnten nur ein paar Sekunden gewesen sein, aber in meiner Panik kam es mir vor wie Stunden, bis er mich losließ. Als er das

Kissen hochhob, konnte ich immer noch nicht atmen. Mein Brustkorb brannte innerlich, und vor meinen Augen tanzten schwarze Punkte. Mit kurzen, pfeifenden Atemzügen versuchte ich erfolglos, Luft zu bekommen. Ich sah ihn flehend an. Ich brauchte meinen Inhalator. Seit meinem ersten Asthmaanfall fürchtete ich mich davor, irgendwo zu sein, wo ich nicht an mein Medikament herankam. Die Anfälle traten mittlerweile regelmäßig auf, und nur wenn ich den Inhalator in der Hand hielt und bereit war, ihn mir in den Mund zu schieben, verebbte meine Panik, welche die Heftigkeit der Anfälle nur steigerte.

Zwar war mir mittlerweile erlaubt, den Inhalator mit in die Schule zu nehmen, aber zu Hause hatten entweder Sue oder mein Vater den Inhalator in Gewahrsam.

»Aber was ist, wenn ich ihn nachts brauche?«, hatte ich ängstlich gefragt, als mein Vater mir sagte, dass sie den Inhalator in ihrem Schlafzimmer aufbewahren würden. »Wenn ich euch nicht rufen kann oder ihr mich nicht hört?«

Er hatte geantwortet, dass ich zu sehr dramatisieren würde. Natürlich könne ich rufen oder bei den beiden an die Tür klopfen. Das Asthma mache mich schließlich nicht bewegungsunfähig. Außerdem sei es gefährlich, wenn ich den Inhalator zu häufig benutze – das habe der Arzt mir doch gesagt.

In jener Nacht brauchte ich den Inhalator, und es lag in seiner Macht, dass ich ihn bekam. Er stand da und schaute zu, wie ich nach Luft rang. Mit vor Panik weit aufgerissenen Augen sah ich, dass er den Inhalator in der Hand hielt.

»Willst du das hier, Sally?«, fragte er, und ich streckte verzweifelt die Hand danach aus. Er lachte und trat einen Schritt zurück, sodass er außerhalb meiner Reichweite war. »Sag ‚Bitte‘, Sally.«

Aber aus meiner Kehle drang nur ein pfeifendes Geräusch, und ich bekam das Wort nicht heraus. Während er mich anlächelte und mit dem Inhalator winkte, verengte sich meine Brust nur noch mehr.

»Was denn? Kannst du nicht sprechen?«

»Bitte«, gelang es mir schließlich, zwischen dem Keuchen hervorzupressen.

»Schon besser«, sagte er und hielt mir den Inhalator hin.

Ich ergriff ihn und setzte ihn an meine Lippen. Als ich den ersten Sprühstoß in meinen Mund jagte, spürte ich, wie der Druck nachließ. Langsam beruhigte sich meine Atmung, und ich nahm noch einen Sprühstoß.

»Das reicht, Sally«, sagte er und nahm mir den Inhalator wieder weg.

Matt lag ich auf dem Bett. Das Kissen, das auf mein Gesicht gepresst worden war, lag nun unter meinem Kopf. Mein Gesicht war feucht von Schweiß und Tränen, und der Schlafanzug klebte an meinem Körper.

Er ging hinaus und kehrte mit einem feuchten Waschlappen und einem Glas Milch zurück. Behutsam rieb er mir das Gesicht ab und schloss dann meine Finger um das Glas. »Trink das. Dann wirst du dich besser fühlen«, sagte er und hatte wieder die Stimme des lieben Daddys.

Dankbar trank ich.

»Siehst du«, sagte er zärtlich, »Daddy macht alles gut. Was sagst du, Sally?«

»Danke«, antwortete ich und wusste, dass das Spiel noch nicht vorbei war.

»Und jetzt gib zu, dass du mich willst«, verlangte er. Als er sah, dass ich ihn nur benommen anblickte, bewegte er die Hand in Richtung meines Nachtschranks, auf den er den Inhalator gestellt hatte. »Sag es, Sally.«

Vor Angst, dass er dasselbe noch einmal tun könnte, flüsterte ich die Worte, die er hören wollte. Dann spürte ich, wie das Bett unter dem Gewicht seines Körpers nachgab, als er sich zu mir legte.

Kapitel 47

Nach jener Nacht erschuf ich in meinem Kopf eine geheime Welt, einen imaginären Ort, an den ich flüchten konnte, wenn die Realität zu grausam wurde, eine Welt, in der meine Mutter noch lebte und ich mit ihr sprechen konnte.

Ich ignorierte, dass sie mich vor ihrem Tod nicht hatte beschützen können. In meiner neuen Welt tat sie es, und genau deshalb hatte sie mich weggeschickt. Alles steckte in der Geschichte, die sie mir erzählt hatte. Sie kannte das wahre Gesicht meines Vaters. Er war der Drache, oder etwa nicht? Und die Leute, die das kleine Mädchen aufnahmen, waren meine Tante und mein Onkel. Leider durfte das kleine Mädchen nicht glücklich bis ans Ende ihrer Tage bei ihnen leben. Als meine Mutter starb, ahnte sie das nicht.

Bevor ich nachts einschlief, vertraute ich mich meiner Mutter an. Ich erzählte ihr von meinen Ängsten, und in meiner Vorstellung tröstete sie mich.

Ich zog mich von meinen Klassenkameraden zurück. Was hätte ich ihnen auch Interessantes erzählen sollen? Ich fühlte mich ausgeschlossen. Oft beobachtete ich die Gruppen von Mädchen, die kichernd auf dem Schulhof zusammenstanden. Sie redeten über Familienausflüge – wir machten keine; über Spielnachmittage bei ihnen zu Hause oder über Partys – mir wurde nicht erlaubt, daran teilzunehmen. Nachdem ich ihre Einladungen ständig abgelehnt hatte, deuteten sie meine Zurückhaltung als Arroganz. Nach und nach hörten sie auf, mich in ihre Spiele einzubeziehen, und Einladungen zu ihnen nach Hause unterblieben schließlich.

Meine Gedanken drehten sich ständig um meine Mutter, und ich wünschte sie mir so sehr zurück, dass es wehtat. In meiner Fantasie hatte ich ihre schlechten Tage aus meiner Erinnerung gestrichen und sie in die perfekte Mutter verwandelt. Ich strickte mir endlose Geschichten mit mir als Heldin, in denen meine Träume und Wünsche wahr wurden, und in meinem Kopf spielte ich sie wie Filme immer wieder ab.

Manchmal war ich ein berühmter Popstar, der vor einer Menge bewundernder Fans stand, oder eine Sportlerin, die bei Wettkämpfen gewann und der die ganze Schule applaudierte. Oder ich war umgeben von Freunden, die an meinen Lippen hingen und alles für mich taten. In allen Träumen hatte ich eine makellose Haut und lebte ohne Angst vor einem Asthmaanfall. Schrittweise wurde meine Traumwelt immer realer, bis Wirklichkeit und Einbildung völlig ineinander verflochten waren.

Ich hatte eine blühende Fantasie, und auf diese Weise holte ich mir meine Mutter zurück. Ich begann zu glauben, dass sie fortgelaufen war und sich vor meinem Vater versteckte; niemals vor mir, sondern immer nur vor ihm. Hatte er sie gezwungen, dieselben Dinge zu tun, die er auch von mir verlangte? Hatte sie uns deshalb verlassen?

Das war der erste Teil der Geschichte, die ich mir ausdachte, teils Wunsch, teils Lust am Erfinden. Sobald ich genügend davon überzeugt war, erzählte ich es den anderen Mädchen in meiner Klasse. »Mein Mami ist gar nicht tot«, sagte ich ihnen. »Sie versteckt sich und kommt bald zurück.«

Meine Klassenkameradinnen sahen mich ungläubig an. Aber es waren nette Mädchen, die ihren Müttern berichteten, was ich gesagt hatte, und angewiesen wurden, das Spiel mitzumachen.

»Es ist nicht leicht, seine Mutter zu verlieren, wenn man noch so klein ist«, wurde ihnen gesagt, wie ich später erfuhr.

Da diese Geschichten harmlos waren, erzählte niemand der Schulleiterin oder meinem Vater davon. Dazu kam es erst später.

Kapitel 48

Es war eine der seltenen Gelegenheiten, bei denen ich allein zu Hause gelassen wurde, da überwältigte mich meine Neugier. Ich schlich aus meinem Zimmer und den Flur entlang zum Schlafzimmer von Sue und meinem Dad. Vorsichtig drückte ich die Tür auf. Ein paar Sekunden lang stand ich einfach nur da und schaute ins Zimmer. Das Verbot, dieses Zimmer zu betreten, war vergessen, ebenso die Regel, dass ich niemals Sues Sachen anfassen durfte. Mein Blick klebte an der Frisierkommode. Dem Sortiment an Make-up und Schönheitsutensilien konnte ich nicht widerstehen. Als hätten meine Füße einen eigenen Willen, brachten sie mich über den beigefarbenen Teppich, und plötzlich saß ich auf dem weißgoldenen Stuhl vor dem Spiegel.

Das Spiegelbild meines kindlichen Gesichts blickte mir entgegen. Blondes Haar, das immer noch kurz unter den Ohren abgeschnitten war, ein blasses Gesicht, aus dem die Rundlichkeit des Kindes fast gänzlich verschwunden war, und große grüne Augen mit langen hellen Wimpern. Wie würde ich wohl mit Make-up ausschauen? Sue bekam ich nicht oft ungeschminkt zu Gesicht, aber bei den wenigen Malen war mir aufgefallen, dass sie dann ganz anders aussah. Ihre Augen, die mithilfe von Kosmetik groß und strahlend wirkten, waren in Wahrheit klein und mit spärlichen Wimpern besetzt. Ohne Make-up war ihre Haut blass, und ihre Gesichtszüge waren unscheinbar. Allein die Hilfsmittel auf der Frisierkommode verschafften ihr hohe Wangenknochen. Und ohne den schimmernden blassrosafarbenen Lippenstift und den

Konturenstift in einem etwas dunkleren Ton waren ihre Lippen schmal. Kurz gesagt: Ohne Schminke war Sue wenig attraktiv.

Langsam nahm ich einen Tiegel nach dem anderen in die Hand, schraubte die Deckel ab und atmete den Duft, der ihnen entströmte. Ich tunkte den Finger in eines der Döschen, und als ich ihn wieder herausnahm, war er mit einer beigefarbenen Grundierung überzogen. Ehe ich mich versah, verteilte ich die Creme in meinem Gesicht. Ein anderer Tiegel enthielt hellrotes Puder für die Wangen. Ich trug es auf. Dann spuckte ich auf den Block Wimperntusche, wie ich es Sue während des Frühstücks hatte tun sehen, und malte mit der kleinen Bürste ungelenk meine Wimpern an. Als ich danach mit dem Finger Lidschatten auftrug, verschmierte ich Wimperntusche auf der Wange.

Ich war so auf meine Verwandlung konzentriert, dass ich nicht hörte, wie die Haustür aufging und Sue die Treppe hochkam. Erst als ich hinter mir ihre Stimme hörte, merkte ich, dass sie im Zimmer war.

»Sally, was zum Teufel tust du da?«, schrie sie.

Ich zuckte zusammen. »Ich habe nur versucht, mich hübsch zu machen«, antwortete ich.

»Gib dir keine Mühe«, erwiderte sie knapp. »Bei deinem Ausschlag wird dir das nie gelingen. Jetzt wasch das Zeug ab.«

Ich schlich aus dem Zimmer und ging ins Bad. Dort starrte ich mich im Spiegel an. Mein Gesicht mit den leuchtend roten Wangen, der Wimperntusche auf der Wange und den blau verschmierten Augenlidern blickte mir mit ernster Miene entgegen. Ja, dachte ich, sie hat recht. Ich werde nie hübsch sein. Ich nahm den Waschlappen und wischte langsam sämtliche Spuren des Make-ups aus meinem Gesicht.

Sue beschloss, dass ich an den Wochenenden und den bald beginnenden Schulferien einen Spielkameraden bräuchte. Sie verkündete, dass sie die perfekte Freundin für mich gefunden habe. »Dann kommst du mehr aus dem Haus und hast etwas zu tun«, sagte sie.

Damit hoffte sie vermutlich, mich loszuwerden.

»Wer ist sie?«, fragte ich. Mir wurde gesagt, dass sie Jennifer heiße und in meinem Alter sei. Ich hakte nach und erfuhr, dass es die Tochter einer Freundin von Sue war und sie die Woche über in ein exklusives Internat ging. Da es ein Stück weit weg lag, kannte sie hier im Ort keine Kinder. Jennifer hatte zwei ältere Brüder, die jedoch keine große Lust hatten, mit ihrer kleinen Schwester zu spielen.

Ich musste daran denken, wie wenig sich Pete für mich interessiert hatte, als ich noch jünger war, und ich spürte Mitgefühl für dieses Mädchen aufsteigen.

»Sie ist der Typ Mädchen, mit dem du dich anfreunden kannst«, betonte Sue.

Es ärgerte mich, dass sie annahm, ich hätte keine Freunde, obwohl ich ihr das nie eingestanden hatte. Mir lag auf der Zunge, dass es noch andere Mädchen gebe, mit denen ich mich in den Ferien treffen wolle, aber ich verkniff es mir. Mit Sicherheit hätte Sue schnell herausgefunden, dass das eine Lüge war.

»Und«, fügte sie hinzu, um mich zu ködern, »ihre Mutter erlaubt, dass du Dolly mitbringst.«

Damit hatte sie mich.

Sie hatte bereits eine Verabredung mit Jennifer getroffen. An dem vereinbarten Morgen bürstete ich Dollys Fell und legte ihr das rote Halsband um. Ich drückte sie und flüsterte ihr in das flauschige Ohr, was wir an diesem Tag unternehmen würden. Begeistert leckte sie mich ab.

Sue fuhr uns in einen Randbezirk der Stadt, wo auch ihre Eltern lebten. Hier wohnte Jennifers Familie.

Als wir ankamen, sah ich ein Haus, das dem sehr ähnelte, in dem Sue aufgewachsen war: ein großes rotes Backsteingebäude inmitten einer parkähnlichen Anlage mit perfekt gepflegtem Rasen und hohen Bäumen. Hier würde Dolly viel Platz zum Herumlaufen haben. Plötzlich kam mir ein Gedanke: Vermutlich war Sue an einem freundschaftlichen Verhältnis zu dieser reichen Familie interessiert. Ganz bestimmt hatte ihr Engagement nichts damit zu tun, dass sie sich darum sorgte, ich könne einsam sein.

An diesem Tag öffnete uns Jennifers Mutter die majestätische Eingangstür. Die Frau war etwa zehn Jahr älter als Sue und einfach makellos. Ihr dunkelbraunes Haar war zu einem schimmernden Bob geschnitten und schmiegte sich weich an ihre Wangen. Ihr schmales Gesicht mit den feinen Zügen und den großen braunen Augen war dezent geschminkt, und ihr hellblaues Leinenkleid, über das Sue mir später sagte, dass es aus der neuesten Landhaus-Kollektion stamme, sah aus wie frisch gebügelt. Sue forderte mich auf, die Frau Tante Ann zu nennen.

Tante Ann sagte mir, dass sich Jennifer auf meinen Besuch freue, und führte uns in ein Zimmer, in dem drei Wände und das Dach aus Glas waren und das sie als Wintergarten bezeichnete. Die Einrichtung bestand aus weißen Korbsesseln mit rosaweiß gestreiften Kissen. Auf Steinsäulen standen Pflanzen, die in Rosa und Weiß blühten. Ich hörte, wie Sue den Raum bewunderte, während er mich an das Gewächshaus meines Opas erinnerte. Nur dass dieser Raum größer und eleganter wirkte und hier nichts im Entferntesten so aussah, als wäre es essbar.

Jennifer wartete hier auf uns, und mein erster Eindruck war der eines pummeligen kleinen Mädchens mit einem runden, kindlichen Gesicht. Sie trug gelbe Baumwollshorts, und ihre Füße steckten in makellosen weißen Tennisschuhen. Wie bei mir war auch ihr mausbraunes Haar kurz unterhalb der Ohren abgeschnitten und wurde von einer braunen Haarspange zurückgehalten.

Befangen und schüchtern wegen der anwesenden Erwachsenen, wollte keine von uns das erste Wort sagen. Aber dann brach Dolly das Eis. Kaum hatte Jennifer meinen Hund entdeckt, da war sie schon auf dem Boden und streichelte ihn.

»Lass ihn nicht dein Gesicht ablecken«, hörte ich ihre Mutter sagen, bevor sie sich Sue zuwandte. »Der ist aber niedlich!«

Erstaunt vernahm ich, wie Sue dem zustimmte, als hätte sie nie daran gedacht, Dolly wegzugeben.

Ein Tablett mit einer silbernen Teekanne, Porzellantassen und einem Teller mit Keksen wurde von einem Mädchen im Teenageralter hereingebracht. Sie wurde als das Au-pair bezeichnet, und wie ich später herausfand, war sie erst vor wenigen Wochen aus Frankreich angereist. Sie war hier, um ihr Englisch zu verbessern, den Kindern Französisch beizubringen und ein bisschen im Haushalt zu helfen.

Jennifer und ich bekamen Saft und Kekse, dann forderte meine neueste Tante ihre Tochter auf, mich herumzuführen, während sie und Sue ein bisschen plauderten. Mehr Ermutigung war nicht nötig, damit Jennifer und ich sofort nach draußen eilten, begleitet von Dolly, die aufgeregt neben mir herumhüpfte.

An diesem Tag erkundeten wir den Obstgarten, wo die Früchte an den Bäumen jedoch noch zu grün zum Pflücken waren. Abwechselnd warfen wir für Dolly einen Ball und sahen entzückt zu, wie der Hund hinter dem Ball herwetzte, so schnell seine kleinen Beine ihn trugen. Im Maul brachte Dolly den Ball zu uns zurück, damit wir ihn wieder warfen.

Nach dem Mittagessen, das wir im Garten zu uns nahmen, zogen wir uns Badeanzüge an und verbrachten den Nachmittag im neuen Swimmingpool der Familie. Ich musste aufblasbare Schwimmflügel tragen, allerdings sagte Tante Ann, dass mir das Au-pair bei meinem nächsten Besuch schwimmen beibringen könne. Der Pool war umgeben von pinkfarbenen Fleißigen Lieschen. Jennifer erzählte mir, dass ihre Mutter in jedem Frühsommer von der örtlichen Gärtnerei 500 Stück pflanzen ließ. Einen Moment lang dachte ich an unseren zugewucherten kleinen Hintergarten, um den sich meine Mutter wegen ihrer Depressionen nicht hatte kümmern können. Ein Schatten musste sich auf mein

Gesicht gelegt haben. Jennifer, die meine Miene offenbar nicht deuten konnte, bespritzte mich mit Wasser, und wir nahmen unser Spielen und Plaudern im warmen Wasser wieder auf. Dolly saß am Schwimmbeckenrand, wedelte mit dem Schwanz und bellte gelegentlich.

Am Ende des Nachmittags hatte ich das Gefühl, dass Jennifer und ich dicke Freundinnen geworden waren, und nachdem Sue mich gerufen hatte, weil wir gehen mussten, fuhr ich in dem freudigen Wissen weg, dass für den folgenden Samstag ein weiterer Besuch bei Jennifer vereinbart worden war.

Allerdings sollte diese Freundschaft nicht halten, sondern würde aufgrund meines Verhaltens ein rasches Ende finden. Aber da ich nicht in die Zukunft sehen konnte, glaubte ich an jenem Tag, dass Dolly und ich für die langen Sommerferien eine Spielkameradin haben würden.

210

Kapitel 49

Es war an einem Freitagnachmittag. Ich saß in der Küche und sah gebannt zu, wie Sue mit einem scharfen Messer geschickt Gemüse in winzige, regelmäßig geformte Stücke schnitt. In dem Moment fiel mein Blick auf den Armreif an ihrem Handgelenk: ein breiter, mit Kupfer eingefasster Silberreif, in den ein Vogel mit langen Beinen eingraviert war. Der Armreif kam mir bekannt vor, und je länger ich ihn betrachtete, desto überzeugter wurde ich, ihn bereits früher schon gesehen zu haben. Während ich in meiner Erinnerung grub, tauchte Stück für Stück ein Bild vor meinem geistigen Auge auf. Es war eine andere Küche, in der eine blonde Frau am Küchentisch stand und ihr ein kleines Mädchen bei der Arbeit zuschaute. Ich sah ein schelmisches Lächeln, funkelnde grüne Augen und hörte eine vertraute, warme Stimme sagen: »Heute koche ich etwas Besonderes zum Abendessen, Sally.« Und als sie die Hand nach dem Messer ausstreckte, fiel der Blick des Kindes auf den hübschen Armreif, den sie am schlanken Handgelenk trug.

»Woher hast du den Armreif?«, fragte ich.

Überrascht, dass ich sie etwas fragte, was mit ihrem Aussehen zu tun hatte, starrte Sue mich an. »Den hat dein Vater mir zum Geburtstag geschenkt. Er ist hübsch, nicht wahr?«

Ich wurde so wütend, dass meine Wangen rot anliefen. »Er gehörte meiner Mutter«, rief ich empört.

Sues Gesicht verdunkelte sich vor Zorn, und sie fuhr mich an: »Sei nicht albern, Sally – wie soll das möglich sein? Dein Vater hat den Armreif hier im Ort bei einem Juwelier gekauft.«

Ich erkannte jedoch den Anflug von Zweifel in ihrem Gesicht. »Ich sollte ihn haben und nicht du!«, schrie ich wütend.

»Schluss mit dem Unsinn, Sally!«, keifte Sue. »Und jetzt geh auf dein Zimmer!«

Außer mir, knallte ich auf dem Weg nach draußen die Küchentür hinter mir zu.

Als mein Vater nach Hause kam, schlich ich mich zum Treppenabsatz und hörte, wie Sue ihn auf meinen Vorwurf ansprach. »Wenn er ihr gehört hat, will ich ihn nicht, David«, hörte ich sie sagen. Darauf erklang die tiefere Stimme meines Vaters, der alles vehement abstritt.

Am Ende des Streits waren beide böse auf mich, mein Vater, weil ich diesen Ärger verursacht hatte, und Sue, weil ich sie dazu gebracht hatte, an ihm zu zweifeln. Den Rest des Abends musste ich in meinem Zimmer bleiben. Mein Essen brachte Sue mir auf einem Tablett nach oben und wies mich an, mich ja nicht unten blicken zu lassen. Gekränkt und wütend flüchtete ich in eine weitere Fantasie, die bereits in meinem Kopf keimte.

Am nächsten Morgen saß ich mürrisch am Frühstückstisch und schob das Essen auf meinem Teller herum. »Er gehörte Mami«, erklärte ich entschieden, als mein Vater sagte, ich solle nie wieder ein Wort über diesen Armreif verlieren.

»Es reicht, Sally«, brüllte er. »Und jetzt ab mit dir in die Schule.«

Immer noch wütend, schnappte ich mir meinen Schulranzen und verließ mit Billy das Haus. Mit jedem Schritt wurde mein Hass auf Sue und meinen Vater größer. Ich wollte, dass er mich in Ruhe ließ, und Sue sollte aus meinem Leben verschwinden. Ich fragte mich, ob die beiden wohl ärgerlich genug waren, um mich zurück zu Großmutter zu schicken oder mich sogar bei Tante Janet wohnen zu lassen. Aber das würde wohl nie eintreten. Sue würde mich bestimmt lieber heute als morgen loswerden, aber mein Vater würde mich niemals gehen lassen.

Billy, der nicht verstand, worum es ging, war beunruhigt wegen des Geschreis und der dicken Luft bei uns zu Hause, und marschierte schweigend neben mir her. Sobald wir an der Schule ankamen und durch das Schultor traten, war er froh, meiner grimmigen Gesellschaft entfliehen zu können, und eilte zu einer Gruppe kleinerer Kinder.

Den ganzen Tag über brütete ich darüber, wie ich den beiden wehtun könnte, und dann kam mir eine Idee. Sue, mit ihrer Leidenschaft für Kriminalromane, hatte eine ganze Sammlung davon, die überall im Haus verteilt lag. Unbemerkt hatte ich die Bücher in mein Zimmer geschafft und die blutrünstigen Geschichten verschlungen. Mit weit aufgerissenen Augen las ich von Leichen, die man in Wäldern fand, die in Flüssen trieben oder an abgelegenen Stellen begraben waren. Die Mordwaffen waren meistens Pistolen, Messer oder Stricke. Aber ich hatte auch einige Krimis gelesen, in denen Gift die Todesursache war. Die Motive für die Morde variierten nur selten: entweder war es Habgier oder Liebe oder in manchen Fällen beides.

In der Geschichte, an die ich mich besonders gut erinnerte, hatte ein Mann seine Frau vergiftet, um an ihre Lebensversicherung zu kommen und seine Geliebte heiraten zu können. Er hatte gedacht, dass die geringen Dosen Gift, die er seiner Frau über Monate verabreichte, nicht nachzuweisen sein würden. Dabei hatte er die Cleverness des Kriminalbeamten unterschätzt, der ihn schließlich entlarvte. Ich kam zu dem Schluss, dass es sich mit meiner Mutter genauso zugetragen hatte. Meine Vorstellungskraft wurde angeheizt, als mir einfiel, dass Pete den Verdacht hegte, unser Vater habe Sue bereits lange vor Mamis Tod gekannt. Und war für ihn der Tod meiner Mutter etwa nicht von Vorteil? Ich verglich das Haus, in dem wir jetzt lebten, mit der schäbigen Sozialsiedlung, in der wir damals wohnten.

Angetrieben von Wut, Schmerz und dem Wunsch, dass es wahr sei, schmückte ich meine Fantasie aus, bis sie wuchs, Gestalt annahm und ich sie zu glauben begann. Deshalb hatten sie mich auch zu Tante Janet geschickt, schloss ich, und ignorierte die Tatsache, dass es der Wunsch meiner Mutter und nicht der meines Vaters gewesen war. Ich berücksichtigte auch nicht, dass ich mit meinen damals sechs Jahren viel zu jung gewesen wäre, um Verdacht zu schöpfen, dass ich also für meinen Vater gar keine Gefahr darge-stellt hätte. Pete war jedoch zu Hause geblieben, und als Teenager hätte er gemerkt, wenn etwas mit unserer Mutter nicht stimmte. Aber es ging mir nicht um Logik, ich wollte einfach nur, dass es so gewesen war.

Fast eine Woche lang behielt ich meine Gedanken für mich. Währenddessen gestaltete ich meine Idee weiter aus und wartete auf den richtigen Augenblick, um jemanden einzuweihen.

Kapitel 50

Der Tag, nachdem ich mit meinem Vater über den Armreif gesprochen hatte, war ein Samstag, und ich fürchtete, dass ich als Strafe nicht mehr zu Jennifer durfte. Zu meiner Erleichterung sagte Sue jedoch morgens nichts davon. Ich ging deshalb davon aus, dass das Thema für sie erledigt war. Hochzufrieden stellte ich zudem fest, dass sie den Armreif nicht trug. Nachdem ich gefrühstückt hatte, legte ich Dolly die Leine an und marschierte die anderthalb Kilometer bis zu Jennifers Haus. Bis zu den Ferien war es nur noch gut eine Woche, und wir hatten bereits bei unserem ersten Treffen überlegt, was wir während der sechswöchigen Ferien alles unternehmen wollten.

An jenem Tag begegnete ich zum ersten Mal Jennifers Brüdern. Jennifer und ich stießen im Obstgarten auf die beiden. Zwei flachsblonde Jungen, die nebeneinanderstanden und Miniaturausgaben dieses harten Dings meines Vaters in der Hand hielten. Statt bei unserer Ankunft schnell die Hosen zu schließen, schauten sie uns geradewegs in die Augen.

»Was tun die da?«, fragte ich, bevor mich die rot angelaufene Jennifer wegziehen konnte.

Der ältere Junge hatte meine Frage gehört und stieß seinen Bruder lachend an. »Wir veranstalten einen Pinkelwettbewerb«, rief er. »Willst du mitmachen? Zeig uns mal, ob ein Mädchen den Baum treffen kann!«

»Komm, Sally, beachte die beiden gar nicht. Sie sind ungezogen«, sagte Jennifer und nahm mich an der Hand.

»Angsthasen«, rief der jüngere der beiden Brüder.

Aber ich war kein Angsthase und würde nicht zulassen, von diesen Jungs so genannt zu werden.

»Bitte nicht, Sally«, flehte Jennifer, aber ich war entschlossen, die Herausforderung anzunehmen. Ich wollte das höhnische Grinsen aus ihren Gesichtern vertreiben und es in Bewunderung verwandeln.

Ohne auch nur einem von den harten Dingern Beachtung zu schenken, marschierte ich zu den beiden hinüber. Ich zog die Unterhose herunter und meinen Rock genau so hoch, dass ich zielen konnte, ohne dass die Jungs meine Scham sehen konnten. Dann lehnte ich mich zurück und presste ein paar Tropfen Urin heraus. Aber statt den Baum zu treffen, bepinkelte ich meine Strümpfe.

Die beiden Jungen krümmten sich vor Lachen, zeigten auf meine feuchten Strümpfe und verspotteten mich. »Seht nur! Mädchen können es nicht!«, johlten sie wie aus einem Munde.

»Sally, zieh deine Unterhose hoch«, flüsterte Jennifer entsetzt.

Ihr Gesicht war nun feuerrot vor Scham. Plötzlich wurde ich verlegen und tat, was sie gesagt hatte.

Meine Verlegenheit nahm noch zu, als sich die beiden Jungen beim Mittagessen im Garten zu uns gesellten. Sie warfen mir schräge Blicke zu und grinsten zweideutig, und ich wünschte, im Erdboden zu versinken. Warum hatte ich das nur getan?, fragte ich mich immer wieder.

Jennifer merkte, wie unbehaglich mir zumute war, und bei der erstbesten Gelegenheit erhob sie sich und zog mich hinter sich her vom Tisch weg. »Lass uns in mein Zimmer gehen«, schlug sie vor. »Ich zeige dir meine neue Puppe.«

Sie führte mich die Treppe nach oben zu einem großen Zimmer, das überwiegend in Rosaweiß eingerichtet und meinem Zimmer nicht unähnlich war. Sie zeigte mir ihre Puppensammlung, und ich entdeckte eine Reihe unterschiedlich gekleideter Barbies auf einem Regal. Jennifer deutete jedoch auf eine andere Puppe in

216

einem Korbsessel. Ich fand Jennifer eigentlich ein bisschen zu alt, um noch so begeistert mit Puppen zu spielen, aber ich gab vor, mich genauso sehr dafür zu interessieren wie sie.

»Das ist meine absolute Lieblingspuppe«, schwärmte sie. Ich musste zugeben, dass es eine wunderschöne Puppe war, in der Größe eines Säuglings, mit goldblonden Locken, blauen Augen, die sie öffnen und schließen konnte, und einem langen weißen Kleid. »Ihr Name ist Penelope«, fuhr Jennifer stolz fort und zeigte mir die Spitzenunterhose und das winzige Unterhemd, die Penelope unter dem Kleid trug.

»Komm, wir ziehen sie um«, schlug Jennifer vor und zog der Puppe das weiße Kleid aus. »Such etwas aus.« Sie wies auf eine Kiste voller Kleider, Nachthemden, winziger Schuhe, Handtaschen und sogar mit einem Badeanzug.

Das war der Moment, in dem ich Jennifer jene Frage stellte, die mich quälte und auf die ich verzweifelt eine Antwort haben wollte. Sie war meine Freundin, dachte ich. Sie würde mir die Wahrheit sagen.

»Fasst dein Daddy dich manchmal da an?«, fragte ich und legte den Finger auf die Stelle der Puppe, die sich zwischen den Beinen befand. Ich wollte ihr erzählen, dass mein Dad das tat und dass ich es nicht mochte. Er hatte mir gesagt, dass Daddys diese Dinge mit ihren kleinen Mädchen tun, und falls Jennifer es bestätigte, wollte ich in Erfahrung bringen, ob es ihr auch so wehtat und sie sich davor genauso fürchtete wie ich. Ich musste wissen, ob er log. Wenn dem so war, musste es meine Schuld sein, dass es mir passierte. Während ich auf ihre Antwort wartete, wirbelten mir all diese Fragen durch den Kopf.

Ihre Augen wurden groß, und ihr Lächeln wich einem angewiderten Gesichtsausdruck. Langsam schüttelte sie den Kopf, als könne sie nicht glauben, was ich gerade gesagt hatte.

»Du sagst schmutzige Sachen«, antwortete sie schließlich. »Du bist nicht länger meine Freundin.«

Von dem Moment an wusste ich zweifelsfrei, dass mein Vater gelogen hatte. Jennifer wandte sich von mir ab und starrte auf die Puppe in Unterwäsche, und ich verließ traurig das Zimmer.

Ich rief leise nach Dolly und schlich mich aus dem Haus. Ich wollte nicht, dass Jennifers Mutter mich fragte, warum ich so früh ging. Außerdem sollte sie nicht die Tränen in meinen Augen sehen.

Jennifer war meine einzige Freundin gewesen, und jetzt hatte ich sie verloren.

Ihre Mutter rief Sue einige Tage später an und sagte ihr, dass Jennifer nicht mehr mit mir spielen wolle. Offenbar hatte Jennifer ihr nicht gestanden, was ich zu ihr gesagt hatte, aber sie wusste von der Episode mit der heruntergezogenen Unterhose.

Unglücklicherweise war ihr Anruf der zweite, den Sue an diesem Tag wegen meines Verhaltens erhielt.

Kapitel 51

Am Montag konnte ich die Geschichte von der Ermordung meiner Mutter nicht länger für mich behalten. Nachdem ich Jennifers Haus so überstürzt verlassen hatte, brütete ich das ganze Wochenende lang darüber. Angetrieben von einer Mischung aus Wut, Schmerz und Wunschdenken, war meine Fantasie mit mir durchgegangen, und ich glaubte mittlerweile selbst an meine Erfindung. Jetzt brannte ich darauf, es jemandem zu erzählen und zu sehen, welche Reaktion es hervorrief.

Ich wartete bis zur Frühstückspause, bis ich meinen Plan in die Tat umsetzte. Nachdem ich eine Gruppe Klassenkameradinnen um mich versammelt hatte, teilte ich ihnen mit, dass ich ihnen etwas anvertrauen wolle. »Wir mussten wegziehen und hierherkommen«, begann ich, »weil mein Vater meine Mutter vergiftet hat.«

»Sagtest du nicht, dass sie ihn verlassen hat?«, fragte eines der Mädchen, während die anderen mich mit neugierigem Entsetzen anstarrten. Für diese Mädchen waren Dinge wie Scheidung oder Trennung, geschweige denn Mord, nicht gerade alltäglich.

»Das dachte ich, weil sie es mir gesagt haben«, improvisierte ich geistesgegenwärtig, »aber sie haben mich belogen.«

Innerhalb von Sekunden klebten die Mädchen an jedem meiner Worte, ob sie mir nun glaubten oder nicht. Ich hörte, wie sie hörbar die Luft einsaugten, während sie wie Schwämme all die schmutzigen Details aufsaugten. Sie bestürmten mich mit Fragen, und an jenem Tag wurde ich immer geschickter im Ausschmücken meiner Geschichte.

219

Ich erzählte ihnen alles über Sue, meine böse Stiefmutter; wie mein Vater bereits mit ihr »etwas hatte«, bevor meine Mutter krank wurde. »Sie war seine Geliebte«, berichtete ich ihnen und verwendete bewusst diesen Begriff, auf den ich beim heimlichen Lesen jener Kriminalromane gestoßen war. Wieder hielten die Mädchen bestürzt den Atem an. Selbst wenn sie gar nicht wussten, was das Wort bedeutete, so war ihnen doch klar, dass es etwas Schockierendes sein musste. Ich schilderte ihnen, dass ich für die Wochen, in denen das Essen meiner Mutter vergiftet wurde, zu meiner Tante geschickt worden war.

»Nach dem Tod meiner Mutter bekam mein Vater viel Geld von der Lebensversicherung«, verriet ich dem Kreis der Mädchen, die völlig von meiner Geschichte gepackt waren. Ich hatte natürlich keine Ahnung, ob diese Aussage der Wahrheit entsprach, aber ich genoss die Aufmerksamkeit, die meine scheinbar sachkundigen Worte hervorriefen. Mitgerissen von der Aufregung, endlich einmal im Mittelpunkt zu stehen, reihte ich eine Anschuldigung an die nächste, wobei jede noch weiter hergeholt war als die vorhergehende.

Erst als die Schulglocke uns signalisierte, dass die Pause zu Ende war, und wir gemeinsam in die Klasse zurückgingen, wurde mir bewusst, was ich getan hatte. Plötzlich bekam ich Angst vor möglichen Konsequenzen. Wenn die Mädchen nun ihren Eltern davon berichteten und die Geschichte vordrang bis zu Sue oder ,schlimmer noch, bis zu meinem Vater?

Ich sollte es bald herausfinden. Es nützte nichts, dass ich jede meiner eingeweihten Klassenkameradinnen bedrängte, die Geschichte nicht weiterzuerzählen. Ganz gleich, dass ich ihnen sagte, Sue und mein Vater würden mich auch vergiften, wenn sie davon erführen. Meine Geschichte war einfach zu spektakulär, als dass die Mädchen sie für sich behalten konnten.

Innerhalb von zwei Tagen wandten sich besorgte Eltern an die Schulleiterin, die mich schließlich aus der Klasse holte.

220

»Nimm deinen Schulranzen und alles, was du sonst noch unter deinem Tisch hast, und komm in mein Büro«, forderte sie mich auf.

Während ich meine Sachen zusammensuchte und sie mich aus dem Raum geleitete, sahen meine Klassenkameraden gespannt zu. Mit jedem Schritt, den ich über den langen Flur in Richtung des Büros ging, wurde mir banger ums Herz.

Die Schulleiterin hatte, so sagte sie mir, Sue über meine Vorwürfe in Kenntnis gesetzt. Die hatte wiederum meinen Vater auf der Arbeit angerufen. Sie waren beide unterwegs zur Schule.

Sue und mein Vater mussten gleichzeitig angekommen sein, denn sie wurden gemeinsam ins Büro geführt. Aus Angst vor ihrer Reaktion wagte ich es nicht, die beiden anzusehen, und die Schulleiterin übernahm sofort die Regie.

Der Tod meiner Mutter habe mich zweifellos aus der Bahn geworfen, so sagte sie nicht unfreundlich. Dann fuhr sie fort, dass ich die anderen Kinder mit meinen Geschichten verängstigt hätte und sie deshalb Maßnahmen ergreifen müsse.

Ich solle mit Sue und meinem Vater nach Hause fahren und vorerst nicht am Unterricht teilnehmen, bis sie entschieden habe, was zu tun sei.

Ich war nicht während des ganzen Gesprächs dabei, sondern wurde bald nach draußen geschickt, wo ich auf einer Bank in dem menschenleeren Flur vor ihrem Büro warten sollte. Ich setzte mich so nah wie möglich an die Tür und versuchte zu verstehen, was drinnen gesprochen wurde. Aber obwohl mein Gehör durch das Lauschen bei uns zu Hause geübt war, schnappte ich nur Bruchteile auf.

Die Schulleiterin sagte, dass es mich wohl verstört habe, vor dem Tod meiner Mutter weggeschickt worden zu sein, und dass es meine ausgeprägte Fantasie stärker als geahnt angeregt habe. Sie fragte, ob ich bei der Beerdigung dabei gewesen sei, und als mein Vater verneinte, erklärte sie, dass das vielleicht unklug gewesen sei. Offenbar sei ich nicht in der Lage, den Tod meiner Mutter zu akzeptieren. Auf ihre Ausführungen folgte zustimmendes Gemurmel der beiden anderen.

Ich hörte, wie die Schulleiterin das Wort »Therapie« sagte, woraufhin mein Vater die Stimme erhob und ich seinen Protest deutlich hören konnte. Er hielt das für unnötig.

»Sie hat sich früher schon Geschichten ausgedacht und damit Probleme verursacht. Als meine Frau starb, hat meine Mutter sie verzogen, und jetzt rebelliert Sally, wenn ich streng mit ihr bin.«

Ich wurde wütend. Noch nie hatte ich Probleme verursacht. Warum erzählte er Sue und der Schulleiterin Lügen über mich? Das folgende Gespräch konnte ich nicht verstehen. Erst als mein Vater wieder lauter wurde, drangen die Worte bis zu mir. »Diese Hirngespinste hat sie sich nur ausgedacht, um ihre Stiefmutter zu ärgern, die sich so sehr bemüht, ihr ein schönes Zuhause zu geben.«

Wieder redete die Schulleiterin, und dann hörte ich die schrille Stimme von Sue.

Schließlich sagte mein Vater in strengem Ton: »Ich werde mich darum kümmern.«

Dann näherten sich Schritte der Tür.

Als mein Vater und Sue auf den Flur hinaustraten, wurde mir befohlen, meine Sachen zu nehmen und mitzukommen. Mit gesenktem Kopf folgte ich den beiden nach draußen.

»Du fährst mit Sue zurück«, sagte mein vor Wut kochender Vater. »Ich werde mich dir später vornehmen. Jetzt muss ich zurück zur Arbeit.« Er knallte die Tür seines Wagens zu und fuhr davon.

Zu ängstlich, um etwas zu sagen, stieg ich in Sues Mini, und während der kurzen Fahrt nach Hause sagte sie kein Wort.

Sobald wir im Haus waren, wandte sie sich mir zu. »Ich weiß nicht, was ich mit dir machen soll, Sally. Du hast mich von Anfang an nicht leiden können, aber diese schrecklichen Geschichten sind einfach zu viel. Warte, bis dein Vater nach Hause kommt, dann wirst du ja sehen, was er mit dir vorhat.«

Ich ging in mein Zimmer und setzte mich niedergeschlagen aufs Bett. Ich versuchte zu lesen, aber während ich die Seiten in meinem Buch umblätterte, schien keines der Worte Sinn zu ergeben. Ich dachte darüber nach, was ich getan hatte. Wie hatte ich so dumm sein können, mich durch Lügengeschichten in diese Situation zu bringen? Ich würde die Witzfigur der Schule sein, aber noch mehr fürchtete ich den Zorn meines Vaters.

Zu meiner Überraschung sagte er an diesem Abend wenig zu dem Thema. Allerdings war er auch stets geschickt darin, den richtigen Augenblick abzuwarten. Den Rest der Woche musste ich mehr oder weniger in meinem Zimmer verbringen, und zur Strafe wurden mir der Fernseher und mein Kassettenrekorder weggenommen. Mir wurde gesagt, dass ich lesen könne, um mir die Zeit zu vertreiben. Aber das war nur die Ruhe vor dem Sturm, das war mir klar. Mein Vater würde mir dieses Verhalten niemals durchgehen lassen.

Aber erst als Sue ihren nächsten Frauenabend hatte, sollte ich erfahren, wie grausam er mich bestrafen wollte.

Kapitel 52

Ich hatte weder die schleichenden Schritte auf dem Flur noch das leise Knarren meiner Tür gehört. Erst nachdem er leise das Zimmer durchquert hatte, spürte ich seine Anwesenheit. Er stand an meinem Bett und beugte sich so dicht über mich, dass ich seinen heißen, widerlichen Atem riechen und auf meinem Gesicht spüren konnte. Mir sträubten sich die Nackenhaare. Es stank nach schalem Bier und Schweiß. Aber da war noch etwas anderes, Unbeschreibliches: der Geruch von Gefahr. Als hätte seine Wut ihre eigene Ausdünstung, die durch seine Poren drang und mein Zimmer verpestete. Es lief mir kalt über den Rücken, und ich umklammerte panisch die Bettdecke.

Mein ganzer Körper war erfüllt von Angst, jene Angst, die einen nahezu paralysiert. Ich hielt den Atem an und spürte, wie meine Beine zitterten und mir die Übelkeit scharf bis in die Kehle stieg. Meine Furcht vor dem, was jetzt kommen würde, erstickte mein übliches Flehen; sie hielt mich davon ab, ihm zu sagen, dass ich mir nichts Böses bei meinen Schwindeleien gedacht hatte und dass ich es nicht ertragen konnte, angefasst zu werden. Aber selbst als mir diese Gedanken durch den Kopf schossen, wusste ich, dass es sinnlos war, irgendetwas zu äußern.

Er packte meinen Kopf und zwang mich, ihm das Gesicht zuzudrehen. Bisher hatte er nichts gesagt, und das steigerte meine Furcht. Ich hielt die Augen fest geschlossen in dem kindlichen Glauben, wenn ich nichts sähe, wäre ich selbst unsichtbar. Aber als er schließlich sprach, konnte ich nichts tun, um den Klang seiner

Stimme auszublenden. Ich hörte das Zischen jeder Silbe, die aus seinem Mund glitt, von dem ich ohne hinzuschauen wusste, dass er wutverzerrt war.

»Ich weiß alles über diese Geschichten, die du erfindest, Sally, und wir werden damit umgehen müssen, nur du und ich, nicht wahr?«, sagte er. »Öffne die Augen, und sieh mich an«, befahl er.

Aber ich kniff sie umso fester zu. Es war der heftige Schmerz an meiner Kopfhaut, der sie mich schließlich aufreißen ließ. Als er an mein Bett trat, hatte mein Vater ein paar dicke Strähnen meiner Haare um seine Faust gewickelt und riss jetzt daran. Beinahe blind vor Tränen, entrann meiner vor Angst ganz trockenen Kehle ein Wimmern.

»Was ist denn, Sally?«, fragte er spöttisch und zog noch fester. »Du hast wohl die Sprache verloren? Möchtest du nicht darüber sprechen?«

Durch den Tränenschleier hindurch sah ich das wütende Gesicht meines Vaters.

Ich mobilisierte jedes Quäntchen Mut in meinem kleinen Körper und versuchte, mich gegen ihn aufzulehnen. »Ich weiß, dass du mir Lügen erzählt hast. Andere Daddys tun nicht das, was du mit mir machst. Das habe ich herausgefunden!«, stieß ich zwischen meinen Schluchzern hervor.

Sogar in dem Moment wollte ich, dass er etwas Nettes sagte, mir versicherte, dass er mir verzieh. Aber das tat er nicht.

Mein Vorwurf brachte mir nur höhnisches Lachen ein. »Tatsächlich, Sally? Und was hast du jetzt vor?«

Wieder zog er an meinem Haar, und der Schmerz war so heftig, dass ich glaubte, er risse es mir büschelweise aus. »Wenn du mir noch einmal wehtust, Daddy, erzähle ich es. Ich werde sagen, was du mit mir machst«, erwiderte ich verzweifelt.

»Und wer sollte dir glauben?«, spottete er. »Jeder weiß doch, dass du dir Geschichten ausdenkst, Sally. Jetzt wird dir niemand mehr glauben.«

Dieses Mal enthielt sein Hohn eine eisige Botschaft, die mir noch mehr Angst einjagte als seine Wut und seine Fähigkeit, mir wehzutun.

»Weißt du, was passieren wird, wenn du noch einmal etwas über Sue und mich erzählst?«

Ich antwortete nicht, weil ich keine Ahnung hatte.

»Sie holen dich weg von hier. Sie stecken dich in eine Anstalt wie die, wo deine Mutter gewesen ist. Sie werden denken, dass du genauso verrückt bist wie sie, und dich einsperren. Du erinnerst dich doch, wo deine Mutter war? Du hast sie dort besucht, auf dieser Station, wo all die Verrückten waren. Vielleicht bist du ja genauso verrückt, wie sie es war – du weinst doch auch ständig, stimmt's?«

Ich erinnerte mich nur schemenhaft an den Ort, an dem meine Mutter gewesen war, und da er das wusste, konnte er die verblassten Bilder ausmalen, die ich so gern vergessen wollte. Und wie er die Bilder ausschmückte. Mit anschaulichen Worten beschrieb er mir Stationen voller trauriger Menschen, grausamer, schlecht gelaunter Krankenschwestern, die rasselnde Schlüssel an einem Bund an ihrer Hüfte trugen. Meine Angst stieg ins Unermessliche.

»Sie haben dort spezielle Zimmer«, sagte er, »in denen sie den Menschen Strom durchs Gehirn jagen. Das haben sie mit deiner Mutter gemacht, und sie tun es immer mit Menschen, die sich Geschichten ausdenken«, sagte er und riss wieder an meinem Haar.

Seine andere Hand legte sich um meine Kehle. Während er immer fester zudrückte, rang ich verzweifelt nach Luft. Ich war vor Schreck wie gelähmt, dass wieder dasselbe passieren würde wie damals, als er mir das Kissen auf das Gesicht drückte. Mein Atem rasselte in meiner Brust, und ich zitterte am ganzen Körper.

Ich streckte die Hände aus und versuchte seine zu packen, versuchte erfolglos, die eiserne Umklammerung zu lösen.

Während er mich weiter würgte und dabei auf mich herabblickte, war sein Gesicht ausdruckslos. Mit einem verächtlichen

Schnauben nahm er dann die Hand von meiner Kehle, hielt mit der anderen aber weiter meine Haare gepackt.

Meine Bettdecke wurde weggerissen und meine Schlafanzughose heruntergezerrt. Mithilfe seines Knies drückte er meine Beine auseinander.

»Nein, bitte nicht«, keuchte ich vergebens.

Seine Reaktion bestand in einem weiteren Reißen an meinem Haar.

»Das tue ich jedes Mal, wenn du einen Laut von dir gibst«, spie er mir entgegen. »Und jetzt dreh dich um. Ich will dich nicht ansehen.«

Innerhalb von Sekunden war es vorbei. Mein Gesicht wurde in das Kissen gepresst, und mein Hinterteil ragte in die Luft. Nach seinem stöhnenden Orgasmus rollte er von mir herunter. Er hatte eine Handlung vollzogen, von der ich während der folgenden sechs Jahre noch oft lernen sollte, dass sie nichts mit Liebe, aber viel mit Macht und Kontrolle zu tun hatte – und dem Brandmarken meines Körpers als sein Eigentum.

Es gab kein »Gute Nacht« mit der sanften Daddy-Stimme, stattdessen eine abschließende Warnung: »Denk dir nie wieder Lügen über mich oder Sue aus, sonst wirst du es schwer bereuen. Hast du das verstanden?«

»Ja«, flüsterte ich, und er verließ mein Zimmer, um in jenes zurückzugehen, das er mit seiner Frau teilte.

Etwas in mir verkümmerte und starb in jener Nacht, und das wusste er. Er hatte mich dort liegen lassen in dem Gefühl, dass ich wertlos sei, absolut wertlos. Ich hatte gedacht, dieser Mann würde mich lieben. Nun wusste ich, dass dem nicht so war. Und irgendwie redete ich mir ein, dass es meine Schuld sei, dass ich etwas an mir haben müsse, das ihn so wütend machte. Was auch immer er für mich empfunden haben mochte, als ich noch ein kleines Mädchen gewesen war, es hatte sich zweifellos in etwas Furchtbares, Erbittertes verwandelt.

227

Kapitel 53

In der letzten Woche vor den Sommerferien kehrte ich nicht in die Schule zurück. Ich wollte wissen, wie es nun mit mir weitergehen würde, aber aus Angst vor der Antwort auf diese Frage und eventuellen Strafen für meine Lügengeschichten verbrachte ich so viel Zeit wie möglich in meinem Zimmer.

Ich war davon überzeugt, dass mein Vater mir die Wahrheit gesagt hatte: Wenn ich etwas von den gewalttätigen Übergriffen erzählte, würde man mir unterstellen, dass ich mir schon wieder Geschichten ausdachte. Oder Schlimmeres. Je bewusster mir die Ungeheuerlichkeit des Geschehenen wurde, desto mehr fürchtete ich, dass die anderen alle so reagierten wie Jennifer: Sie würden sich angewidert von mir abwenden. Man würde mir Vorwürfe machen und nicht meinem Vater. Dessen war ich sicher. Meine albernen Fantasien wurden als unverfrorene Lügen angesehen. Sie hatten ihm in die Hände gespielt und gewährleisteten nun mein Schweigen.

Abgesehen von der Anweisung, dass ich ohne Sues Erlaubnis nicht mehr das Haus verlassen dürfe, verlor mein Vater mir gegenüber kein Wort mehr über den Ärger, den ich verursacht hatte. Aber die Drohungen, die er mir gegenüber ausgesprochen hatte, gingen mir nie aus dem Kopf. Sie jagten mir gewaltige Angst ein, und das hatte er ja auch beabsichtigt. Hin und wieder ertappte ich ihn dabei, wie er mich ansah, während ein selbstgefälliges Lächeln seine Lippen umspielte. Er war sicher, dass meine Angst mich ihm gefügig machte.

Eine Woche nachdem ich als Strafe für meine Lügen aus der Schule nach Hause geschickt worden war, bekam Billy eine schwere Erkältung. Genau zu dem Zeitpunkt verkündete mein Vater, dass er seine Mutter besuchen wolle. Vor lauter Angst, mit ihm allein sein zu müssen, suchte ich verzweifelt nach einer Entschuldigung, um zu Hause bleiben zu können. Ich behauptete, dass ich mich nicht wohlfühlte und es nicht fair sei, Großmutter möglicherweise mit Billys Viren anzustecken. Sue fand keinen meiner Gründe glaubwürdig.

»Was ist los, Sally? Ich dachte, du bist gern bei deiner Großmutter«, sagte sie in einem Ton zu mir, der signalisierte, dass ich ihr schon eine bessere Erklärung liefern müsse, warum ich meine Oma plötzlich nicht mehr besuchen wolle.

Mir fiel aber nichts ein, was sie überzeugen würde. Ich starrte auf den Boden und kam plötzlich auf eine Idee.

»Mir wird vom Autofahren immer schlecht.«

»Das hast du bisher nie erwähnt«, sagte sie, und ich spürte, wie sie zunehmend misstrauisch wurde, warum ich mich sträubte, mit meinem Vater mitzufahren. Sie fragte nicht weiter, aber ich sah, wie sie mich verwundert musterte.

Da ich wusste, dass mich nur eine Krankheit vor diesem Ausflug retten konnte, hoffte ich, mich bei Billy anzustecken. Um die Chancen zu erhöhen, setzte ich mich nicht nur so dicht wie möglich neben ihn, sondern befeuchtete zudem mein Unterhemd mit kaltem Wasser und trug es unter dem Schlafanzug. Aber ich musste nicht einmal niesen.

Am Samstag war es dann so weit.

»Du darfst Dolly mitnehmen«, sagte mein Vater, als ich zögernd aus dem Haus kam. Während ich sie holte, legte er für sie eine Decke als Unterlage auf den Rücksitz.

Durch dieses Zugeständnis und das leise Geplätscher der einseitigen Konversation während der Fahrt entwaffnet, begann ich mich langsam zu entspannen.

»Keine Sorge, Sally«, sagte er, kurz bevor wir das Haus meiner Großmutter erreichten. »Ich werde Oma nichts von der ganzen Sache erzählen. Wir wollen sie doch nicht aufregen oder beunruhigen, stimmt's?«

»Nein«, versicherte ich und erhielt dafür ein Augenzwinkern und ein warmes Lächeln.

Wenn mein Vater sich so verhielt, verwirrte mich das mehr als alles andere. Die gewalttätigen Handlungen, zu denen es in meinem Kinderzimmer oder im Wald kam, schienen mir dann so unwirklich, als wären sie Teil eines bösen Traums: ein Traum, der sich in der Dunkelheit vollzog und den das Sonnenlicht vertrieb. Obwohl ich genau wusste, dass ich mir das alles nicht nur einbildete, gelang es ihm, mit verständnisvollen Worten in die Rolle des guten Daddys zu schlüpfen, und ich ertappte mich dabei, dass ich ihn unsicher anlächelte.

Noch bevor mein Vater fertig eingeparkt hatte, öffnete meine Großmutter die Haustür. Sie stand auf der Eingangsstufe und lächelte uns mit ihrem faltigen Gesicht entgegen. Kurz darauf legten sich ihre Arme um mich, und sofort fühlte ich mich geborgen. Es gab Küsse zur Begrüßung, und dann wurde ich in die vertraute Wärme des Hauses geführt. Meine Tante kam aus der Küche geeilt, wischte sich die Hände an einem Geschirrtuch ab und begrüßte mich überschwänglich. Wie durch Zauberhand tauchten plötzlich eine Kanne frischer Tee und Platten mit Kuchen und Plätzchen auf und wurden auf dem kleinen Kaffeetisch im Wohnzimmer angerichtet. Während ich zufrieden ein zweites Stück von Großmutters Biskuits aß, reichte sie mir ein Päckchen.

»Etwas, womit du dich in den Ferien beschäftigen kannst«, sagte sie.

Aufgeregt packte ich mein Geschenk aus und freute mich riesig, als ich zwei Bücher meines Lieblingsautors darin fand.

Später kamen noch einige Verwandte, und zwei meiner älteren Cousinen gingen mit Dolly und mir zum Spielplatz, demselben, zu dem ich in einem anderen Leben als kleines Mädchen mit meiner Mutter oft gegangen war. Als ich dort schaukelte, zusah, wie Dolly den Bällen hinterherjagte, und mit meinen Cousinen schwatzte, konnte ich meine Probleme vergessen und war einen Nachmittag lang ein unbeschwertes Kind.

Als wir wieder zum Haus zurückkehrten, fiel mir als Erstes der köstliche Duft auf, der aus Großmutters Küche wehte.

»Heute gibt es Lammragout zum Abendbrot – dein Lieblingsgericht, Sally«, sagte sie und schickte uns dann alle zum Händewaschen ins Badezimmer.

Wie so viele Male zuvor saß ich bald darauf dicht gedrängt zwischen meinen Cousins und Cousinen an dem voll besetzten Esstisch, während Schüsseln mit Fleisch und Gemüse herumgereicht wurden. Anschließend folgte Omas wunderbarer Apfelkuchen mit Vanillesoße. Alle unterhielten sich angeregt, und über mein Verhalten in letzter Zeit verlor mein Vater wie versprochen kein Wort.

Als Dad und ich aufbrachen, war ich vom ausgiebigen Spielen und dem vielen Essen schläfrig und zufrieden. Das Glücksgefühl jenes Tages verflüchtigte sich jedoch, sobald wir losfuhren. Würde er wieder im Wald anhalten? Allein bei dem Gedanken ballte ich die Hände so fest zu Fäusten, dass sich meine Fingernägel in meine Handflächen bohrten. Aber zu meiner großen Erleichterung fuhr er an dem Gebiet vorbei, wo er normalerweise abbog, und hielt stattdessen auf einem Rastplatz. Er legte mir den Arm um die Schultern und sagte jene Worte, die ich immer noch so gern hören wollte: dass er mich lieb habe, dass ich immer noch sein besonderes Mädchen sei und dass ich das nie vergessen dürfe.

»Ich weiß, dass du von nun an brav sein wirst, Sally«, sagte er abschließend und drückte mich kurz. Dann ließ er den Motor wieder an und fuhr uns nach Hause.

Sue erwartete uns. Sie betrachtete forschend mein Gesicht und fragte, ob ich Spaß gehabt hätte.

Statt mich wie sonst eilig an ihr vorbeizuschieben und direkt ins Bett zu gehen, war ich in der Lage, sie glücklich anzulächeln. »Ich hatte einen sehr schönen Tag«, erwiderte ich und zeigte ihr stolz die Bücher, die ich bekommen hatte.

»Sie war einfach nur ein bisschen verdreht. Stimmt doch, oder?«, wandte sich mein Vater an mich. »Sie hat sich Sorgen gemacht, dass ich von ihren erfundenen Geschichten erzähle und sie vor ihrer Großmutter blamiere. So ist es doch, Sally?«

»Ja«, antwortete ich.

Da war etwas in Sues wachsamen Augen, das ich als Kind nicht deuten konnte. Wenn ich mich jedoch daran zurückerinnere und die Situation aus der Erwachsenenperspektive betrachte, dann weiß ich, was es war: Erleichterung. Vielleicht hatte Jennifer am Ende doch geredet.

In den Sommerferien bemühte sich Sue offensichtlich, freundlicher zu mir zu sein. Vielleicht langweilte sie sich genauso wie ich mich.

Bevor Sue meinen Vater geheiratet hatte, war ihr Leben bestimmt abwechslungsreicher gewesen. Sie hatte in einem Büro gearbeitet, sich mit ihren Freundinnen zum Mittagessen getroffen, und nach allem, was ich aus Gesprächen herausgehört hatte, verbrachte sie viele Abende in schicken Bars, Weinlokalen oder auf Partys. Die Hochzeit mit einem älteren Mann, der Kinder mit in die Ehe brachte, hatte dem ein Ende gesetzt. In einem der seltenen Momente von Vertrautheit zwischen uns gestand sie mir, dass sie nicht noch mehr Kinder im Haus haben wolle, obwohl sie sich nach einem eigenen Baby sehne. Offenbar wurde ihr dann bewusst, dass sie mir solche Dinge nicht anvertrauen sollte, denn sie wechselte sofort das Thema.

Es kam mir in den Sinn, dass sie vielleicht einsam war. Tagsüber bekam sie nur selten Besuch von Freundinnen. Bei Unterhaltungen schnappte ich auf, dass viele von ihnen weggezogen waren und sich nur mit Sue treffen konnten, wenn sie ihre Eltern besuchten. Nur dann wurden die Frauenabende organisiert, für die Sue zu leben schien.

»Ich muss mich auf den neuesten Stand bringen«, sagte sie an den Abenden, an denen sie sich aufgeregt für das Treffen mit ihren Freundinnen zurechtmachte.

Ich schloss daraus, dass sich die Gespräche hauptsächlich um Mode drehten. Aber wenn ich jetzt darüber nachdenke, sehnte sie sich wohl einfach nur nach der unbekümmerten Gesellschaft ihrer Freundinnen. Bei den wenigen Gelegenheiten, bei denen sie die jungen Frauen zu uns nach Hause einlud, war selbst mir der Altersunterschied zwischen ihnen und meinem Vater aufgefallen. Zunehmend beschränkte sich Sue darauf, ihre Freundinnen nur noch an besagten Abenden zu sehen oder beim gelegentlichen Mittagessen, während mein Vater arbeiten war.

Die Leute, die zum gesellschaftlichen Kreis von Sue und meinem Vater zählten, waren alle mindestens so alt wie Dad und einige sogar so alt wie ihr Vater. Die Männer kehrten nach der Arbeit oft mit einem Kollegen oder Freund auf einen Drink in den örtlichen Pub ein, Frauen taten das jedoch selten. Ihr gesellschaftliches Leben spielte sich vorrangig auf Dinnerpartys ab. Veranstalteten sie selbst eine solche Party, mussten sie für das leibliche Wohl der Gäste sorgen. Und in den ersten Wochen nach Sues Hochzeit mit meinem Vater hatte sich gezeigt, dass Kochen nicht ihre Stärke war.

Als sie erkannte, dass von ihr erwartet wurde, eine ordentliche Mahlzeit auf den Tisch zu bringen, meldete sie sich bei einem Kochkurs an. Aber nachdem sie die Grundlagen gelernt hatte, fand sie, dass ihr Repertoire noch zu begrenzt sei, um ein Fest auszurichten, und sie wechselte in einen Kurs für Fortgeschrittene. Von dem Augenblick an, in dem wir in das neue Haus zogen, war sie entschlossen, ihr neu erworbenes Wissen in die Praxis umzusetzen.

Große blanke Edelstahltöpfe und -pfannen bevölkerten die Küche zusammen mit dicken Kochbüchern und einer umfangrei-

233

chen Sammlung Gläser mit Kräutern und Gewürzen. Eine große Anzahl elektrischer Küchengeräte wurde beim Versandhaus John Lewis gekauft, und schon bald zierten eine Küchenmaschine, ein Mixer, ein Schnellkochtopf, ein Dampfgarer, eine Nudel- sowie eine Eismaschine die ursprünglich leeren Arbeitsflächen unserer Küche. Eine hübsche Schürze um die schmale Taille gebunden, überraschte uns Sue fast täglich mit einem neuen Gericht.

Sie wollte beweisen, dass sie eine bessere Köchin als meine Oma und meine Mutter war, obwohl sie zuerst daranging, die Gerichte der beiden zu erlernen.

»Was ist dein Lieblingsessen, abgesehen von Käsetoast, Sally?«, fragte sie mich anfangs immer wieder, und ich kramte in meinem Gedächtnis nach etwas anderem als Aufläufen oder Braten, da sie beides bereits ausprobiert hatte – wenn es ihr auch noch nicht wirklich gelungen war.

»Billy und ich mögen Käsemakkaroni«, erzählte ich ihr hoffnungsvoll.

Aber sie war im Grunde nicht an dem interessiert, was wir mochten. »Euch beiden mag das ja schmecken, aber es gehört bestimmt nicht zu den Lieblingsgerichten deines Vaters.«

Ich grübelte, bis ich etwas fand, wozu er sich schon einmal geäußert hatte. »Er mag Omas Rindfleisch-Nieren-Pastete.«

Kurz darauf schüttete sie Mehl und Butter in die Rührschüssel, und ich wusste, was es zum Abendessen geben würde.

In jenem Sommer, als ich unser Haus nur verlassen durfte, um mit Dolly Gassi zu gehen, kam Sue auf den Gedanken, dass sie wieder viel zu oft dasselbe koche und sie experimentierfreudiger werden müsse. Auf der Suche nach kulinarischer Inspiration holte sie die Kochbücher und Rezepte, die sie aus Zeitschriften herausgerissen hatte, hervor. Als sie an den Erfolg der Rindfleisch-Nieren-Pastete dachte, begann sie zu überlegen, was sie mit diesen Zutaten sonst noch zubereiten könnte. Wenn mein Vater ein Gericht mit diesen Zutaten mochte, so würde ihm auch jede für sich schmecken, schloss sie. In der folgenden Woche hatte jedes Gericht eine der Zutaten als Hauptbestandteil. Steak mit Zwiebeln, Nieren in Rotwein, Pasteten mit einer schweren Fleischfüllung und mit Talg zubereitete Rindfleisch-Puddings.

»Heute Abend habe ich für dich etwas Besonderes zubereitet, David«, verkündete sie, sobald mein Vater durch die Tür trat.

»Mhm, riecht lecker, Schatz«, lautete für gewöhnlich seine Antwort, während er genießerisch schnupperte. »Geht doch nichts über selbst gekochtes Essen.«

Währenddessen sehnten Billy und ich uns nach etwas Einfachem. Zwar mussten wir Kinder nach wie vor allein essen, aber wir bekamen die Reste des Abendessens am nächsten Tag vorgesetzt.

Nachdem sie sämtliche Rezepte mit Rindfleisch und Innereien durchhatte, wandte sich Sue wieder den Kochbüchern zu. »Was ist mit Schwein?«, fragte sie mich, während sie nachdenklich die Kochbücher durchblätterte und die Fotos der Gerichte studierte. »Dein Vater mag doch Schweinefleisch, oder?«

Ich dachte an Großmutters knusprige Schweinshaxe mit ihrer selbst gemachten würzigen Apfelsoße. »Mhm – ja, das mögen wir alle«, antwortete ich, und beim Gedanken an die köstlichen Reste, die wir bekommen würden, lief mir das Wasser im Mund zusammen.

Aber so etwas Schlichtes wie eine gegrillte Haxe hatte Sue natürlich nicht im Sinn. »Ich gehe ja nicht in einen Kochkurs, um etwas so Simples zu lernen«, erwiderte sie leichthin.

Als ich an die verbrannten Bratkartoffeln, das zerkochte Gemüse und die flachen Yorkshire-Puddings dachte, die aussahen wie schlaffe Pfannkuchen, fand ich es bedauerlich, dass man ihr in dem Kurs nicht diese Dinge beigebracht hatte. Oma sagte immer, dass ein gelungener Braten nur eine Frage des richtigen Timings sei. Aber das war etwas, das die Kochbücher Sue nicht vermittelten.

Als mein Vater an jenem Abend von der Arbeit nach Hause kam, zeigte sie ihm ein paar große, mit Teig ummantelte Fleischstücke.

»Das«, so verriet sie ihm stolz, »sind frittierte Schweinepfötchen. Ich hätte ihnen die Zehennägel anmalen sollen«, fügte sie kichernd hinzu, während mein Vater vorsichtig ein Stück Teig abhob, um zu sehen, was sich darunter verbarg. Sogar er wurde bei dem Anblick blass.

Nachdem uns Schweinefleisch auf jede erdenkliche Weise vorgesetzt worden war – außer als einfacher Braten –, wandte sie sich dem Lamm zu.

»Er mag gegrillte Lammkoteletts«, informierte ich sie hilfsbereit, erhielt jedoch nur ein für sie typisches verächtliches Schnaufen angesichts der Vorstellung, etwas so Ordinäres zuzubereiten.

»Das weiß ich, Sally, aber die habe ich ihm schon unzählige Male gemacht. Mir schwebt etwas anderes vor.« Wieder kramte sie die Kochbücher hervor. Mit einer Tasse Kaffee, Stift und Zettel setzte sie sich an den Küchentisch. Nach reiflichem Überlegen eilte sie schließlich mit einer langen Einkaufsliste in den Supermarkt.

Innerhalb einer Stunde war sie zurück und hatte etliche Einkaufstüten dabei. »Für heute Abend werde ich etwas völlig Neues ausprobieren«, sagte sie.

Mir wurde mulmig zumute. Etwas völlig Neues wurde für gewöhnlich aus dem Teil eines Tieres zubereitet, dessen Anblick mir zuwider war, geschweige denn, dass ich es essen mochte.

Als ich nachfragte, erhielt ich nur ein geheimnisvolles Lächeln. Sie sagte, es sei etwas, das sie bisher nie gekocht habe, aber der Metzger habe versichert, dass es köstlich schmecke.

Mir wurde die Aufgabe übertragen, die Kartoffeln zu schälen. Anschließend scheuchte sie mich aus der Küche. »Ich will nicht, dass du mich ablenkst, es ist eine komplizierte Angelegenheit«, erklärte sie und wies mich an, mit dem Hund Gassi zu gehen.

In dem Glauben, dass Billy und ich wieder in der Küche abgefüttert wurden, steckte ich ein wenig später neugierig den Kopf durch die Tür und wurde sofort aufgefordert zu spülen. Es sah aus, als hätte sie jeden vorhandenen Topf und jedes erdenkliche

Küchengerät gebraucht. Ich rollte die Ärmel hoch, spülte alles und stapelte die Sachen, bis das Abtropfbrett unter einem riesigen Berg glänzender Edelstahltöpfe begraben war.

»Sally«, sagte Sue, nachdem sie mit Kochen fertig war, »zur Feier des Tages essen wir heute Abend alle zusammen. Dieses Gericht muss heiß serviert werden.«

Ich warf ihr einen dankbaren Blick zu. Die Abende allein in meinem Zimmer zu verbringen langweilte und deprimierte mich. Billy durfte sich im Salon Kindersendungen ansehen, aber zu meiner Bestrafung gehörte auch Fernsehverbot.

Einmal in der Woche ging sie mit mir in die Bücherei, damit ich mir Bücher auslieh und überhaupt etwas hatte, womit ich mich zu Hause beschäftigen konnte, aber ich konnte nicht immerzu nur lesen.

Ich vermisste Jennifer und die Schule. Da ich niemanden in meinem Alter zum Reden hatte, war ich sogar froh, wenn ich Sue in der Küche helfen durfte, obwohl diese Hilfe hauptsächlich im Spülen der unzähligen Töpfe bestand, die sie für ihre Kochorgien brauchte. Aber wenigstens hatte ich dann eine Beschäftigung, und die wenigen Wörter, die wir wechselten, waren besser als nichts.

Sie sagte, ich solle mir die Hände waschen und mich umziehen und mit Billy herunter ins Esszimmer kommen, wenn sie uns rufe. Sie brauche keine weitere Hilfe, und ich fragte mich, was für eine kulinarische Köstlichkeit sie wohl gezaubert hatte. Nachdem sie uns heruntergerufen hatte, setzte ich mich gespannt auf meinen Platz neben Billy.

»Heute habe ich ein besonderes Gericht für dich zubereitet, David«, sagte Sue, als mein Vater durch die Haustür trat.

Ich sah, wie sich ein Ausdruck von Misstrauen in seinem Gesicht breitmachte. Er hatte stets einfache Hausmannskost geliebt, und Sues Kochkünste trafen nicht immer seinen Geschmack.

»Was denn – ein einfacher Braten?«, fragte er halb scherzend, halb hoffnungsvoll.

»Sei nicht albern, Davie«, antwortete sie neckisch. »Ich besuche doch keine Kochkurse, um das zu lernen, was jede einfache Hausfrau beherrscht.«

Sobald wir alle saßen, rollte Sue ihre jüngste Errungenschaft herein, einen beheizbaren Servierwagen. Wie vom Donner gerührt starrte ich auf das, was darauf thronte. Es war ein gebackener Schafskopf mit heraushängender, grauer, schwabbeliger Zunge. Die Lippen, zwischen denen ich die großen gelben Zähne des Tiers sehen konnte, sahen aus, als wären sie im Schmerz verzerrt – als hätte das Tier noch gelebt, als es in den heißen Ofen geschoben wurde. Die Schädeldecke war entfernt worden, und aus dem Loch ragte Brunnenkresse wie ein alberner grüner Hut.

Ich war wie gelähmt und dann entdeckte ich die Augen des Tiers. Sie waren weiß, umgeben von dunklen Ringen, und sie schienen mich blind anzustarren. Ich hörte, wie Billy den Drang, laut zu schreien, unterdrückte, aber sein Finger zeigte ungläubig auf den Tierschädel, und er zitterte am ganzen Körper.

»Um Himmels willen, Billy«, fuhr Sue ihn an. »Sitz still, und stell dich nicht so an. Und du reißt dich auch zusammen, Sally. Das hier ist eine echte Delikatesse.« Sie stellte den Schafskopf vor meinem Vater auf den Tisch, damit er ihn tranchierte. Dann hob sie den Deckel von dem Servierwagen ab und enthüllte verschiedenes Gemüse in Glasschalen.

Wie auch immer sie es nennen wollte, ich konnte den Anblick des abgetrennten Kopfes auf einer von Sues besten Servierplatten nicht ertragen. Mein Vater schenkte den entsetzten Gesichtern von uns Kindern keine Beachtung. Er nahm das Tranchiermesser, entfernte geschickt die Zunge und legte sie an den Tellerrand. Dann schnitt er Scheiben von den Schafswangen ab. Zum Schluss nahm er einen Servierlöffel und schöpfte damit den grauen Matsch unter der Kresse aus dem Schädel.

Als ein Kind, das mit Nahrung aus dem Supermarkt großgezogen wurde – das Fleisch kam stückweise in Folie eingeschweißt und die Milch in Tüten –, hatte ich nie der Realität ins Auge gesehen, woher diese Produkte letztlich stammten. Wenn ich Tiere auf den Weiden bewunderte, so stellte ich nie den Bezug zu dem Essen her, das auf unseren Tellern lag.

»Was ist los, Sally?«, fragte Sue in einem trügerisch süßen Tonfall. »Du isst doch auch Schinken, oder nicht?« Sie nahm eine Kelle voll von dem grauen Brei und lud ihn auf meinen Teller. »Hirn, Sally. Es schmeckt lecker«, sagte sie, »und macht dich vielleicht sogar klüger.« Dann wandte sie sich meinem Vater zu. »David, würdest du bitte ein Stück Zunge für sie abschneiden – sie kann froh sein, dass es nicht ihre ist. Immerhin wäre es vor ein paar Wochen besser gewesen, wir hätten ihr die Zunge herausgeschnitten!« Dann stieß sie eines dieser klirrenden Lachen aus, die mir vom ersten Tag an auf die Nerven gegangen waren.

Irgendwie brachte ich die Kraft auf, Messer und Gabel in die Hand zu nehmen und das Fleisch in winzige Stücke zu zerteilen. Ich schob es mir in den Mund und kaute. Wenn ich nicht zu dem abgeschnittenen Kopf blickte und mir einredete, dass es ein ganz gewöhnliches Stück Lammfleisch sei, würde ich es vielleicht schaffen, es herunterzuschlucken.

Aus den Augenwinkeln beobachtete ich Billy. Er schien zu dem gleichen Schluss gekommen zu sein und kaute mannhaft.

Mein Vater überhäufte Sue mit Lob, weil sie dieses traditionelle nordenglische Gericht zubereitet hatte. Er sagte ihr, dass es köstlich sei und er sich noch daran erinnere, wie seine Großmutter Schafskopf serviert habe. »Deiner schmeckt allerdings viel besser«, versicherte er.

Billy und ich schafften es zu behaupten, es habe uns auch geschmeckt, und wir kreuzten die Finger hinter dem Rücken in der Hoffnung, dass dieses Gericht nicht in die gängigen Speisen dieses Haushalts aufgenommen wurde.

Nach dem Dessert, das aussah wie zertrümmertes Eis und von Sue als »Sorbet« bezeichnet wurde, schien sie die Zeit für gekommen zu halten, mir mitzuteilen, wie es nach den Schulferien für mich weitergehen würde.

»Du kommst auf eine andere Schule«, informierte mich meine Stiefmutter. »In der du hoffentlich keine erfundenen Geschichten herumerzählst«, fügte sie in einem Tonfall hinzu, der mir mitteilen sollte, wie sehr sie das Ganze mitgenommen habe. Damit zerstörte sie meine Hoffnung, dass mein Fehlverhalten, wenn es auch nicht vergessen war, so doch nie wieder erwähnt werden würde.

»Warum kann ich nicht in meiner Schule bleiben?«, fragte ich und bekam Angst bei dem Gedanken, abermals die Schule wechseln zu müssen. Einen Moment lang dachte ich, sie meinte ein Internat, und wie furchtbar es auch zu Hause sein mochte, ich wollte auf keinen Fall ins Internat.

»Du hast deine Mitschüler erschreckt, und deren Eltern haben sich über dich beschwert. Dein Vater und ich haben alles ausführlich besprochen und sind zu dem Schluss gekommen, dass ein Neuanfang das Beste für dich ist«, teilte sie mir mit und tat so, als hätte sie nur mein Wohl im Auge.

»Ja, Sally«, mischte sich mein Vater ein. »Sues Vater hat mir erzählt, dass deine Geschichten ihm von einem unserer Angestellten zugetragen wurden. Stell dir vor, wie peinlich ihm das war! Er sagte, du seist Stadtgespräch. Es ist nicht gut fürs Geschäft, wenn Leute, die mich respektieren sollen, hinter meinem Rücken über meine Tochter lachen. Und der Himmel weiß, was du zu Jennifer gesagt hast – ihre Eltern wollen dich nicht mehr in ihrem Haus sehen.«

Ich saß kerzengerade auf meinem Stuhl und spürte, wie er mich durchdringend anblickte. Ich war froh, dass Jennifer in ein paar Wochen wieder zurück ins Internat musste und sich unsere Wege wohl kaum kreuzen würden. Wenn sie mich nicht sah, vergaß sie bestimmt, was ich zu ihr gesagt hatte – das hoffte ich zumindest. Ich mochte mir gar nicht vorstellen, wie grausam ich bestraft werden würde, wenn mein Vater jemals erfuhr, was ich sie gefragt hatte.

Er fuhr fort, als hätte er mein Unbehagen nicht bemerkt. »Sie sind mit Sues Familie befreundet und sehr einflussreich. Und jetzt können wir dich nicht einmal mehr mit zu ihnen nehmen. Du hast uns in eine äußerst unangenehme Situation gebracht. Trotzdem werde ich von nun an nichts mehr dazu sagen.«

Schweigend starrte ich auf meinen leeren Teller.

Sue wollte offenbar nicht, dass die angespannte Atmosphäre ihr besonderes Menü ruinierte, und beschloss, das Gespräch aufzulockern. »Jedenfalls, Sally, werden wir beide nächste Woche losziehen und dir eine neue Schuluniform kaufen. Wir könnten dann auch irgendwo Tee trinken gehen«, trällerte sie fröhlich.

Ich hatte ihre Kommentare über das Hirn und die Zunge noch im Ohr und dachte säuerlich, dass sie mich nicht täuschen konnte mit ihrem Gerede vom gemeinsamen »Losziehen«. Sie brauchte lediglich einen Grund, um in die Stadt zu fahren, die mehr als zehn Meilen weit entfernt lag und wesentlich mehr zu bieten hatte als der Ort, in dem wir lebten.

Kapitel 54

Die neue Schule war etliche Kilometer von zu Hause entfernt und wesentlich größer als die in unserem Ort, die ich bisher besucht hatte. Sue zeigte sie mir auf dem Weg zum Einkaufen. Im Gegensatz zu der alten Schule war diese ein moderner Bau mit Stahl und Glas, wie aus einem Märklin Metallbaukasten zusammengesetzt. Auf mich wirkte das Gebäude wie ein riesiger seelenloser Ort, und Sues Gerede, dass diese Schule bestens ausgestattet sei, trug nicht dazu bei, meine Bedenken zu zerstreuen.

Sie parkte in einem mehrgeschossigen Parkhaus und marschierte zielstrebig in Richtung der Geschäfte, während ich neben ihr hertrottete. Den ersten Halt machten wir in einem Laden für Schulkleidung. Dieses Mal brauchte ich einen dunkelblauen Rock und Blazer sowie graue Pullover und zwei weiße Blusen. Hastig zerrte Sue die Sachen von den Bügeln und stapelte sie in meine Arme. »Probier den hier auch noch«, sagte sie und reichte mir einen zweiten Blazer, bei dem ich auf Anhieb erkannte, dass er mehrere Nummern zu groß war. Ich protestierte, weil sie mir alle Sachen in der falschen Größe herausgesucht habe, aber sie ignorierte das, und ich musste in die Kabine gehen. Der Rock hing mir bis auf die Waden, in den Blusen und Blazern ersoff ich förmlich.

»Das ist alles viel zu groß – sieh doch!«, sagte ich, als ich aus der Umkleidekabine trat.

Sie seufzte. »Sally, hast du überhaupt eine Vorstellung davon, was uns diese ständigen Schulwechsel kosten? Du kannst doch nicht jedes Mal eine neue Schuluniform bekommen, wenn du nur ein paar Zentimeter gewachsen bist, oder?«

»Nein«, murmelte ich.

»Nein«, wiederholte sie. »In den nächsten Jahren wollen wir diese Ausgaben nicht noch einmal haben, also wirst du in die Sachen hineinwachsen müssen.«

»Aber ich sehe darin aus wie ein Clown!«

»Und wessen Schuld ist das?«, lautete ihr bissiger Kommentar. Sobald ich meine eigenen Sachen wieder anhatte, reichte sie die anprobierten Teile dem Kassierer und sagte, wir würden alles nehmen. Mein Schulranzen, den meine Mutter mir zum Schulanfang gegeben hatte, wurde gegen eine Aktentasche eingetauscht, die Sue ebenfalls auf den Stapel packte. »Du brauchst etwas Größeres als deinen alten Ranzen«, sagte sie.

»Aber alle anderen haben einen Schulranzen«, versuchte ich ihr klarzumachen – wie jedes Kind fürchtete ich mich davor, mich von den anderen zu unterscheiden.

»Nicht alle, Sally. Du nicht«, erwiderte sie, und ich sah, wie sie angesichts meiner Bestürzung zufrieden lächelte.

Sobald unsere Einkäufe eingepackt waren, führte Sue mich ins Erdgeschoss. Dort bewahrheitete sich meine Vermutung, dass dieser Einkaufsbummel mehr für sie als für mich gedacht war. Sie verbrachte in etwa doppelt so viel Zeit damit, Make-up und Kosmetikprodukte auszusuchen, wie sie für meine Schuluniform aufgewandt hatte.

Sobald ihre Einkaufsorgie beendet war, wandte sie sich mir lächelnd zu. »Jetzt essen wir zu Mittag, Sally«, verkündete sie fröhlich. »Ich muss mich vorher nur noch frisch machen.«

Wir machten einen Abstecher zur »Damentoilette«, wie das Schild an der Tür besagte. Das neue Rouge und der pinkfarbene Lippenstift wurden hervorgeholt, beides sorgfältig aufgetragen, Parfum auf den Hals und die Handgelenke gesprüht. Nach einem letzten Blick in den Spiegel beschloss Sue, dass sie fertig sei.

243

Klack, klack machten ihre Stöckelschuhe, als sie kurz darauf zügig die Straße entlangmarschierte. »Wir treffen uns mit einer Freundin«, teilte sie mir mit.

Du triffst dich mit ihr, dachte ich, hielt aber klugerweise den Mund.

Wir betraten ein schwach beleuchtetes Weinlokal, in dem ihre Freundin bereits auf uns wartete. Sie hatte hochtoupierte blonde Haare und blasse Lippen, die Sue zulächelten. Die beiden einander so ähnlichen Frauen hauchten Küsse in die Luft und tauschten Komplimente.

»Du siehst toll aus.«

»Du aber auch.«

Währenddessen war der Kellner zum Tisch gekommen, um die Bestellung entgegenzunehmen.

Sues Freundin gönnte mir ein paar Worte, dann machten es sich die beiden Frauen bequem und begannen zu plaudern. Da mich ihr Gespräch über Mode und den neuesten Freund der Blondine langweilte, versuchte ich, es auszublenden.

Es musste etwa eine Stunde vergangen sein, da schauten die beiden auf ihre Armbanduhren.

»Die Arbeit ruft«, flötete die Blondine, und Sue antwortete kichernd: »Das Abendessen für den Ehemann auch.«

Noch mehr Luftküsse, und dann waren wir draußen und auf dem Weg zum Wagen.

In der darauffolgenden Woche endeten die Sommerferien, und wieder einmal musste ich an einer neuen Schule von vorn anfangen. An meinem ersten Tag brachte Sue mich hin.

»Ab morgen kannst du mit dem Bus fahren«, sagte sie und zeigte mir die Haltestelle, von wo aus ich nachmittags den Bus nach Hause nehmen konnte.

Als wir an der Schule ankamen, teilte sie mir mit, dass uns der Schulleiter erwarten würde, und ging voran zu seinem Büro. Sie begrüßte ihn herzlich und stellte mich dann vor. Er war ein großer, dünner Mann mit kalten Augen und schütterem grauem Haar. Während Sue ihn darüber informierte, dass ich die Stieftochter sei, von der sie ihm erzählt habe, betrachtete er mich ohne jede Regung durch die großen Gläser seiner Hornbrille.

»Dann lasse ich sie jetzt hier bei Ihnen«, sagte sie und schenkte ihm ein kokettes Lächeln. »Sei brav, Sally«, waren ihre letzten Worte an mich. Dann ließ sie mich in meiner zu großen Schuluniform bei diesem Mann zurück, der mich bereits als potenzielle Unruhestifterin eingestuft hatte.

Während ich ihre Schritte im Flur verhallen hörte, wurde mir bang ums Herz. Trotz all ihrer Fehler war sie wenigstens jemand Vertrautes, und ich wünschte, sie wäre noch bei mir geblieben.

»Nun, Sally«, sagte der Schulleiter und setzte sich hinter seinen Schreibtisch. »Deine Stiefmutter und dein Vater haben mir von deinen Problemen erzählt. Lass mich dir eines sagen: Diese Art von Verhalten tolerieren wir hier nicht. Schüler, die Lügen über andere verbreiten, werden bestraft. Hast du mich verstanden?«

Mir wurde noch schwerer ums Herz. Das hier war kein Neuanfang. Wenn schon der Schulleiter über mich im Bilde war, würden es die Lehrer ebenfalls sein.

»Ja.«

»Ja, wer, Sally?«

»Ja, Sir«, antwortete ich.

Während er fortfuhr, veränderte sich seine Miene kein bisschen. »Ich erhalte regelmäßige Berichte von deinen Lehrern und werde deine Fortschritte überwachen.«

Dann machte er eine Pause und wartete offenbar auf eine Entgegnung. Da jedoch keine kam, setzte er seine Belehrung in demselben abweisenden Ton fort. »Nun, da du nicht am Sportunterricht teilnehmen kannst, wirst du die Zeit nutzen, um in der Bibliothek intensiv Mathematik und Englisch zu üben. Glaub ja nicht, du könntest faulenzen. Hast du mich verstanden?«

245

»Ja«, antwortete ich erneut. Er zog fragend eine Augenbraue hoch, um mich daran zu erinnern, was er von mir hören wollte. »Ja, Sir«, flüsterte ich.

Zufrieden mit meiner Antwort, begleitete er mich dann zu meinem Klassenraum.

In der ersten Pause sah ich mich nervös um. Die Kinder hatten sich bereits in Gruppen zusammengetan und standen schwatzend beieinander. Wenn sie in meine Richtung schauten, waren ihre Blicke nicht freundlich, sondern bestenfalls neugierig. Sie steckten die Köpfe zusammen und flüsterten. Ich wusste instinktiv, dass sie über mich redeten.

Ein Junge kam zu mir geschlendert, und ich bemerkte, wie seine Freunde ihn gespannt beobachteten, während sie um uns einen Kreis bildeten. »Ich habe gehört, dass du dir Geschichten ausdenkst«, sagte er grinsend.

»»Ja«, erklang eine andere Stimme, die zu einem untersetzten Mädchen gehörte, »und der Lehrer hat gesagt, wir sollen dich verpfeifen, wenn du das hier auch tust.«

Während ich versuchte, das abzustreiten, spürte ich, wie mein Gesicht rot anlief und mir Tränen in die Augen traten.

»Du drückst dich ganz schön vornehm aus«, höhnte ein drittes Kind, und ich mochte nicht erklären, dass das eine Auswirkung der Sprachtherapie war, die ich wegen meines Sprachfehlers gemacht hatte. Dann hätten sie nur noch mehr gelacht.

Zum Mittagessen ging ich mit den anderen Kindern aus meiner Klasse in die belebte Mensa, aber dort angekommen, machte mir niemand Platz am Tisch, damit ich mich dazusetzen konnte. Also nahm ich mein Tablett und hockte mich ganz allein ans Ende eines Tisches. Um mich herum war Stimmengewirr, aber niemand richtete das Wort an mich.

Und daran änderte sich auch den restlichen Tag über nichts. Erst als die Schule zu Ende war, wurde ich angesprochen.

»Hey, Sally«, rief einer meiner Klassenkameraden »du hast eine große Schwester, stimmt's? Und sie hat dir ihre abgelegten Klamotten gegeben?«

»Was trägst du da denn da mit dir herum?«, wollte ein Junge wissen und zeigte auf meine Aktentasche.

»Du bist wohl eine Wichtigtuerin? Denkst, du wärst was Besseres als wir«, rief ein anderer, und während ich zum Tor ging, hörte ich höhnisches Gejohle in meinem Rücken.

Obwohl ich erst einen Tag an dieser Schule war, stand für mich fest, dass ich hier nie Freunde finden würde.

Innerhalb weniger Tage nach Beginn des neuen Schuljahres kehrte mein Ausschlag in voller Stärke zurück. Wieder einmal bedeckten die roten Stellen meine Arme und krochen über den Hals hinauf bis zum Gesicht. Ich hörte dieselben Beschimpfungen, die ich als Fünfjährige vernommen hatte – pickelig, stinkend und schmutzig. Aber dieses Mal waren die Kinder älter und legten mehr Gehässigkeit an den Tag. »Pickel-Sally«, riefen sie im Chor, wann immer der Ausschlag zu sehen war. In dem Versuch, meinen Peinigern zu entwischen, versteckte ich mich während der Pausen in der Toilette und hoffte, sie würden mich nicht finden. Manchmal kam mir auch ein Lehrer zu Hilfe, aber sobald er ihnen den Rücken zukehrte, begann das Sticheln von Neuem. Niedergeschlagen fragte ich mich, was ich an mir hatte, dass meine Klassenkameraden mich so sehr ablehnten.

Kapitel 55

Vielleicht nahm jede von ihnen an, die andere hätte mich darauf vorbereitet, jedenfalls hatten weder Sue noch meine Großmutter mir etwas über die Periode erzählt. Ich war elf Jahre alt, da wurde ich eines Morgens von heftigen Bauchkrämpfen geweckt. Gekrümmt vor Schmerzen, zwang ich mich aufzustehen und zur Toilette zu gehen. Blut tropfte in die Kloschüssel, und ich schrie vor Schreck.

Sue hörte mich, und fairerweise muss ich sagen, dass sie keine Zeit verlor und die Treppe nach oben gelaufen kam. »Was ist denn jetzt wieder los, Sally?«, fragte sie mit ärgerlicher Miene, die jedoch verschwand, als sie mein leichenblasses Gesicht sah.

Ich spürte, wie das Blut auf das Toilettenpapier tropfte, das ich mir in die Schlafanzughose gestopft hatte. »Ich blute. Da unten«, sagte ich und zeigte, wo in etwa.

»Um Himmels willen, hat dir denn niemand etwas über die Periode erzählt?«, fragte sie. Mein verwirrter Gesichtsausdruck genügte ihr offenbar als Antwort.

Zum ersten Mal nahm sie sich viel Zeit für mich. Zunächst geleitete sie mich nach unten in die Küche. Ich sollte mich hinsetzen, und sie gab mir etwas Warmes zu trinken und eine Aspirin. Dann erklärte sie mir, dass die Periode etwas sei, das von nun an jeden Monat eintreten würde. »Heute Vormittag musst du wohl zu Hause bleiben, weil ich nichts habe, was du nehmen kannst.«

Später erfuhr ich, dass sie damit Monatsbinden meinte, die sie für ein elfjähriges Mädchen passender fand als die Tampons, die sie selbst benutzte. Als sie sagte, dass sie in die Drogerie fahren müsse, kehrte die für sie typische Ungeduld in ihre Stimme zurück.

Sie rief den Rektor an, und ich wand mich vor Verlegenheit bei dem Gedanken, dass er nun Bescheid wusste. Anschließend legte Sue wieder ein wenig Mitgefühl an den Tag. Sie gab mir eine Wärmflasche und sagte, ich solle mich ins Bett legen, bis die Krämpfe nachgelassen hätten. Sie wolle währenddessen zur Drogerie fahren.

Nach ihrer Rückkehr zeigte sie mir, wie man einen Bindengürtel anlegt, und reichte mir ein Paket in malvenfarbenes Papier verpackter Binden.

Obwohl sie ursprünglich gesagt hatte, ich müsse am Nachmittag in die Schule gehen, erlaubte sie mir, den ganzen Tag über zu Hause zu bleiben.

Als ich am nächsten Morgen wieder zum Unterricht ging, hatte ich große Angst, dass meine Mitschüler wissen könnten, was los war. Meine Befürchtungen wurden Realität, als ein besonders neugieriges Mädchen in meine Aktentasche spähte und hinter den Schulbüchern zwei Ersatzbinden entdeckte. Wenn ich gedacht hatte, ich wäre bisher gehänselt worden, so war das nichts gewesen im Vergleich zu dem, was nun passierte. Ich wurde zur Zielscheibe von noch mehr Spott.

Es dauerte noch etliche Monate, bis die Hänseleien meiner Mitschüler den Ärger des Rektors hervorriefen. Aber er war nicht wütend auf sie, sondern auf mich.

Und das kam so: Die Schulglocke hatte die letzte Stunde beendet, und ich marschierte mit meiner Aktentasche unter dem Arm durch das Schultor. Draußen stand eine Gruppe meiner Klassenkameraden kichernd zusammen, und ich spürte sofort, dass es um mich ging.

»Hier, Sally, guck mal«, rief einer, als ich versuchte, an ihnen vorbeizuhuschen. Der Junge packte meinen Arm und hielt mich fest.

»Lass mich in Ruhe«, schrie ich.

»Nicht so eilig, das hier willst du bestimmt sehen.« Er stieß mich vor sich her, bis ich vor der Wand des Schulgebäudes stand. Als ich entdeckte, worüber sie alle lachten, lief ich vor Scham rot an. In großen roten Buchstaben stand dort geschrieben: »Jimmy liebt Sally East.« Darunter war ein riesiges rotes Herz gemalt.

Lautes Gejohle drang aus ihren Kehlen. Ich riss mich von meinem Peiniger los und lief davon, so schnell ich konnte.

Am nächsten Morgen klammerte ich mich an die unwirkliche Hoffnung, dass die roten Buchstaben über Nacht verschwunden waren. Als ich jedoch an der Schule ankam, waren sie immer noch da.

Der Rektor wartete bis zur Mitte der ersten Unterrichtsstunde, bis er seinen Unmut zeigte. Er kam in unsere Klasse und wies mich an, ihm zu folgen. Während ich hinter ihm her zur Tür trottete, hörte ich das kaum unterdrückte Gekicher meiner Klassenkameraden.

Ohne weitere Erklärungen marschierte er vor mir her über den Hof und durch das Tor. Dann stellte er sich hinter mich, und ich war erneut gezwungen, die anzüglichen Worte zu lesen. »Was hat das zu bedeuten, Sally? Ich verlange eine Erklärung.«

»Ich weiß es nicht, Sir«, antwortete ich.

»Warum steht das da? Was soll das?«

»Ich glaube, es bedeutet genau das Gegenteil«, entgegnete ich traurig.

Das Gesicht des Rektors zeigte keine Anzeichen von Mitleid. »Ganz wie du meinst. Vermutlich hast du das provoziert. Du kannst es während deiner Mittagspause abwaschen.« Dann brachte er mich zurück in die Klasse.

Sobald ich in der Mensa mit Essen fertig war, überreichte mir ein Aufsichtsschüler einen Eimer, eine Scheuerbürste und eine Flasche Putzmittel. »Der Rektor sagt, du weißt, was du damit tun sollst, also fang an«, forderte er mich mit wissendem Grinsen auf.

Gedemütigt überquerte ich den Schulhof.

»Was ist los, Sally? Gefällt dir die Nachricht nicht?«, rief jemand, und einige Schüler brachen in lautes, höhnisches Gelächter aus.

Ich straffte die Schultern und ignorierte die Sticheleien.

Ich brauchte bis zum Ende der Pause und die halbe Flasche Putzmittel, um alles abzuwaschen. Als ich fertig war, trug ich den leeren Eimer zurück zum Büro des Rektors.

»Sieh zu, dass so etwas nicht noch einmal vorkommt. Du kannst jetzt wieder zurück in deine Klasse gehen«, war alles, was er zu mir sagte.

Niedergeschlagen kehrte ich ins Klassenzimmer zurück.

Es war einer der Lehrer, der sich schließlich mit mir hinsetzte und mir die erste Lektion in Sachen Überleben erteilte. »Sally, ich weiß, dass du gemobbt wirst«, sagte er zu mir. »Aber nur du kannst dem ein Ende setzen.«

»Und wie soll ich das machen, Sir?«, fragte ich und konnte mir nicht vorstellen, dass mich irgendetwas vor den Sticheleien bewahren konnte.

»Sieh ihnen ins Gesicht, und sag ihnen, sie sollen aufhören mit der Schikane. Mobber sind Feiglinge. Zeig ihnen, dass es dich nicht trifft.«

»Aber das tut es«, jammerte ich.

»Und das wissen die, Sally«, erwiderte er. »Überleg dir ein paar schlagfertige Antworten, um ihnen einen Dämpfer zu verpassen. Dann stehen sie wie Trottel da und nicht du. Sag ihnen die Meinung, und geh dann erhobenen Hauptes davon. Solange du das Opfer spielst, machen sie weiter. Aber sobald sie merken, dass sie dir nichts anhaben können, hören sie auf. Willst du das versuchen?«

»Ja, Sir«, antwortete ich, obwohl ich wenig Zuversicht hatte, dass es funktionieren würde.

Abends dachte ich über seine Worte nach und rief mir in Erinnerung, wie Sue mit meinem Vater umging, wenn er sie geärgert hatte. Sie ignorierte ihn.

251

»Pickel-Sally«, rief am nächsten Tag ein Kind.

»Ach, red nicht so dummes Zeug«, erwiderte ich und bediente mich einer von Sues Lieblingsphrasen.

»Mein Gott, bist du armselig – findest du niemanden in deiner Größe, mit dem du es aufnehmen kannst?« Das war ein guter Spruch, wenn jemand Älteres mich foppte.

»Lass mich in Ruhe. Ich bin zu beschäftigt, um mir deinen Quatsch anzuhören«, war ein weiterer Spruch, der bei meinen Peinigern Wirkung zeigte.

Am Ende der Woche wusste ich, dass der Lehrer recht hatte. Konfrontiert mit meiner Gleichgültigkeit und den barschen Antworten, die ich mir einfach aus Sues Repertoire geborgt hatte, hörten meine Mitschüler schließlich auf, mich zu ärgern. Und obwohl ich sicher nie beliebt werden würde, akzeptierten mich die anderen Kinder schließlich.

Ich versuchte, mein wachsendes Selbstbewusstsein auch zu Hause zu beweisen, aber gegen meinen Vater kam ich nicht an. Eine Sache hatte ich jedoch gelernt: Spielte man das Opfer, wurde man schikaniert. Mein Flehen und Weinen schien meinen Vater geradezu anzustacheln, mir noch mehr wehzutun. Wenn er sich wieder einmal auf mich stürzte, protestierte ich nicht mehr, stattdessen legte ich ihm gegenüber dieselbe gelangweilte Verachtung an den Tag, die auch in der Schule gegenüber meinen Klassenkameraden so gut funktioniert hatte.

»Was ist los, Sally? Hast du deinen Daddy nicht mehr lieb?«, fragte er herausfordernd, wenn ich ihn mit eisigem Blick ansah.

Aber obwohl ich mir sagte, dass ich das nicht mehr tat, wollte ich insgeheim immer noch, dass ich ihm nicht egal war.

»Prima Noten, Sally, gut gemacht«, sagte er, als ich mein Zeugnis mit nach Hause brachte.

Vor Freude über das Lob begannen meine Wangen zu glühen.

»Du bist mein besonderes Mädchen, nicht wahr, Sally?«, fragte er immer noch gelegentlich, und obschon ich mir vornahm, ihn zu ignorieren, ertappte ich mich dabei, wie ich zurücklächelte.

»Immer noch ein Papakind«, sagte er, wenn er mein zufriedenes Gesicht sah, nachdem er mir ein Kompliment gemacht hatte. »Hast du einen Kuss für deinen alten Dad? Oder bist du dafür schon zu groß?«

Unter dem wachsamen Blick meiner missgünstigen Stiefmutter spitzte ich dann die Lippen und gab ihm brav einen töchterlichen Kuss auf die Wange.

»Das ist mein Mädchen«, sagte er, und in all den Jahren, in denen ich vom Kind zum Teenager heranwuchs, war ich das leider noch immer.

Kapitel 56

Als ich dreizehn Jahre alt war, fragten mich Sue und mein Vater zum ersten Mal, was ich nach dem Ende der Schulzeit mit meinem Leben anfangen wolle. Eine Ausbildung zur Sekretärin? Das verneinte ich, ohne zu zögern. Vielleicht in einem Hotel arbeiten? Aber auch daran hatte ich kein Interesse. Genauso wenig reizten mich die anderen Berufe, die Sue oder mein Vater vorschlugen.

»Krankenschwester«, sagte ich schließlich, denn das würde bedeuten, von zu Hause wegzukommen. Niemand wies mich darauf hin, dass ich Dolly nicht mitnehmen konnte, wenn ich in ein Schwesternheim zog. Stattdessen begrüßten die beiden die Idee begeistert.

»Vielleicht Kinder- oder sogar Säuglingskrankenschwester?«, fragte Sue mit verklärtem Blick, da sie immer noch von einem eigenen Baby träumte.

Ihr zu Gefallen sagte ich Ja. Aber erst als ich vierzehn war, beschloss ich, was ich tatsächlich nach der Schule machen wollte.

Weil ich mehr Taschengeld wollte, schlugen Sue und ihr Vater mir vor, einen Job im örtlichen Altenheim anzunehmen. Wegen meines Alters würde ich nur stundenweise arbeiten dürfen und nur einen niedrigen Lohn bekommen, aber das schreckte mich nicht ab. Sues Vater kannte die Heimleiterin und hatte mich ihr empfohlen. Mehrmals erzählte er mir, dass er ein Selfmademan sei, der sich in der Baubranche hochgearbeitet habe. Als er dort angefangen habe, sei er gerade mal ein Jahr älter gewesen als ich jetzt. Sues Vater hatte mir nie die Geschichten verziehen, die ich vier Jahre zuvor verbreitet hatte, deshalb plädierte er dafür, dass ich ruhig hart arbeiten solle. Und das Bedienen und Pflegen anderer Menschen sei eine Möglichkeit, meinen Ruf reinzuwaschen und eine Art Wiedergutmachung zu leisten. »Harte Arbeit hat noch nie jemandem geschadet«, lautete ohnehin sein Motto, ein Ethos, der jedoch nicht seine eigene Tochter zu betreffen schien. »Dann wirst du auch endlich aufgeschlossener, Sally«, sagte er. »Du wirst erfahren, wie es in der echten Welt zugeht, statt den ganzen Tag zu träumen und die Nase nur in Bücher zu stecken.«

Mir lag die Erwiderung auf der Zunge, dass seine Tochter der Grund dafür war, warum ich so viel Zeit allein verbrachte, und dass sie dafür gesorgt hatte, dass ich mich äußerlich von den anderen Kindern unterschied und deshalb ausgegrenzt wurde. Ich wollte herausschreien, dass ich fast vier Jahre gebraucht hatte, bis ich endlich widerwillig akzeptiert wurde. Ich hätte ihm auch sagen können, dass ich in meinem Abschlusszeugnis gute Noten haben wollte und deshalb so viel las, was ihm sicher gefallen hätte. Mein Lerneifer trug mir jedoch den Beinamen »Streberin« ein, und dadurch war ich wieder einmal Hohn und Spott ausgesetzt. Aber ich beschloss klugerweise, dass es mir mehr nützen würde, den Mund zu halten.

Statt meinen Gedanken Luft zu machen, lächelte ich Sues Vater dankbar an, als er mir sagte, er habe für den nächsten Tag ein Vorstellungsgespräch arrangiert.

Die Heimleiterin, eine große, ziemlich dünne Frau mit tief liegenden braunen Augen und kurzem, grau meliertem Haar, schien sich über meine Bereitschaft zu freuen, während der Schulferien und an den Wochenenden bei der Betreuung alter Menschen zu helfen. Sie stellte mir ein paar Fragen und wollte zum Beispiel wissen, welchen Beruf ich nach der Schule anstrebe, welches meine Lieblingsfächer seien und warum ich hier arbeiten wolle. Das Bild meiner Großmutter kam mir in den Sinn, und ich antwortete, dass ich alte Menschen möge. Sie lächelte, und ihre strenge Haltung schwand ein wenig. Nachdem sie mir erklärt hatte, worin meine Pflichten bestehen würden – beim Bettenmachen helfen, den Servierwagen zu den Essenszeiten herumfahren und alles andere, wozu mich die Pfleger und Schwestern aufforderten –, teilte sie mir umgehend meine Arbeitszeiten zu.

An einem Samstag wenige Wochen vor Weihnachten war mein erster Arbeitstag. Die Häuser, an denen ich auf dem Weg zum Altenheim vorbeikam, waren alle weihnachtlich geschmückt. Einige hatten sogar schon Lichterketten an Fenster- und Türrahmen.

Das Altenheim befand sich in einem weitläufigen viktorianischen Gebäude, in dem viele Jahrzehnte zuvor, als reiche Leute eine ganze Schar von Dienstboten beschäftigten, nur eine einzige Familie gelebt hatte. In den Fünfzigerjahren war das Haus in ein Altenheim umgewandelt worden, in dem mittlerweile auch viele Menschen lebten, die medizinisch versorgt werden mussten. Von außen sah das Gebäude aus, als würde Weihnachten hier nicht stattfinden. Im Unterschied zu den Nachbarhäusern gab es weder Lichterketten noch Dekorationen an den Fenstern. Der große Vorgarten, der im Sommer, wenn die Blumen in voller Blüte standen, eine einzige Farbenpracht sein musste, bestand aus vertrockneten Sträuchern und kahlen Beeten. Er wirkte braun und düster. Auf dem mit Laub übersäten Rasen standen stabile Holzbänke, und ich stellte mir vor, wie die alten Menschen herauskamen, um dort im Sonnenschein zu sitzen und zuzusehen, wie das Leben außerhalb an ihnen vorbeizog. Im trüben Licht des Winters wirkte das Haus verlassen und ungepflegt.

Man hatte mir gesagt, ich solle kurz vor elf dort sein, rechtzeitig bevor das zweite Frühstück serviert wurde.

»Du kannst den Wagen schieben und beim Ausschenken des Tees helfen«, hieß es.

Während ich den Wagen durch die überheizten Korridore schob, fiel mir als Erstes der Geruch auf. Wie in anderen Einrichtungen und Krankenhäusern, in denen ich mal gewesen war,

256

hing der durchdringende Geruch nach Desinfektionsmittel und verkochtem Kohl in der Luft, aber darunter lag der scharfe Gestank von Urin und gebrauchten Bettpfannen.

»Lass uns zuerst das Schlimmste hinter uns bringen«, sagte der junge Pfleger, der mich herumführen sollte.

Ich schob den Wagen auf die Station mit den gebrechlichsten Bewohnern. Einige lagen gegen Kissen gestützt mit geschlossenen Augen und offenem Mund da. Nur das Geräusch ihres Atems sagte mir, dass sie noch lebten. Sie verbrachten ihre letzten Tage in einem halb bewussten Zustand, und ich hoffte, dass sie von glücklichen Zeiten träumten. Ich sah, wie Krankenschwestern Schnabeltassen wie für Kleinkinder in eingesunkene, zahnlose Münder hielten. Rissige Lippen schmatzten, Tropfen liefen über das Kinn und wurden von den Pflegern abgewischt. Hier und da streckte jemand einen welken Arm aus, ein Mann scheuchte den weiß gekleideten Pfleger weg und bestand darauf, stark genug zu sein, um die Tasse selbst zu halten.

Als Nächstes gingen wir in den Aufenthaltsraum, in dem die mobileren Bewohner saßen und Fernsehen guckten. Der Raum war mit grünem und goldenem Lametta dekoriert. In einer Ecke stand ein riesiger Weihnachtsbaum, der mit Engelshaar, ein paar Sternen und einem altersschwachen Engel geschmückt war, der wackelig auf der Spitze thronte. Weihnachtskarten von Verwandten und noch lebenden Freunden hingen an einer Schnur vor dem Kamin.

Ich wurde mit einem vielfachen Lächeln begrüßt. Wenn ich den Leuten Tassen mit gesüßtem Tee und Biskuits reichte, dankten sie mir oder drückten meine Hände. Ich beobachtete, wie die alten, fleckigen Hände die Kekse in den Tee tunkten und dann zum Mund führten. Als ich in diese milchigen Augen blickte, die mir aus faltigen Gesichtern entgegenstrahlten, verspürte ich eine besondere Art von Herzlichkeit: Diese Menschen waren mir so dankbar für das wenige, was ich ihnen gab, dass ich ganz gerührt war.

Nur wenige Besucher kamen auf so viele Bewohner, dachte ich im Folgenden öfter. Ich beobachtete die Freude der alten Menschen, wenn sie eine Weihnachtskarte erhielten, und nie schnappte ich ein böses Wort über ihre abwesenden Sprösslinge auf, die selten zu Besuch kamen – manche nicht einmal an Weihnachten. »Sie sind sehr beschäftigt« oder »Sie leben so weit weg«, waren die Entschuldigungen, die ich immer wieder hörte und die die Alten wohl selbst überzeugen sollten. Als ich die Menschen im Heim näher kennenlernte, schloss ich sie in mein Herz, und ein Großteil meines hart verdienten Lohns ging für kleine Geschenke drauf, die ich jenen kaufte, von denen ich wusste, dass sie von Verwandten nichts zum Fest erhielten. Einige der körperlich Fitteren würden über Weihnachten für ein paar Tage zu ihren Familien fahren. Sie hatten mir erzählt, wie sehr sie sich darauf freuten, ihre Kinder zu sehen, die Enkelkinder und sogar Urenkel. Sie sagten sich immer wieder die genaue Zeit vor, zu der sie abgeholt werden würden, und rezitierten hungrig die Details des Festmahls, das sie bekommen würden. Als könnte das stete Wiederholen dafür sorgen, dass sie ja nichts vergaßen.

Viele erzählten mir Geschichten über ihre Verwandten. Mit zitternden Händen hielten sie mir Fotos hin, damit ich jene bewundern konnte. Die alten Menschen neigten dazu, mehr in der Vergangenheit zu verweilen als in der Gegenwart. Während ich ihnen zuhörte, versuchte ich mir vorzustellen, wie sie einst gewesen waren, mit faltenlosem Gesicht, dichtem und glänzendem Haar und beweglichem Körper. Einige erzählten mir Geschichten aus ihrer Jugend und beschrieben, wie sich ihr Leben verändert habe, als der Premierminister grimmig verkündete, dass sich Großbritannien im Krieg befinde. Die wässrigen Augen mancher Greisin wurden feucht, wenn sie mir mit versonnener Miene von den jungen Männern berichtete, die fortmussten und nie zurückkehrten. Die Männer hingegen schwärmten viel von der Kameradschaft unter den Soldaten, die der Krieg trotz seiner Tragik mit sich brachte.

»Das waren die besten Jahre meines Lebens«, sagte einer, und als ich andere Köpfe zustimmend nicken sah, fragte ich mich, wie sie das allen Ernstes behaupten konnten. Schließlich hatten die Bomben ganze Teile des Nordens zerstört und viele Leben Jahrzehnte vor dem Ablauf ihrer Zeit ausgelöscht. Aber es war tatsächlich die Kameradschaft, die die Männer nach dem Krieg vermissten. Und sie beschworen zudem, was der Krieg Gutes mit sich gebracht hatte, etwa das Ende des Klassensystems. Der Bedarf an Land- und Fabrikarbeitern hatte auch dafür gesorgt, dass Frauen nicht länger ihren Platz ausschließlich am heimischen Herd hatten. In jenen Jahren kosteten Frauen aller Altersgruppen die Süße von Unabhängigkeit und Selbstwertgefühl.

Ich dachte daran, dass Sues Vater mir gesagt hatte, ich würde zu viel Zeit mit Lesen verbringen. Hier bekam ich ganze Bände von Geschichten geliefert, die alle nur für mich erzählt wurden.

Einige der Bewohner hatten sich allerdings auch in Kinder verwandelt, gefangen im Körper eines alten Menschen. Falls ich jemals so alt werden würde, konnte ich nur hoffen, dass ich dann nicht für den Rest meiner Tage von meinen Kindheitserinnerungen heimgesucht würde. Aber mit vierzehn war das viel zu weit weg, als dass ich es mir vorstellen konnte.

Ich meldete mich freiwillig, um am ersten Weihnachtsfeiertag zu arbeiten. An Heiligabend schnürte ich mit glitzerndem Papier und goldenem Band winzige Pakete und schrieb Namen auf die Karten. »Edna«, »Violet«, »Edith«, »Ray« und »Joe«, allesamt Namen aus einer anderen Ära. Ich wurde von strahlendem Lächeln und unbändiger Freude belohnt. Die alten Leute entfernten das Geschenkpapier mit der Sorgfalt, die Jahre der Entbehrung hervorgebracht hatte, es wurde vorsichtig gefaltet und weggelegt, damit es bei anderer Gelegenheit wiederverwendet werden konnte, sollten sie diese noch erleben. Wenn ich die Reaktionen auf meine Geschenke sah, spürte ich, wie sich ein Lächeln auf meinem Gesicht ausbreitete. Eine gebrechliche Frau hielt sich ehrfürchtig dezent duftende Lavendelseife an die Nase, und eine andere bewunderte hingebungsvoll die feinen Batisttaschentücher, bevor sie sie zusammen mit der Weihnachtskarte auf den Nachttisch legte. Alte Männer mit schlecht sitzenden Gebissen oder zahnlosen Kiefern saugten geräuschvoll an den Süßigkeiten, die ich für sie eingepackt hatte, und überschwänglicher Dank klang mir in den Ohren, wenn mir wieder und wieder versichert wurde, dass meine Geschenke genau das seien, was sie sich gewünscht hätten.

Nach der Bescherung half ich beim Austeilen des Weihnachtsessens – dünne Scheiben Truthahn mit dicker Bratensoße und Kartoffelpüree. In Anbetracht der lockeren Zähne und zahnlosen Kiefer war auch das Gemüse zu Brei verarbeitet worden, sodass es gut gelöffelt werden konnte. Anschließend ließ ich Knallbonbons krachen und setzte den Alten Papierhüte auf ihre Köpfe, bei denen das Haar so dünn war, dass die Kopfhaut durchschimmerte. Ich blieb, bis um Ruhe gebeten und das Radio für die Ansprache der Königin lauter gedreht wurde.

An jenem Weihnachtsfest beschloss ich, was ich von Beruf werden wollte. Ich würde mich zur Pflegerin ausbilden lassen und meine Zeit mit Menschen verbringen, die dem Ende ihres Lebens entgegensehen.

Dort im Altenheim fand ich sogar eine Freundin, die nicht sehr viel älter war als ich und ebenfalls eine traurige Kindheit verlebt hatte. Bei Prüfungen scheiterte sie ständig, was zu unauflösbaren Konflikten mit ihren Eltern geführt hatte. Sie war ein großes, schlaksiges Mädchen mit rotem Haar und Sommersprossen, und ihre blassen, kurzsichtigen Augen blickten stets ernst durch die dicken Brillengläser.

Sie führte mich in eine andere Welt ein – den CB-Funk. So wie heutzutage in den Chatrooms des Internets konnte uns dieser altmodische, klobige Apparat, den wir damals für modern hielten, mit entlegenen Ländern ebenso gut verbinden wie mit den Nachbarstädten. Es war unsere Art, mit Fremden in Kontakt zu kommen – und uns neu zu erfinden. Wir machten uns zu derjenigen, die wir am liebsten sein wollten. So sparte ich mein Geld von der Wochenendarbeit, um mir eine eigene Ausrüstung zu kaufen. Ich versteckte sie in meinem Zimmer, holte sie abends hervor und unterhielt mich dann mit anderen einsamen Menschen, wie etwa Lkw-Fahrern, solchen, die an einer lockeren Verbindung interessiert waren.

Ich erinnerte mich an meine Kindheitsträume, berühmt und von Freunden umgeben zu sein. Ich stellte mir damals vor, auf einer Bühne zu stehen und bewundernden Applaus entgegenzunehmen, Erfolg zu haben, für andere wichtig zu sein. All diese Fantasien konnten – für kurze Zeit – zum Leben erweckt werden, wenn ich über das Funkgerät in die Nacht hinaussprach. Ich war abwechselnd Sekretärin in einem großen Unternehmen, ein Model, das es leid war, ständig nur wegen seines Aussehens angesprochen zu werden, und gelegentlich, aber nur gelegentlich, war ich Sally.

Manche Männer, mit denen ich spät in der Nacht redete, wollten sich mit mir treffen. Ich lehnte ab: Ich wollte meine Fantasiewelt aufrechterhalten.

Ein paar Monate nach meinem Schulabschluss verließ ich das Haus meines Vaters, um in einem Heim in einer anderen Stadt zu arbeiten. Ich wollte auf Distanz zu meinem Vater und Sue gehen. Als ich Dad mitteilte, dass ich ausziehen würde, protestierte er überraschenderweise nicht.

»Nun, du bist jetzt eine Frau«, sagte er mit diesem schiefen Lächeln, das für ihn so typisch war. Dann fügte er hinzu: »Ich habe mitgeholfen, dass du eine geworden bist, nicht wahr, Sally?«

Er gab mir etwas Geld, und genauso wie früher, als ich noch jünger war und er mich herzte, nachdem er schreckliche Dinge mit mir getan hatte, verspürte ich widersprüchliche Gefühle: die Sehnsucht nach dem Vater von früher und der Hass auf den grausamen Mann, der mich missbrauchte.

Die begeisterte Referenz der Heimleiterin verhalf mir zu einer Stelle, und ich fand auch rasch ein möbliertes Zimmer. Meine Gesellschaft bestand aus einem Radio und natürlich der treuen kleinen Dolly, die sich schnell an unser neues Quartier gewöhnte.

Als ich nun also mit fast siebzehn Jahren von zu Hause auszog, glaubte ich, endlich frei zu sein – frei von meinem Vater, seinen Drohungen und seiner Kontrolle. Aber das war ich nicht. Schon wenn ich seine Stimme am Telefon hörte, fühlte ich mich wieder in meine Kindheit zurückversetzt. Nein: Bis ich frei war, sollten weitere zwanzig Jahre vergehen.

Der CB-Funk war meine Erlösung und meine Gesellschaft: Über dieses Gerät konnte ich im Dunkel der Nacht mit anderen einsamen Menschen reden. Unsere Anonymität gab uns jenes Selbstvertrauen, das uns das Leben verweigert hatte. Wir unterhielten uns mit einer Ungezwungenheit, die einander Fremde oft empfinden, wenn sie glauben, den anderen niemals wiederzusehen. In unserem Fall waren wir sogar noch geschützter, denn sollten wir uns je auf der Straße begegnen, würden wir einander nicht erkennen.

Die Einsamkeit brachte mich zweimal dazu, meine Regel zu brechen und mich mit einem jener Fremden zu verabreden. Mit siebzehn wählte ich als Treffpunkt eine hell erleuchtete Weinbar, in dessen Neonlicht und Gedränge ich mich sicher fühlte. Mit dreißig war es die Bar eines großen Hotels. Beide Male hörte ich die Worte: »Du bist etwas Besonderes«, und das Bedürfnis, diese Worte öfter zu hören, ließ mich beide Männer heiraten.

Mein erster Mann war ein süßer junger Kerl, der mich anhimmelte und mir zwei Kinder schenkte. Dann vertrieb ihn meine Unfähigkeit, seine Liebe zu erwidern.

Mein zweiter Mann war groß und blond, mit einem gewinnenden Lächeln. Er nahm mich und meine zwei Kinder bei sich auf, bat mich, ihn zu heiraten, und war überglücklich, als ich seinen

Antrag annahm. Er sah fortan, wie ich meinen Sohn und meine Tochter mit Liebe überschüttete. Sie brauchten mich, und ich war sicher, dass sie mir niemals wehtun würden. Er wünschte sich, ich würde auch ihn so lieben. Ich sagte ihm, dass ich das täte, dass ich ihm meine Gefühle jedoch nur mit Worten zeigen könnte. Als die Enttäuschung sein Flehen in Wut und Geschrei verwandelte, verließ ich ihn.

Selbstsüchtig, hatten mich beide Ehemänner genannt, außerdem kalt, gefühllos und undankbar. Ich blieb mit diesen Vorwürfen allein, in Wahrheit eine Gefangene meiner Ängste. Früh hatte ich herausgefunden: Wenn man jenen Liebe gibt, die es nicht verdienen, kann sie sich in eine Waffe verwandeln, die von einem Monster geschwungen wird.

Erst als ich einen unerwarteten Anruf erhielt, winkte ein Fünkchen Freiheit.

»Dein Vater ist tot«, sagte Sue.

»Unser Vater ist tot«, sagte Billy.

»Ich komme nicht zur Beerdigung«, lautete meine Antwort.

Stattdessen saß ich am Tag des Begräbnisses allein in einer Bar und bestellte einen Drink. Während sein Körper in die Erde hinabgelassen wurde, versuchte ich mich an den Mann zu erinnern, der er einst gewesen war und den ich geliebt hatte.

Aber andere Erinnerungen schoben sich davor; Bilder, die ich jahrelang in die Tiefen meines Gedächtnisses verbannt hatte. Ich hörte seine Stimme, sah sein verschwörerisches Lächeln und entsann mich vor allem meiner Angst. Dennoch sagte ich leise Lebewohl.

Eine Woche lang ging ich in dieselbe Bar, nahm jedes Mal ein Buch mit und versuchte, ungezwungen zu wirken. Ich wollte mit niemandem reden, brauchte aber die Gegenwart von Fremden um mich herum. Eines Abends kam die Barfrau zu mir.

»Was ist los, Süße?«, fragte sie. »Ich sehe dich hier mit deinem Buch sitzen, aber du blätterst nie die Seiten um.«

»Mein Vater ist gerade gestorben. Die Beerdigung war letzte Woche«, erzählte ich ihr.

»Bist du traurig, weil du ihn vermisst?«, fragte sie.

»Nein, sondern weil ich es nicht tue.«

Sie warf mir einen nachdenklichen Blick aus ihren blauen Augen zu, die ihr Funkeln für einen Moment abgelegt hatten. »Verstehe«, sagte sie, und ich fragte mich, ob sie das wirklich tat.

Ich bestellte noch einen Drink und danach noch einen – es war nicht genug, um richtig betrunken zu sein, genügte jedoch für einen Rausch. Das Letzte, woran ich mich in jener Nacht erinnere, ist, dass ich in meinen Wagen stieg. Am nächsten Tag erwachte ich in einem Krankenhaus. Mir wurde gesagt, dass ich die Polizisten ausgelacht hätte, nachdem sie es geschafft hätten, meinen viel zu schnell fahrenden Wagen anzuhalten. Ich hätte gelacht und gar nicht mehr aufgehört, nicht einmal als der Krankenwagen gekommen sei. Die Schwester teilte mir mit, dass sie meinen Mann angerufen hätten.

»Er ist weg«, antwortete ich nur.

Die Polizei hatte in meiner Handtasche nach meinem Ausweis gesucht und einen Zettel gefunden, auf dem seine Adresse stand. Er kam mich besuchen. Er sagte, ich solle zurückkommen; vielleicht werde eine Behandlung meine Gefühlskälte heilen. Ich schickte ihn weg.

Nachdem er gegangen war, weinte ich. Und wie in der Nacht zuvor fing ich wieder an zu lachen. Ich lachte und weinte gleichzeitig und konnte einfach nicht aufhören. Schroff und laut prallte mein Lachen von den Wänden ab, bis die Schwestern kamen und mir eine Spritze gaben.

Am nächsten Tag kam ein Arzt zu mir. Er setzte sich an mein Bett und stellte mir Fragen. Was mit mir passiert sei? Ob ich mich überhaupt daran erinnerte, ins Krankenhaus gebracht worden zu sein? Ich wandte mich ab, meine Schultern bebten von den Schluchzern des Kindes, das ich einst gewesen war.

Ich wurde verlegt. Die Schwestern sagten, ich bräuchte eine andere Art von Hilfe, und brachten mich auf eine Station mit kittfarbenen Wänden. Dort starrten Menschen mit leerem Blick aus den Fenstern auf eine Landschaft, die nur sie sehen konnten.

»Zusammenbruch«, war das Wort, das ich zu hören bekam. Mir wurden nun mehrmals täglich Tabletten gereicht.

Warum jetzt?, fragte ich mich. Warum jetzt, da er tot ist?

Ich bekam eine Gesprächstherapie und Medikamente, aber ich konnte den Ärzten immer noch nicht sagen, warum ich hier gelandet war. Genauso wenig vermochte ich das Gefühl zu beschreiben, losgelassen zu werden und sich immerzu im freien Fall zu befinden, und meine Einsamkeit erklären konnte ich auch nicht.

Meine Kinder, mittlerweile Teenager, die bereits mit der Schule fertig waren, kamen mich besuchen, tätschelten meine Hand und brachten mir Blumen mit. Sie sahen so aus, wie ich ausgesehen haben musste, wenn ich als Kind meine Mutter in einem ähnlichen Zimmer besuchte: Ihnen war sichtlich unbehaglich zumute.

Ich bat um Zigaretten, und immer wenn alle Besucher weg waren, gingen die anderen Patienten und ich in den Raucherraum. Wir waren genauso erleichtert, die Besucher gehen zu sehen, wie diese es waren, endlich gehen zu können. Verloren in unseren Gedanken oder gefangen in der durch Medikamente hervorgerufenen Ruhe, saßen wir da und unterhielten uns sprunghaft, während der Rauch um unsere Köpfe waberte und langsam aufstieg.

Die Tage verstrichen, und wie durch eine unsichtbare Kraft angezogen, versammelte sich eine kleine Gruppe um mich. Es gab hier und da ein zaghaftes Lächeln und vereinzelte Gespräche. Ich spürte, dass es einen Grund für diese Verbundenheit zwischen uns gab, und wartete darauf, dass einer mir sagen würde, was es war.

Als Erste erzählte Bridie, ein junges irisches Mädchen, mir ihre Geschichte. Ein paar Jahre vor ihrer Einweisung ins Krankenhaus war sie von zu Hause weggelaufen. Ihre Arme waren übersät mit Narben von Verletzungen, die sie sich in einem jüngeren Alter zugefügt hatte, als die meisten es taten. Während ich ihrem trällernden Akzent lauschte und sie mit Fragen ermunterte, in ihrer Erzählung fortzufahren, fühlte ich mich in ihre Welt hineingezogen.

Ihre Geschichte führte mich nach Irland, und während ich sie auf diese von Nebel überzogene Insel begleitete, sah ich durch ihre Augen einen kalten Ort, durchdrungen von engstirnigem, blindem religiösem Eifer. Ich hörte die Stimme eines Pastors, der vom Höllenfeuer und der Verdammnis predigte. Mit ihrer hypnotisierenden Stimme erzählte sie mir von ihrem schroffen Stiefvater, einem Mann, der seinen kleinen Haushalt mit eiserner Hand regierte, einem Mann, der glaubte, dass Frauen Menschen zweiter Klasse seien und jedes Kind als Sünder auf die Welt komme. Schließlich geleitete sie mich in jene Welt, die innerhalb weniger Wochen ihre geworden war, und zwar nachdem ihre verwitwete Mutter zum zweiten Mal geheiratet hatte. Es war eine Welt, die ich kannte, die eines missbrauchten Kindes.

Nachts, wenn die Lichter gedämpft waren, lag ich im Bett, lauschte den Schlafgeräuschen der anderen und dachte über Bridies Geschichte nach. Warum hatte sie sich mir anvertraut? Trugen wir so etwas wie ein geheimes Zeichen, ein Schild, das nur diejenigen sehen konnten, die auch zu diesem Kreis gehörten? Im Laufe der folgenden Wochen lernte ich, dass wir uns oft in den Gesichtern der Menschen wiedererkennen, denen wir begegnen. Wir wissen, ob sie dazugehören, zu jenen, deren Familien ihre Kindheit zerstörten und ihnen jeglichen Halt nahmen.

An schwierigen Tagen wird uns bewusst, dass wir keine Wurzeln haben. Jene Wurzeln, die andere fest mit dem Boden verbinden, fehlen uns. Wir, die im Kindesalter keine Zuwendung erfahren haben, treiben ziellos umher, wenn wir mit den Stürmen des Lebens konfrontiert werden.

Hatte Bridie hinter der Frau von fast vierzig Jahren das verletzliche Kind von einst gesehen? Vermutlich ja.

»Es war mein Onkel«, sagte eine andere Frau, als unser abendliches Ritual begann, wir unsere Zigaretten anzündeten und den ersten Zug nahmen.

»Es war mein Pfadfinderführer«, sagte ein Mann.

Ich sagte nichts.

Unter uns war ein Mann mit auffallend blasser Gesichtshaut. In sich gekehrt, saß er jeden Abend bei uns, sprach jedoch selten ein Wort.

»Er steht wegen Selbstmordgefährdung unter Beobachtung«, wurde mir mitgeteilt, als ich fragte, warum immer eine Schwester in seiner Nähe sei.

Was mochte sein Schicksal sein?

Ich hörte weiterhin den Berichten der anderen zu, sagte aber immer noch nichts, ebenso wenig wie der Mann, der unter Beobachtung stand. Aber ich ertappte mich dabei, dass ich ihn immer öfter ansah. Was, so fragte ich mich, hatte ihn bloß in solche Verzweiflung getrieben, dass er ständig beaufsichtigt werden musste?

Ein paar Tage nachdem Bridie ihre Geschichte erzählt hatte, standen unsere Rauchkumpane wie auf Kommando auf und ließen jenen Mann und mich allein. Und dann begann Jim – ich hatte mittlerweile erfahren, dass das sein Name war – endlich zu reden.

»Es war mein Vater«, sagte er.

Ich streckte die Hand aus und berührte seine behutsam.

Er erzählte mir von Schlägen mit einem metallbesetzten Gürtel und großen Fäusten, von gebrochenen Knochen und angeknacksten Rippen. Wie seine Wut größer wurde, während er heranwuchs. Aber da er zu klein war, um gegen den 1,80 Meter großen, meist betrunkenen Kerl anzukommen, der ihn gezeugt hatte, suchte er sich gleichaltrige Jungs, um mit ihnen zu kämpfen. Die Lehrer beschwerten sich bei seinen Eltern, und es hagelte noch mehr Schläge. Mit sechzehn lief er von zu Hause weg, und mit siebzehn tat er das, was so viele Jungen tun, die wie er nicht wissen, wo sie hinsollen: Er ging zur Armee.

267

Er wurde in Deutschland stationiert. Sein Bedürfnis nach Liebe trieb ihn in die Ehe mit einer Frau, die ihm zwar eine Tochter schenkte, ihn dann aber betrog. Er blieb aus Liebe zu seinem Kind bei ihr, aber als er nach England zurückberufen wurde, weigerte sich seine Frau, ihn zu begleiten. Von seiner Heimat aus schrieb er ihr und flehte sie an nachzukommen. Seine Briefe kamen zurück mit dem Vermerk: »Adressat unbekannt.« Da wurde ihm klar, dass er seine Tochter verloren hatte.

Er besuchte seinen Vater und wollte ihn endlich damit konfrontieren, dass er seine Kindheit zerstört habe. Aber statt des großen brutalen Schlägers, an den er sich erinnerte, fand er einen ausgemergelten alten Mann mit gelbstichiger Haut und dem starken Husten eines Todkranken.

Drei Monate später bezahlte er die Beerdigung seines Vaters und wandte sich von der Frau ab, die ohne Protest die Brutalität ihres Ehemanns gegenüber ihrem Kind geduldet hatte. Der Tod seines Vaters hatte auch ihn nicht befreit. Er kam einfach nicht darüber hinweg, was er in seiner Kindheit erlitten hatte. Und dass er seine Tochter nie wiedersehen sollte, ließ ihn schier verzweifeln. An dem Punkt verließ ihn der Lebensmut.

»Und du?«, fragte er.

»Auch mein Vater«, antwortete ich und erzählte zum ersten Mal aus meinem Leben. Nicht alles an jenem Abend, aber immer wieder kleine Stücke, bis er die ganze Geschichte kannte.

Durch das Erzählen befreite ich mich von der Vergangenheit, und sein aufmerksames Zuhören weckte etwas in mir und ließ meine Kälte schmelzen. Ich sah in Jim den Mann und gleichzeitig eine verwandte Seele. Wir redeten bis spät in die Nacht, auch an den folgenden Abenden, immer beobachtet von den Schwestern.

Beziehungen zwischen Patienten werden in solchen Krankenhäusern kritisch beäugt, weil das Klinikpersonal weiß, wie verletzlich wir sind. Aber aus unserer Verletzlichkeit wächst auch unsere Stärke. Sechs Monate lang blieb ich dort und wurde von uns beiden zuerst entlassen. Jim musste noch ein bisschen länger bleiben. Ich besuchte ihn jeden Tag, und nachdem er ebenfalls entlassen worden war, zog er zu mir.

Wir waren seit drei Jahren zusammen, in denen ich erfahren hatte, was Liebe ist, und die Freude verspürte, sie erwidern zu können, da sagte ich ihm, dass es einen Ort gebe, an den ich zurückkehren müsse.

Kapitel 57

An einem strahlenden Sonnentag machte ich mich auf den Weg zum Friedhof. Die Arme voller Gladiolen, deren leuchtende Blütenblätter an meinen Pullover gedrückt wurden, atmete ich ihren zarten, pfefferigen Duft ein. Die weißen Blüten der Vogelbeerbäume mischten sich mit dem satten Grün der Eiben, die im Überfluss an den Seiten des Friedhofs wuchsen. Ein lauer Sommerwind wehte durch das Laub und ließ es tanzende Schatten auf den Weg werfen. Ich bemerkte, wie Jim versuchte, mit mir Schritt zu halten. Er brauchte nichts zu sagen, seine Anwesenheit genügte mir. Meine Füße trugen mich an den verzierten Grabsteinen vorbei, auf denen blinde Statuen über die Ruhenden wachten. Bei einem Grab blieb ich stehen. Der Teddybär eines Kindes, ausgeblichen von den Elementen, lehnte an dem weißen Grabstein. Ich erschauerte bei dem Gedanken an den Kummer der mir unbekannten Eltern.

Ich folgte dem Weg um eine Biegung und sah den Teich mit braunen, grünen und weißen Enten samt ihrem Nachwuchs, die ruhig über die Oberfläche glitten. Schließlich erreichten wir den Grabstein, den ich gesucht hatte. Auf einer nahe gelegenen Bank saß ein alter Mann. Seine Lippen bewegten sich, während Worte unhörbar seinen Mund verließen. Seine Füße, die in ordentlich geputzten Budapestern steckten, standen fest auf dem Boden, und seine fleckigen alten Hände ruhten auf dem Griff eines Spazierstocks. Mir fiel auf, wie ordentlich er angezogen war mit seiner grauen Flanellhose, dem dunkelblauen Wollsakko und der akkurat gebundenen Krawatte unter dem gestärkten weißen Hemdkragen. Aus der Reverstasche ragte ein frisches weißes Taschentuch, und das spärliche graue Haar war ordentlich zurückgekämmt.

Für ein paar Sekunden war mir so, als würde ich ihn kennen und als wären seine unhörbaren Worte an mich gerichtet. Dann bemerkte ich, dass sein Blick auf einem frischen Grab ruhte, einem, auf dem noch kein Grabstein errichtet worden war. Wortlos setzte ich mich neben ihn.

Er wandte mir sein Gesicht mit den wässrigen blauen Augen unter faltigen Lidern zu. »Nur weil wir jemanden nicht sehen können, bedeutet das nicht, dass er nicht hier ist«, sagte er.

»Ja«, antwortete ich und dachte an die lange Zeit, die ich das ebenfalls geglaubt hatte.

Jim setzte sich neben mich. Er legte mir den Arm um die Schultern, und ich spürte seine Wärme. Währenddessen betrachtete ich das andere Grab, dessen Inschrift auf dem Stein nur zwei Zeilen umfasste: »Laura East, geliebte Ehefrau und Mutter« sowie das Datum ihres Todes. In der Mitte befand sich eine Vase, in der nur noch eine braune Flüssigkeit stand. Von dem Schleierkraut und den Freesien, den letzten Blumen, die ich hergebracht hatte, war nichts mehr übrig. Ich kniete mich neben das Grab und streichelte über die lilaweißen Gladiolen, dann stellte ich den Strauß in die Vase. Nach einer Weile ließ ich mich wieder neben Jim nieder.

»So lange habe ich nach ihr gesucht«, sagte ich. »Jeden Tag habe ich darauf gewartet, dass sie zurückkehrt, aber sie kam nicht. Manchmal meinte ich, sie auf der Straße zu sehen, ihre langen blonden Haare, die Gesichtszüge oder den leuchtend bunten Rock, der sich im Wind bauschte. Aber wenn ich ihren Namen rief, war das Gesicht, das sich mir zuwandte, niemals ihres.«

Und abermals spürte ich die Einsamkeit des Verlassenwerdens, die ich vor so langer Zeit erlebt hatte.

Aus den Augenwinkeln sah ich Tränen auf dem Gesicht des alten Mannes, während er offenbar zu seiner Frau sprach. Dann hob ein schwaches Lächeln seine Mundwinkel – eine Erinnerung an schöne Zeiten hatte ihm bestimmt Trost gespendet.

Als ahnte er meine Gedanken, flüsterte Jim mir ins Ohr: »Sally, behalte nur die schönen Dinge in Erinnerung.«

Ich lächelte ihn dankbar an. Durch ihn war mir das mittlerweile möglich.

Als ich vier Jahre zuvor das letzte Mal schweigend an diesem Grab saß, schloss das Gespenst meiner Kindheit seine eisigen Finger um meine Hand und führte mich an den Ort zurück, den ich vergessen wollte – einen Ort, an dem meine Mutter mich tagelang ignorierte und ich Daddys besonderes kleines Mädchen war.

An jenem Tag war ich nicht in der Lage gewesen, die guten Erinnerungen von den schlechten zu trennen. Wie sehr ich mich auch bemühte, ein Bild des Glücks heraufzubeschwören, es wurde sofort von einer unangenehmen Erinnerung überschattet. Aber seither hatte ich im Laufe der Tage, Wochen und Monate gelernt, die guten Erlebnisse meiner Vergangenheit in den Vordergrund zu stellen.

Ich saß nun am Grab und erzählte meiner Mutter leise, dass ich sie immer noch vermisste. Aber im Unterschied zu dem alten Mann wusste ich, dass sie für immer von uns gegangen war. Als die Sonne langsam sank, wurde es kühl.

Behutsam zog Jim mich auf die Füße. »Lass uns nach Hause gehen, Sally«, sagte er.

Gemeinsam gingen wir an dem Teich vorbei, an dem die Enten die Köpfe unter die Flügel gesteckt und sich in flauschige Kissen verwandelt hatten, weiter über die moosbewachsenen Wege bis zu dem schmiedeeisernen Eingangstor. Jim hatte wieder den Arm um meine Schultern gelegt, und so traten wir hinaus in den Verkehrslärm.